Die Heilsteine Hausapotheke

Michael Gienger

DIE HEILSTEINE HAUS APOTHEKE

Hilfe von A wie Asthma bis Z wie Zahnschmerzen

Mit Fotos von Ines Blersch

Hinweis des Verlages

Die Angaben in diesem Buch sind nach bestem Wissen und Gewissen zusammengestellt, und die Heilwirkung der Steine wurde vielfach erprobt. Da Menschen aber unterschiedlich reagieren, kann der Verlag oder der Autor im Einzelfall keine Garantie für die Wirksamkeit oder Unbedenklichkeit der Anwendungen übernehmen. Bei ernsthaften gesundheitlichen Beschwerden wenden Sie sich bitte an Ihren Arzt oder Heilpraktiker.

5 6 7 8 9 10 11 12 13 12 11 10 09 08 07 06 05 04 03 02

Michael Gienger
Die Heilsteine Hausapotheke

© Michael Gienger/Neue Erde GmbH 1999
Deutsche Originalausgabe
Alle Rechte vorbehalten.

Titelseite:
Gestaltung: Dragon Design, GB
Fotos: Christopher Cornwell, GB; Ines Blersch

Satz und Typographie: Dragon Design, GB
Gesetzt aus der Garamond Condensed
Abbildungen: Fred Hageneder

Gesamtherstellung: Legoprint, Lavis

Printed in Italy

ISBN 3-89060-027-1

NEUE ERDE Verlag GmbH
Cecilienstr. 29 · D-66111 Saarbrücken
Deutschland · Planet Erde
www.neueerde.de

Stellungnahme des Verlages: Warum wir an der »alten« Rechtschreibung festhalten

Wir halten die »neue« Rechtschreibung für eine Fehlgeburt, und das konnte auch gar nicht anders sein, weil der Ansatz der Reformer war, das Schreiben einfacher zu machen. Wir als Verlag veröffentlichen unsere Bücher aber für Sie, liebe Leserin/lieber Leser - Sie sollen es als Leser einfach haben. Das Lesen und das Verständnis ist bei vielen Regeln der »alten« Rechtschreibung einfacher und klarer. (Denken Sie nur einmal, daß nach der neuen Rechtschreibung, zwei Autoren kein Buch mehr zusammenschreiben können, es hieße dann immer, sie hätten es zusammen geschrieben, auch wenn sie es zusammengeschrieben haben.) Im übrigen sind die neuen Regeln nun auch nicht eben frei von Widersprüchen. Auf Wunsch senden wir Ihnen gerne ein ausführliches Info mit den wichtigsten Ungereimtheiten am »Neuschrieb«.

Widmung

Die Heilsteine Hausapotheke ist all jenen gewidmet,
deren Erfahrungen und Beiträge das Erscheinen
dieses Buchs erst möglich gemacht haben.

Bernhard Bruder

Wolfgang Dei

Petra Endres

Erwin Engelhardt

Erik Fey

Dagmar Fleck

Rainer Fromm

Monika Grundmann

Walter von Holst

Klaus Hüser

Annette Jakobi

Dieter Jakobi

Ulla Lietmeyer

Elke Lißner

Ingrid Melcher

Inge Moser

Andrea Müller

Gabriele Neugebauer

Walter Panter

Ursula Pantze

Gudrun Peukert

Petra Pick

Francoise Schwab

Rainer Strebel

Birgitta Zerluth

Michelle Zeuner-Mayer

Ich hoffe, mit diesem Buch nun zurückgeben zu können,
was ich an Hilfe und Unterstützung bei der Arbeit daran erhalten habe.

Inhalt

Teil 1: Einführung in die Steinheilkunde

Teil 2: Heilen mit Steinen

Teil 3: Die Heilsteine Hausapotheke

Anhang

Vorwort

Seit der Veröffentlichung meines Buchs »Die Steinheilkunde« entwickelte sich die Analytische Steinheilkunde in rasantem Tempo. Als einfach zu handhabendes und klar strukturiertes Naturheilverfahren sowie aufgrund des mineralogischen Hintergrunds der ermittelten Heilwirkungen hielt die Steinheilkunde Einzug in viele Naturheilpraxen. Die auf diese Weise in den vergangenen vier Jahren nach der Veröffentlichung der »Steinheilkunde« gesammelten Erfahrungen ermöglichen nun endlich, eine Auswahl der besten praktisch erprobten Anwendungen zu einem Ratgeber zusammenzufassen. Die vorliegende »Heilsteine Hausapotheke« enthält die Essenz dieser Erfahrungen und ist so zusammengestellt, daß jedermann mit ihrer Hilfe die eigene Gesundheit fördern und jene Leiden, die selbständig behandelt werden können, auch in eigener Verantwortung lindern und heilen kann.

Natürlich kann und darf eine »Hausapotheke« nicht den Arzt oder Heilpraktiker ersetzen. Schon bei Erscheinungen wie Bauch- oder Kopfweh macht eine Vielzahl von Ursachen fachkundigen Rat notwendig, wenn man nicht mit völliger Sicherheit Verspannungen (Kopfweh) oder Fast Food (Bauchweh) als Quelle des Schmerzes kennt. Entsprechende Hinweise sind daher in diesem Buch bei den betreffenden Kapiteln enthalten. Auf der anderen Seite ist persönliche Verantwortung für die eigene Gesundheit dringend geboten! Nicht jeder Schnupfen bedarf eines Arztes und die Kostenexplosion im Gesundheitswesen rät dringend zu einem sorgfältigeren Umgang mit Körper und Wohlbefinden. Die zunehmende Resistenz von Krankheitserregern gegenüber Antibiotika und anderen Medikamenten mahnt außerdem daran, diese Medikamente für den Notfall aufzusparen und einfache Beschwerden naturheilkundlich zu behandeln. Als weitgehend nebenwirkungsfreies und – bei sachgemäßer Verwendung der Steine – ungiftiges Naturheilverfahren, das zudem keine Immunisierung von Krankheitserregern verursacht, ist die Steinheilkunde hier als Alltagshilfe besonders geeignet. Auch dies ist einer der Gründe für ihren großen Erfolg.

Ein zweites wesentliches Anliegen der »Heilsteine Hausapotheke« ist es, in der inzwischen fast unüberschaubaren Flut von

Heilsteinen (einzelne Bücher benennen über 700 einzelne Steine) jene Steine herauszuheben, deren Anschaffung für den häuslichen Gebrauch tatsächlich sinnvoll ist. Rhodonit zur Wundheilung oder bei Insektenstichen, Heliotrop gegen Erkältungen und Entzündungen sowie Pyritsonnen gegen Schmerzen – das sind Steine, die man vorsorglich zur Hand haben sollte. Wie bei vielen anderen Heilweisen, gibt es auch in der Steinheilkunde inzwischen »Klassiker«, die sich in -zigtausenden von Fällen bewährt haben, und spezielle Steine, die nur bei ganz bestimmten Menschen in ganz bestimmten Situationen wirksam sind. Wird hier nicht klar unterschieden, ist man gerade als Laie oft überfordert, unter den dargestellten Heilsteinen den richtigen zu finden. Die »Heilsteine Hausapotheke« bietet diese Klarheit und Sicherheit bei der Auswahl der Steine.

Das Erstellen dieser Hausapotheke war in den wenigen Jahren nach dem Erscheinen der »Steinheilkunde« nur durch die Zusammenarbeit vieler Forscher und Praktiker möglich. Ganz besonders dankbar bin ich hier den TeilnehmerInnen des Cairn Elen Netzwerks, mit denen ich die Erfahrungen zu diesem Buch zusammentragen durfte. Ohne die gemeinsame Arbeit und den Wissensaustausch im Netzwerk hätte dieses Buch nicht erstellt werden können. Auch wenn dies in der Widmung bereits geschehen ist, möchte ich allen Cairn Elen NetzwerkerInnen an dieser Stelle noch einmal ganz herzlich danken, insbesondere Herrn Rainer Strebel, Heilpraktiker in Schorndorf, für das Korrekturlesen dieses Buchs und die vielen hervorragenden heilkundlichen Hinweise, sowie Frau Michelle Zeuner-Mayer, Leiterin des Cairn Elen Netzwerks Freiburg, für die sorgfältige Zusammenstellung des dritten Teils in diesem Buch!

Ebenso möchte ich Herrn Andreas Lentz vom Neue Erde Verlag für sein Engagement für die Steinheilkunde danken. Ich freue mich sehr, daß meine Bücher im Neue Erde Verlag erscheinen dürfen, wo Bücher aufgrund ihres Inhalts, ihrer Botschaft verlegt werden und wo ein partnerschaftliches Verhältnis zwischen Verlag und Autor selbstverständlich ist. Dies ist im heutigen »Medienbusiness« sehr selten geworden. Auch Fred Hageneder von Dragon Design danke ich für die gewohnt gute Zusammenarbeit, die Grafiken und gestalterische Umsetzung meiner Zeilen sowie Ines Blersch für die Fotografien, welche die Steine und ihre Qualitäten nicht nur sichtbar, sondern richtiggehend spürbar werden lassen.

Doch damit genug der Vorreden, wenden wir uns nun der »Heilsteine Hausapotheke« zu, welche hoffentlich einen Beitrag dazu leisten wird, die Kräfte der Edelsteine, Mineralien und Gesteine zur Heilung und Gesundung, und damit zum Wohle aller Wesen zu verwenden.

Tübingen im Frühjahr 1999
Michael Gienger

Teil 1

Einführung in die Steinheilkunde

Die Steinheilkunde

Wie Überlieferungen der Naturvölker und historische Zeugnisse aus Indien, Chaldäa, Mesopotamien, Ägypten sowie dem antiken Griechenland und Rom berichten, begleitet die Steinheilkunde die Menschheit schon seit ihren Anfängen. Über Jahrtausende war das Heilen mit Steinen ein selbstverständlicher Teil der Medizin, eine Tradition, die bis in die Zeit der Renaissance erhalten blieb.

Doch mit der zum Ende des 17. Jahrhunderts einsetzenden Aufklärung begann in Europa und der westlichen Kultur der vorläufige Niedergang dieser Heilweise. Für die traditionskritische, vernunftbetonte Aufklärung und die neuentstehenden Naturwissenschaften war die Heilkraft der Steine schlicht Aberglaube. Zwar mangelte es der Steinheilkunde nicht an Erfolgen, das Problem jedoch war, daß der Mechanismus ihrer Heilweise damals nicht wissenschaftlich erklärt werden konnte. Noch fehlten der Chemie und mechanisch orientierten Physik jegliches Verständnis zu Strahlungen oder energetischen Feldern.

Dies hat sich heute geändert. Inzwischen ist bekannt, daß alle Körper (Lebewesen wie Gegenstände) in einem energetischen Austausch mit ihrer Umwelt stehen.

Dabei wird Licht, Wärme und andere Strahlung beständig aufgenommen, umgewandelt und wieder abgegeben. Leider sind es meist negative Erscheinungen wie Strahlenschäden, Elektrosmog und erdstrahlenbedingte Störzonen, die unser Augenmerk auf den Zusammenhang von energetischer Wechselwirkung und Gesundheit lenken. Doch es gibt auch positive Wirkungen auf dieser Ebene. Eine davon ist die Heilkraft der Steine.

Auch Steine strahlen! Sie geben meßbare Schwingungen im Bereich der Infrarot- und UV-Strahlung sowie des sichtbaren Lichts ab. Und obwohl die Ausstrahlung der Steine nur von geringer Intensität ist, hat sie aufgrund von Gleichmaß und Dauer große Wirkung! Stellen Sie sich zum Vergleich eine schwingende Gitarrensaite vor, die frei im Raum kaum zu hören ist, den Gitarrenkörper jedoch zum Klingen bringt. Entsprechend dazu ruft die schwache Strahlung eines Steins mitunter starke Reaktionen in unserem Organismus hervor.

Steine strahlen dabei – mit Ausnahme radioaktiver Mineralien – keine Energie aus eigener Quelle aus, sondern wandeln aufgenommenes Licht und Wärme in die abgegebene Strahlung um. Wie inzwischen auch wissenschaftlich bestätigt ist, senden unsere Zellkerne Lichtimpulse aus, mit deren Hilfe Zellen miteinander kommunizieren und Gewebe und Organe koordiniert werden (vgl. Marco Bischof, Biophotonen – Das Licht in unseren Zellen, Verlag Zweitausendeins, Frankfurt 1995). Diese sogenannten »Biophotonen« werden offensichtlich durch die Strahlung von Steinen beeinflußt, wenn auch der genaue Mechanismus noch erforscht werden muß. Spontane Veränderungen an Hirnstrombildern beim Auflegen von Edelsteinen belegen auf jeden Fall, daß eine Einwirkung stattfindet (vgl. Referenzangabe im Anhang).

Gelangt nun die elektromagnetische Strahlung eines Steins in Verbindung mit dem menschlichen Organismus, so beeinflußt sie den Energiefluß der Meridiane (der Energiebahnen des Körpers), die Tätigkeit der Chakren (der energetischen Körper und Zentren), die elektrische Reizleitung der Nerven, die Aktivität der Hormondrüsen (die auf elektromagnetische Reize reagieren) und den Stoffwechsel der Zellen, Gewebe und Organe, da auch der Stoffaustausch an den Zellmembranen elektromagnetisch stimuliert wird. Sie betrifft prinzipiell also jeden Bereich, wird jedoch nur dort wirksam, wo sie auf ähnliche Frequenzen (z. B. dieselben Mineralstoffe) oder energetische Strukturen trifft, wie jene, von denen sie ausgeht. Man bezeichnet dieses Phänomen als »Resonanz« (lat. »resonare« = »widerhallen«). Es wird also dort in uns ein »Echo« hervorgerufen, wo ähnliche Stoffe, Teilchen oder Strukturen mit den eingestrahlten Frequenzen »mitschwingen« können. Indirekt werden so jedoch nicht nur körperliche, sondern auch die damit verbundenen seelischen, mentalen und geistigen Bereiche stimuliert. Die Steinheilkunde ist daher eine ganzheitliche Heilweise.

Die Heilwirkung eines Steins entsteht dabei gerade durch die Konstanz und Gleichmäßigkeit seiner Ausstrahlung. Chaotische, verwirrte Frequenzen in uns können durch das Einpendeln auf den Stein harmonisiert werden. Auch in uns selbst verbrauchen harmonisch aufeinander abgestimmte Schwingungen und Rhythmen weniger Energie, als unregelmäßig durcheinandergebrachte. Und so wie ein ganzes Orchester von einem gleichbleibenden Flötenspiel dominiert werden kann, so kann sich auch die gesamte Sinfonie unseres Organismus auf den Klang eines Steines einpendeln.

Die natürlichen Eigenschaften eines Steins spiegeln daher Ordnungsprinzipien für Körper, Seele und Geist. Diesen Hintergrund habe ich in meinen Büchern »Die Steinheilkunde« (Neue Erde Verlag, Saarbrücken 1995) und »Lexikon der Heilsteine« (Im Osterholz Verlag, Ludwigsburg 1997) vorgestellt, welche ich allen LeserInnen ans Herz legen möchte, die sich eingehender in die Steinheilkunde vertiefen möchten.

Die Methoden der Steinheilkunde

Doch wie lassen sich Steine nun zur körperlichen, seelischen und geistigen Heilung verwenden? Die moderne Steinheilkunde bedient sich hierzu vier verschiedener methodischer Ansätze, die sich in der Praxis ergänzen und gegenseitig fördern:

Die **Intuitive Steinheilkunde** ermittelt die Wirkung und Anwendung von Heilsteinen aus einem inneren Gespür heraus. Durch Einfühlungsvermögen und eine geschulte Wahrnehmung können feinste Veränderungen beim Berühren, Auflegen oder Tragen eines Heilsteins sofort erfaßt werden. Folgt man dabei den positiven, stärkenden Reaktionen, läßt sich ohne theoretisches Wissen der richtige Stein ermitteln. Spontane persönliche Empfindungen wie »der Stein spricht mich an«, »er fiel mir plötzlich auf«, »er zog mich an« usw. sind Ausdruck der o. g. Resonanz zwischen Stein und Mensch. Daher sollten diese Reaktionen nicht als zufällig abgetan, sondern genauer untersucht werden.

Die **Energetische Steinheilkunde** befaßt sich gerade mit diesen genaueren Untersuchungen. Durch radiästhetische (strahlenfühlige) Messungen mit Hilfe von Ruten und Pendeln sowie durch kinesiologische Muskeltests (»Kinesiologie« = »Bewegungslehre«) lassen sich die o. g. subjektiven Empfindungen objektivieren. Mit Hilfe der genannten Verfahren läßt sich ganz genau testen, welches Organ, welche Energiebahn (Meridian) oder welche sonstigen körperlichen, seelischen oder geistigen Funktionen auf die Einwirkung eines bestimmten Steins ansprechen. Auf diese Weise läßt sich sehr schnell die individuelle Verträglichkeit eines Heilsteins überprüfen.

Die **Analytische Steinheilkunde** vollzieht darüber hinaus einen weiteren Schritt. In ihrer Entwicklung wurde nicht nur die individuelle Verträglichkeit bestimmter Heilsteine untersucht, sondern durch den Vergleich vieler Einzelwirkungen in Forschungsgruppen konnten bestimmte Grundprinzipien ermittelt werden, welche die Heilwirkungen von Steinen begründen (vgl. dazu den Leitfaden der Cairn Elen Lebensschule »Steinheilkunde – Ursprung und Entwicklung einer natürlichen Heilweise«, Neue Erde Verlag, Saarbrücken 1999). Dabei wurde festgestellt, daß sowohl die Entstehung eines Steins, als auch seine Struktur, die enthaltenen Mineralstoffe und

14

seine Farbe jeweils einen eigenständigen Beitrag zu seiner Heilwirkung leisten (siehe hierzu »Die Steinheilkunde«). Mit der Kenntnis dieser vier Prinzipien läßt sich nun genau der richtige Heilstein für einen bestimmten Menschen in einer bestimmten Lebenssituation ermitteln.

Durch ein gegenseitig befruchtendes Zusammenwirken dieser drei steinheilkundlichen Methoden, von welchen die Intuitive Steinheilkunde quasi den »seelischen Anteil« (die Gefühlsempfindung), die Energetische Steinheilkunde den »körperlichen Anteil« (die Reaktion des Organismus) und die Analytische Steinheilkunde den »mentalen Anteil« (die logisch-rationale Ermittlung) mit einbringt, konnte nun in den 90er Jahren eine Vielzahl heilkundlicher Erfahrungen erarbeitet werden. Ganz besonders wichtig wurden hierbei jene Naturheilpraxen, in denen ÄrztInnen und HeilpraktikerInnen begannen, Heilsteine zum Wohle kranker Menschen einzusetzen. Dabei kristallisierte sich letztendlich heraus, welche steinheilkundlichen Anwendungen sich in der Praxis häufig, manchmal oder nur selten einsetzen ließen. Es entstand ein Erfahrungsschatz, der die Grundlage einer vierten steinheilkundlichen Methode schuf:

Die **Empirische Steinheilkunde** setzt auf der Grundlage der anderen drei Methoden jene steinheilkundlichen Anwendungen ein, die sich in der praktischen Erfahrung immer und immer wieder bestätigen. Hier zählt nicht die einzelne Methode oder Theorie, sondern einzig und allein die praktische Wirksamkeit. Nach zweihundertjähriger Unterbrechung entsteht nun wieder eine Tradition, und der Kreis der Menschen, die hierzu ihre Erfahrung beitragen, wird beständig größer. Die Heilsteine Hausapotheke entstand auf diese Weise. In ihr sind jene Erfahrungen zusammengetragen, die sich in der Praxis wiederholt bestätigten und daher auch von Laien zur eigenen Gesundheitsvorsorge und Heilung eingesetzt werden können.

Nachschlagewerk und Ratgeber

Erstmals kann mit der Heilsteine Hausapotheke nun eine einfache und verständliche Übersicht über 132 körperliche Erkrankungen und seelische Beschwerden sowie deren steinheilkundliche Therapie vorgelegt werden. Diese sind alphabetisch geordnet, um das schnelle Auffinden des jeweiligen Themas zu erleichtern, und stets umfassend ausgeführt: Auf eine allgemeine Beschreibung der Erkrankung bzw. des seelischen Leidens folgt die Angabe der passenden Heilsteine sowie der optimalen Anwendungsmöglichkeiten. Dabei wurde bewußt auf eine ganzheitliche Sicht wert gelegt, d. h. auch bei körperlichen Beschwerden wurde auf mögliche seelische Hintergründe verwiesen, deren Lösung mitunter die eigentliche ursächliche Heilung der vorliegenden Erkrankung sein kann.

Durch die einleitenden Erläuterungen in jedem Kapitel soll die Heilsteine Hausapotheke nicht »nur« ein Nachschlagewerk werden, sondern darüber hinaus auch die Funktion eines praktischen Ratgebers erfüllen, der ein tieferes Verständnis einer bestimmten Krankheit und ihrer Heilung ermöglicht. Je genauer wir die körperlichen und seelischen Vorgänge in uns verstehen,

desto besser können wir sie selbstverantwortlich positiv beeinflussen. In diesem Sinne wurden zur Behandlung auch nicht nur Heilsteine genannt, sondern ebenso bewährte Hausmittel aus anderen Bereichen erwähnt, wenn dies sinnvoll erschien. Wichtig ist schließlich nicht, *womit,* sondern *daß* eine ganzheitliche Heilung bewirkt werden kann!

Bei den Beschreibungen zu den Heilsteinen selbst wurde sorgfältig darauf geachtet, die unterscheidenden Merkmale ihrer Wirkung hervorzuheben. Für eine sichere Handhabung in der Heilkunde ist wichtig, genau zu wissen, in welcher Situation welcher Stein am besten wirkt. Dieser Aspekt der genauen Unterscheidung geht oft verloren, wenn Wirkungsbeschreibungen nach den einzelnen Heilsteinen geordnet sind, wie bisher in der Literatur üblich. Bei einer Ordnung nach Erkrankungen und seelischen Beschwerden werden diese Unterscheidungen jedoch zum wesentlichen Element. Dasselbe gilt für die verschiedenen Anwendungen. Auch hier gibt es viele Möglichkeiten, von welchen stets jene ausgewählt wurden, die sich in der Praxis am besten bewährt haben.

Die Anwendung von Heilsteinen

Die verschiedenen Anwendungsweisen haben den Sinn, die Wirkung eines Heilsteins so zu lenken, daß sie optimal zur Geltung kommt. Dazu kann es mitunter notwendig sein, sie auf einen bestimmten Bereich zu beschränken, weshalb hier lokales Auflegen oder Tragen des Steins zu bevorzugen ist. Soll die Wirkung dagegen den gesamten Organismus erreichen, ist unter Umständen der Aufenthalt in einem Steinkreis oder die innere Einnahme der Edelstein-Essenz sinnvoller. Aus diesen Notwendigkeiten heraus wurde eine Vielzahl von Anwendungsmöglichkeiten entwickelt:

Beim **Auflegen** oder **Halten** auf bestimmten Körperbereichen soll in der Regel eine lokal begrenzte Wirkung erzielt werden. So kann z. B. gezielt ein bestimmtes Organ angeregt oder beruhigt werden, während andere weitgehend unbeeinflußt bleiben. Zum Auflegen und Halten zählt auch das **Aufkleben** von Steinen mit Pflaster, das **Einbinden** in einen Verband sowie das **Einstecken** und **Einlegen** in bestimmte Kleidungsstücke (z. B. in die Schuhe).

Weitere lokale Anwendungen sind das **Massieren** bestimmter Körperbereiche mit Trommelsteinen, die Anwendung von Ohr-Oliven (speziellen länglich-oval geschliffenen kleinen Heilsteinen, die ins äußere Ohr gesteckt werden können) und das Einreiben mit **Heilsteine-Salben.** Letztere werden z. B. durch das Vermengen von Edelstein-Essenzen (s. u.) mit einer Salbengrundlage von einem Teil Bienenwachs und vier bis fünf Teilen Jojobaöl hergestellt. In der Regel werden dabei 10 Tropfen Essenz für 10 g Salbengrundlage verwendet.

Das **Tragen** von Heilsteinen in Form von Ketten, Anhängern, gebohrten Trommelsteinen oder Schmucksteinen kann einerseits ebenfalls zur lokalen Anwendung dienen, wenn Steine gezielt so getragen werden, daß sie in einem bestimmten Bereich hängen (z. B. auf dem Herzen, auf dem Thymus o. ä.). Andererseits bewirkt insbesondere das Tragen von Ketten über längere Zeit eine Allgemeinwirkung auf den gesamten Organismus, da sich die Wirkung über die Blut-, Nerven- und Energiebahnen des Halses im ganzen Körper ausbreitet.

Werden Steine in die **Hand** genommen, entsteht eine ähnlich umfassende Wirkung, da über die Reflexzonen der Hand ebenfalls der gesamte Organismus erreicht wird. Daher ist auch der Aufenthaltsort **Hosentasche** ähnlich zu werten, nimmt man die Steine hier doch gelegentlich spielerisch in die Hand. Umfassende Wirkungen werden natürlich immer dann notwendig, wenn eine Erkrankung nicht lokal eingegrenzt ist, sondern z.B. das gesamte Bindegewebe, Lymph- oder Blutsystem betrifft.

Eine ebenfalls gesamtkörperliche Wirkung zeigen Heilsteine beim **Aufstellen in der Umgebung.** Eine solche Einwirkung von außen kann durch Steine am Arbeitsplatz (z.B. auf dem Schreibtisch) oder in der Wohnung erzielt werden. Hier besteht der Vorteil darin, nur ganz bestimmte Lebensbereiche durch einen bestimmten Stein zu beeinflussen. Insofern zählen auch jene Steine hierher, die **unter das Kopfkissen** oder **rund um das Bett** gelegt werden sowie generell der **Aufenthalt in einem Steinkreis.** Dazu sitzt oder liegt man in einem Kreis aus Roh- oder Trommelsteinen, wobei durch die Größe der Steine und den Kreisdurchmesser die Intensität der Steinwirkungen gemäß den persönlichen Bedürfnissen verändert werden kann.

Eine weitere Möglichkeit zum Erzielen gesamtkörperlicher Wirkungen ist die **innere Einnahme von Edelstein-Essenzen,** während ihre **äußere Anwendung** (z.B. durch Einreiben auf der Haut) eher lokalen Charakter hat. Edelstein-Essenzen werden durch Einlegen von Heilsteinen in Wasser oder Alkohol sowie durch energetische Informationsübertragung hergestellt. Ähnlich wirken **Zubereitungen mit Wasser oder Wein** durch Dampfkondensation (s.u.), Einlegen in die Flüssigkeit oder Köcheln darin, welche man selbst herstellen kann (bitte nur die angegebenen Rezepte verwenden, andere Steinsorten können bei diesen Zubereitungen giftig wirken!).

Als spezielle Zubereitung muß hier das **Amethyst-Wasser nach Hildegard von Bingen** erwähnt werden. Zur Herstellung dieses Wassers wird ein sauberes Amethyst-Drusenstück über einen Topf mit kochendem Wasser gehängt, so daß der Wasserdampf an den Amethyst-Spitzen kondensieren kann und in den Topf zurücktropft. Nach etwa einer halben Stunde stellt man die Hitze ab, so daß das Wasser langsam abkühlt. Ist Handwärme erreicht, wird das Amethyst-Drusenstück abgenommen und bis zum vollständigen Abkühlen auf Zimmertemperatur ins Wasser hineingelegt. Dieses Wasser wird sehr weich und reinigt und pflegt die Haut auf schonende Weise. Es sollte ohne Zusatz von Seife und ohne weitere Anwendung von Kosmetika oder alkoholischen Reinigungsmitteln eingesetzt werden.

Die gleichzeitige Anwendung von Edelstein-Essenzen oder Zubereitungen in Wasser und Wein mit lokal aufgelegten Heilsteinen wirkt gegenseitig verstärkend. Dieser **Doppeleinsatz von Essenz und Stein** fokussiert auch die innere Wirkung der Essenz bzw. Zubereitung auf einen bestimmten Bereich und wirkt daher sehr stark.

In etwas schwächerer Form geschieht dies auch, wenn Heilsteine **in den Mund** genommen werden (ebenfalls eine Empfehlung nach Hildegard von Bingen). Zum einen wirkt der Heilstein auf diese Weise lokal auf Mund, Zähne, Schleimhäute usw., zum anderen entsteht durch Informationsübertragung auf den Speichel ebenfalls eine Art Edelstein-Essenz mit ganzkörperlicher Wirkung. Natürlich sind auch hier giftige Steine auszuschließen, weshalb diese Anwendung nur in den angegebenen Fällen mit den angegebenen Steinen in der jeweiligen Form (meistens als Trommelstein) eingesetzt werden sollte.

Zu guter Letzt sollen an dieser Stelle noch spezielle **energetische Behandlungen** mit Heilsteinen erwähnt sein. Dabei macht man sich die Leitfähigkeit bestimmter Kristalle (z.B. von Turmalin und Bergkristall) zunutze, um den Fluß der Energie und Flüssigkeiten im Körper anzuregen und zu lenken sowie die Regeneration und Leitfähigkeit von Nerven zu fördern. Durch gezielt aufgelegte und ausgerichtete Kristalle können so z.B. Schmerzen, Nerven- und Gelenkbeschwerden, Taubheitsgefühle (aufgrund von Mangeldurchblutung oder Narben) sowie Funktionsstörungen des Dickdarms behandelt werden. Die jeweiligen Behandlungen sind in den einzelnen Kapiteln angegeben.

Auch das Ausstreichen von Verspannungen oder Senken des Blutdrucks mit Hilfe von **Amethyst-Drusenstücken** zählt hierher. Dazu werden die Drusenstücke nicht aufgelegt, sondern in bestimmten Bahnen ruhig, aber bestimmt über den Körper geführt. Auf diese Weise kann der Fluß von Energie und Körperflüssigkeiten weiträumig gelenkt werden.

Abschließend möchte ich jedoch betonen, daß die in den einzelnen Kapiteln angegebenen Anwendungen keinesfalls als einzig wahres Dogma, sondern nur als mögliche, bewährte »Hinweise« verstanden sein sollen. Wenn Sie selbst in den o.g. Ausführungen eine (im speziellen Kapitel) nicht genannte Anwendung entdecken, die Ihnen sinnvoller erscheint, oder wenn Sie selbst die Idee für ein neues Verfahren haben, so probieren Sie dieses selbstverständlich (im Rahmen der o.g. Einschränkungen bei möglichen Giftwirkungen) aus. Lediglich vor einer weiteren, bisher noch nicht genannten Anwendung muß an dieser Stelle ausdrücklich gewarnt werden:

Nehmen Sie keine pulverisierten Mineralien innerlich ein! Viele Heilsteine sind bei tatsächlicher stofflicher Zufuhr giftig! Die Wirkung von Heilsteinen wird nicht durch die chemischen Reaktionen des Stoffs, sondern durch die Übertragung seiner Information bewirkt. Die Steinheilkunde ist daher eine Informationstherapie wie die Homöopathie, Bachblüten-Therapie oder Aromatherapie. Die äußere Anwendung von Steinen sowie die Einnahme von Essenzen und Zubereitungen, die keine oder nur stark verdünnte stoffliche Anteile enthalten, genügen vollauf, um die notwendigen Heilwirkungen hervorzurufen!

Reinigen und Aufladen von Heilsteinen

Bei der Anwendung von Heilsteinen fällt nach einiger Zeit auf, daß die verwendeten Heilsteine entweder wirkungslos werden, ihre Wirkung verändern oder sich sogar unangenehm anfühlen. Das liegt daran, daß Steine nicht nur Information abgeben, sondern auch aufnehmen. Gerade bei intensiven Heilungsprozessen kann es zur Aufnahme von »Krankheitsinformation« kommen, welche nach einiger Zeit die »Heiinformation« des Steins überlagert.

Daher sollten die verwendeten Steine nach der Anwendung zunächst von aufgenommener elektrischer Ladung befreit werden. Vor allem bei direktem Körperkontakt nehmen viele Heilsteine statische Ladung auf. Das extremste Beispiel ist Bernstein, welcher innerhalb weniger Minuten richtig heiß werden kann. Das Entladen erfolgt am besten mithilfe von fließendem Wasser, in welches der Stein für ca. 10-20 Sekunden gehalten wird.

Die aufgenommene Information bleibt jedoch auch nach dem Entladen im Stein gespeichert. Sie würde ohne weitere Reinigung bei der nächsten Behandlung wieder aktiv werden. Um diese Information zu löschen, kann der verwendete Stein in eine Amethyst-Druse oder auf ein Amethyst-Drusenstück gelegt werden. Durch das feinverteilte Eisen und die Energie-Konzentration des Quarz besitzt Amethyst eine starke, feurige Ausstrahlung. Auf diese Weise »durchstrahlte« Heilsteine werden von der aufgenommenen Information befreit. Als Zeitraum genügt hier in der Regel ein Tag, wurde der Stein nur kurz aufgelegt, genügt eine Stunde. Sie können den Stein jedoch unbesorgt auch länger in der Druse liegen lassen, er erleidet dadurch keinerlei Schaden.

Da die Wirkungsintensität eines Steins in Zusammenhang mit der aufgenommenen Energie steht, können die gereinigten Steine vor Beginn einer Steinbehandlung zusätzlich in der Hand oder durch Sonnenlicht (Morgen- und Abendsonne) aufgeladen werden. Durch die aufgenommene Wärme intensiviert sich ihre Wirkung. In vielen Fällen ist dieses Aufladen jedoch gar nicht nötig, da der Stein durch den Körperkontakt sowieso erwärmt und angeregt wird.

Selbstmedikation oder fachkundige Hilfe?

Selbstmedikation (das eigenverantwortliche Behandeln einer Krankheit ohne fachkundigen Rat) ist derzeit ein umstrittenes Thema. Auf der einen Seite fordert unser überlastetes Gesundheitssystem mehr Eigenverantwortlichkeit im Bereich der Gesundheit, auf der anderen Seite schrecken Meldungen über Komplikationen (Verschlimmerungen von Krankheitszuständen) durch unterbliebene professionelle Hilfe vor eigenmächtigem Handeln zurück. Für erkrankte Menschen ist dies ein Dilemma: Sollen sie die Verantwortung für ihre Heilung nun selbst übernehmen oder an ÄrztInnen/HeilpraktikerInnen abgeben?

Die Antwort ist einfach: Der beste Weg ist es, die Verantwortung zu übernehmen und sich fachkundigen Rat von ÄrztInnen oder HeilpraktikerInnen einzuholen! Das erhöht die Sicherheit, daß ein Leiden richtig diagnostiziert, d. h. richtig erkannt wird (griech. »diagnosis« = »unterscheidende Beurteilung, Erkenntnis«). Gleichzeitig ist es jedoch immer gut, sich am darauf folgenden Heilungsprozeß aktiv zu beteiligen, an der positiven Veränderung der eigenen Lebensumstände zu arbeiten und in Abstimmung mit der behandelnden Fachkraft alle Möglichkeiten der Gesundung auszunützen. Für diese Abstimmung ist es jedoch notwendig, im Gespräch zu bleiben.

Ein Gespräch über die Verwendung von Heilsteinen z. B. ist jedoch dann am erfolgreichsten, wenn beide Seiten, PatientIn und ÄrztIn/HeilpraktikerIn einen ähnlichen Kenntnisstand besitzen. Aus diesem Grund ist die Heilsteine Hausapotheke auch für beide Seiten gedacht. Sie bietet sorgfältige Beschreibungen zu den verschiedenen Krankheitsbildern und wurde gleichzeitig so geschrieben, daß sie auch von Laien mühelos gelesen und angewandt werden kann. So wird z. B. auf Fremdwörter weitgehend verzichtet; wo sie unvermeidbar sind, werden sie an Ort und Stelle erläutert. Damit erhoffe ich mir, den Dialog (griech. »dialogos« = »Zwiegespräch«) zwischen ÄrztInnen/HeilpraktikerInnen und PatientInnen wiederzubeleben, der oftmals nur durch die Verschiedenheit der Sprache und speziell durch nichtdefinierte Fachbegriffe gestört ist.

Vertrauen entsteht durch gegenseitiges Verstehen, durch Kommunikation in einer gemeinsamen Sprache. Daher möchte ich auch alle ÄrztInnen und HeilpraktikerInnen unter den LeserInnen unter den Lesern der Heilsteine Hausapotheke bitten, dieses Buch dahingehend zu verwenden: Geben Sie Ihren PatientInnen die Chance, am eigenen Heilungsprozeß mitzuarbeiten! Die Erläuterungen der Heilsteine Hausapotheke zu bestimmten Erkrankungen oder Beschwerden können dazu beitragen, die eigene Situation besser zu verstehen und mit Hilfe von Heilsteinen den Gesundungsprozeß zu unterstützen.

Die Heilsteine Hausapotheke soll dabei keineswegs dazu animieren, immer »alles alleine« machen zu wollen. Genauso schädlich wie das völlige Abgeben eigener Verantwortung an »alleswissende Spezialisten« ist Ehrgeiz und Stolz, der zum Ignorieren von Krankheitssymptomen und anderen körperlichen und seelischen Warnsignalen führt. »Es wird schon werden ... « mag manchmal richtig sein, manchmal jedoch nicht. Und mitunter ist es wichtig, sich selbst an bestimmten Punkten im Leben einzugestehen: »Ich brauche Hilfe!« – Auch dies ist mitunter eine Selbsterkenntnis als »erster Schritt auf dem Weg zur Besserung«.

Wenn durch das Studium der Heilsteine Hausapotheke die eigenen Möglichkeiten und Grenzen bei der Behandlung von Krankheiten und seelischen Beschwerden mit Heilsteinen klarer werden, dann hat sie ihre Aufgabe erfüllt.

Abschließende Anmerkung

In den folgenden Kapiteln wurde bei geschlechtsspezifischen Begriffen (Arzt/Ärztin, Heilpraktiker/Heilpraktikerin) meistens nur eine Form, überwiegend die männliche, gewählt. Stets beide Formen anzuführen, hätte in vielen Fällen zu kompliziertem Satzbau und einer wesentlich schlechteren Lesbarkeit und Verständlichkeit des Textes geführt (wenn z. B. »ein/e jede/r die für ihn/sie richtige Behandlung mit einem/einer kompetenten Arzt/Ärztin oder HeilpraktikerIn absprechen sollte«). Die meist kürzere männliche Form wurde daher nicht mit diskriminierender, sondern schlicht vereinfachender Absicht gewählt. Ich bitte hierfür insbesondere meine Leserinnen um Verständnis. Als Autor wäre es mir persönlich am liebsten, wenn es eine neutrale Form gäbe.

Teil 2

Heilen mit Steinen

Hilfe und Heilung von A bis Z

In den folgenden 132 Kapiteln wird die Anwendung von Heilsteinen für bestimmte Krankheiten oder seelische Beschwerden beschrieben. Jedes Kapitel ist dabei in derselben Weise aufgebaut. Zu Beginn wird die Krankheit bzw. die seelische Problematik in ihrer Erscheinung beschrieben sowie mögliche Ursachen und Zusammenhänge ihres Auftretens benannt. Auch Lösungsmöglichkeiten ohne Hilfsmittel sowie andere Hausrezepte werden an dieser Stelle erwähnt.

Sehr wichtig sind an dieser Stelle alle Hinweise auf notwendige Untersuchungen durch einen Arzt oder Heilpraktiker bzw. therapeutische Beratungen und Hilfestellungen bei seelischen Beschwerden. Bitte nehmen Sie diese Hinweise ernst!

Bei körperlichen Beschwerden werden außerdem auch mögliche seelische Hintergründe benannt, um eine ganzheitliche Betrachtung der Erkrankung zu ermöglichen. Diese Hintergründe allgemeingültig zu formulieren oder darzustellen, ist jedoch schwierig bzw. in der Regel unmöglich. Die Entstehung eines bestimmten Krankheitsbilds ist in jedem einzelnen Fall absolut individuell, es kann viele äußerst unterschiedliche Wege zu einer bestimmten Erkrankung geben. Die angegebenen Hinweise sind daher nur als Möglichkeiten zu verstehen, als Anregungen, ob ähnliche Situationen oder Erlebnisse gegeben sind – oder auch nicht! Wenn die Empfindung aufkommt, Sie verstehen jetzt besser, weshalb Sie eine bestimmte Krankheit haben oder immer wieder bekommen, dann verfolgen Sie den Gedanken weiter – empfinden Sie jedoch eher Verwirrung oder das Gefühl, es stimmt etwas nicht, dann lassen Sie ihn fallen.

Der Begriff »seelisch« bezeichnet in diesem Zusammenhang unbewußte Reaktionen, die ohne wachbewußte Aufmerksamkeit erfolgen. Die Ursache dieser Reaktionen kann geistiger (bestimmte Ziele und Absichten), seelischer (Erfahrungen der Vergangenheit) oder mentaler Natur (Überzeugungen, Meinungen) sein, sie werden dennoch zusammenfassend als »seelisch« bezeichnet, da sie in der Regel nicht bewußt sind und erst durch gezieltes Nachdenken oder Nachfragen aufgedeckt werden.

Solange eine Reaktion oder ein Mechanismus nicht bewußt nachvollzogen wird, wird er auch nicht verändert! Darin liegt der Grund, weshalb uns bestimmte Dinge immer wieder passieren (sie »passieren« unbemerkt unsere bewußte Aufmerksamkeit) und unbewußte Mechanismen immer wieder körperliche Erkrankungen auslösen. Bewußte Probleme führen dagegen von alleine viel seltener zu Erkrankungen. Es sei denn, bewußtes und unbewußtes spielt zusammen: Bewußte Probleme fixieren unsere Aufmerksamkeit, so daß unbewußte Mechanismen ungestört wirken können. Das kann natürlich geschehen. Doch generell ist der Prozeß des Bewußtwerdens stets ein Heilungsprozeß, eben weil wir Dinge, die uns bewußt sind, auch ändern können.

Oder auf eine vereinfachte Formel gebracht: Können wir etwas nicht ändern, obwohl wir es wollen, ist uns irgend ein Faktor daran noch nicht bewußt. Hier kann therapeutische Hilfe notwendig sein. Die in den folgenden Kapiteln gegebenen Hinweise können ebenfalls Schlüssel zum Bewußtwerden sein, doch bitte denken Sie an die obige Empfehlung: Grübeln sie nicht daran herum, wenn Ihnen ein bestimmter Hinweis nichts sagt und kein »Aha-Erlebnis« beschert. Es kann auch ganz anders sein.

Zu den Beschreibungen der einzelnen Heilsteine und ihrer Wirkungen wird auch unmittelbar die beste Verwendungsform angegeben. Diese Hinweise gehen auf gute praktische Erfahrungen zurück, sind allerdings dennoch nur »mögliche« Hinweise. Auch hier gilt, daß es oft mehrere Wege zum selben Ziel gibt. Um im Einzelfall die Übersicht über mögliche Formen und Anwendungen zu erleichtern, können zwei Seiten aus der Heilsteine Hausapotheke ausgeklappt werden, die Ihnen zum einen alle besprochenen Anwendungen (vordere Umschlaginnenseite) und zum anderen die verwendbaren Formen von Heilsteinen (hintere Umschlaginnenseite) auf einen Blick zeigen. Lassen Sie diese beiden Seiten einfach ausgeklappt, während Sie im Teil 2 »Heilen mit Steinen« oder im Teil 3 »Die Heilsteine Hausapotheke« etwas nachschlagen.

Ich hoffe, daß Ihnen die folgenden Kapitel eine Hilfe zur Gesundung oder zum Erhalt Ihrer Gesundheit sind. Über Rückmeldungen zu Ihren Erfahrungen mit den Heilwirkungen der Steine würde ich mich sehr freuen. Bitte senden Sie Fragen und Erfahrungsberichte, wenn Sie möchten, an die Cairn Elen Lebensschule oder den Steinheilkunde e.V., damit gewährleistet ist, daß Sie in absehbarer Zeit eine Antwort erhalten. Die Adressen finden Sie ebenfalls im Anhang.

Abszeß

Abszesse sind eitrige Hautschwellungen, mit denen der Körper versucht, abgetötete Zellen und Giftstoffe bei Entzündungen durch die Haut abzusondern. Mitunter tritt dabei als zusätzlicher Heilungsversuch des Körpers auch Fieber auf. Da Abszesse das äußere Anzeichen für tiefsitzende innere Entzündungen sein können, muß vor allem bei fiebrigen Abszessen unbedingt ein Arzt oder Heilpraktiker aufgesucht werden. Vor allem bei großen Abszessen besteht die Gefahr einer Sepsis (Blutvergiftung)! Als Hausmittel haben sich neben den u. g. Heilsteinen auch Krautwickel bewährt.

Wenn Abszesse immer wiederkehren oder besonders in Zeiten schlechter seelischer Verfassung auftreten, kann es eine Hilfe sein, darüber nachzudenken, womit man im Leben nur sehr schwer zurechtkommt und was einen so sehr stört, daß man es am liebsten »absondern« würde. Jede Hilfe, diese Angelegenheiten zu lösen oder besser zu ertragen, kann die Neigung zu Abszessen verringern.

Amethyst hilft dem Körper, die Entzündungsprodukte abzubauen, so daß sich Abszesse zurückbilden. Er kann dazu als Trommelstein, flache Scheibe oder Kristall aufgelegt sowie als Amethystwasser nach Hildegard von Bingen (vgl. Seite 18) aufgebracht werden. Die innere Einnahme von Amethyst-Essenzen (3x täglich 3-7 Tropfen) verringert die Neigung zu Abszessen.

Heliotrop ist hilfreich, wenn Abszesse sehr plötzlich auftreten und sofort von steil ansteigendem Fieber begleitet sind. Besonders geeignet sind hierfür Heliotrope, die gelbe Flecken (Eiter-Signatur) aufweisen. Diese können als Trommelsteine oder flache Scheiben aufgelegt werden. Auch die Edelstein-Essenz ist hilfreich (3x täglich 3-9 Tropfen). Heliotrop kann hier als Sofortmaßnahme verwendet werden, ein Arzt oder Heilpraktiker muß dennoch umgehend aufgesucht werden!

Akne

Unter dem Begriff »Akne« verbergen sich verschiedene Hauterkrankungen, die mit Talgstauungen, entzündlichen Schwellungen und eitergefüllten Pusteln einhergehen. Der häufigste Fall ist die Akne vulgaris (auch Akne juvenilis, Pubertätsakne genannt), die im Jugendlichenalter beginnt und in der Regel vor dem 30. Lebensjahr ausheilt. Eine Behandlung mit Heilsteinen ist bei Akne nur sinnvoll, wenn sie mit Ernährungsmaßnahmen und schonender Hautpflege einhergeht. Auslöser der Akne sind die Hormonumstellungen während der Pubertät, begünstigt wird sie jedoch zusätzlich durch fettreiche Kost, Süßigkeiten, Kaffee, Alkohol und Nikotin. Auch der Versuch, die Pickel durch Kosmetika zu überdecken, ist meist ebenso schädlich wie übermäßige Reinigung mit Seife oder alkoholischen

Lösungen. Daher ist zur Linderung der Akne-Erscheinungen fettarme Kost, zurückhaltender Genuß von Süßigkeiten und »Genußgiften« sowie eine seifen- und alkoholfreie Hautpflege (z.B. mit Amethyst-Wasser) unerläßlich.

Amethyst hilft bei Akne, die Haut zu reinigen. Dabei ist insbesondere das Amethyst-Wasser nach Hildegard von Bingen empfehlenswert (siehe Seite 18).

Chrysopras regt die Entgiftung und Ausscheidung an, vermindert also die Belastung durch Genußmittel und -gifte. Auch das führt zu einer Linderung der Hauterscheinungen. Chrysopras sollte dazu längere Zeit als Kette, Anhänger, gebohrter Trommelstein oder Schmuckstein getragen, als Edelstein-Essenz innerlich eingenommen (3x täglich 5 Tropfen) oder als Roh- bzw. Trommelstein regelmäßig abends auf die Leber aufgelegt werden.

Mondstein harmonisiert die hormonelle Umstellung während der Pubertät. Dazu sollte er über längere Zeit (mehrere Monate) als Anhänger oder besser noch als Kette getragen werden.

Rhodonit verhindert die Narbenbildung bei geöffneten Pusteln, wenn er als flacher Trommelstein oder Scheibe auf die betreffende Stelle aufgelegt wird, und verringert bei längerem Tragen als Kette, Anhänger, gebohrter Trommelstein oder Schmuckstein die seelische Belastung durch die Erkrankung.

Allergien

Allergien sind erworbene Überempfindlichkeiten gegenüber bestimmten Stoffen der Umwelt, die sich nach deren wiederholter Einwirkung entwickeln. Sie äußern sich über Ausschläge und Entzündungen der Haut (Dermatitis, Ekzeme), Anschwellen und Absonderungen der Schleimhäute (Heuschnupfen), Beeinträchtigungen der Atemwege (allergisches Bronchialasthma) und im Extremfall durch Blutdruckabfall und Bewußtlosigkeit (anaphylaktischer Schock), wodurch akute Lebensgefahr entstehen kann. Bei starken allergischen Reaktionen muß daher sofort der Notarzt verständigt werden!

Die Neigung zu Allergien steigt mit zunehmender Belastung des Organismus durch nicht verwert- und ausscheidbare Stoffe stark an. Dazu spielen einerseits Umweltbelastungen und Nahrungsmittelunverträglichkeiten eine große Rolle, andererseits jedoch auch Faktoren wie Streß, fehlende Erholungsphasen und zu wenig Schlaf, welche notwendige Regenerationprozesse des Körpers verhindern. Dadurch wird dieser allmählich überlastet und reagiert auf kleinste Reize »allergisch«.

Abhilfe bringt hier die Verringerung belastender Einflüsse, gesunde Ernährung, eine schadstoffarme Umwelt (keine Gifte im Haushalt), die medizinische Versorgung mit Naturheilmitteln und vor allem die

Verminderung direkter und indirekter Strahleneinflüsse (Elektrosmog, Bildschirme, kein Kochen mit der Mikrowelle!). Vor allem die Ernährung sollte überprüft und evtl. Nahrungsmittelunverträglichkeiten bei einem Arzt oder Heilpraktiker ausgetestet werden. Darüber hinaus fördern Ruhe, ausreichend Schlaf und regelmäßiges Entschlacken und Entgiften, z.B. durch Darmsanierung und Heilfasten (unter fachlicher Begleitung!), die notwendige Regeneration des Körpers. Und schließlich sollte auch die seelische Seite (wogegen ist man seelisch »allergisch«?) hier unbedingt beachtet werden!

Eine selbständige Behandlung ist bei Allergien nur in begrenztem Umfang möglich. Bei leichteren Formen wie z.B. Heuschnupfen können Heilsteine hervorragende Dienste leisten, bei schwereren Formen sollte jedoch fachlicher Rat eingeholt werden. Und daß bei lebensgefährlichen Reaktionen wie dem anaphylaktischen Schock lebensrettende Maßnahmen und die Benachrichtigung des Notarztes an erster Stelle stehen, versteht sich von selbst!

Aquamarin hilft bei vielen Allergien, insbesondere wenn sie sich bei hoher Beanspruchung und Belastung durch viele unerledigte Dinge verschlimmern. Er wird bei Atemwegsreaktionen (Heuschnupfen bis Bronchialasthma) sowie bei heftigen akuten Krankheitsverläufen eingesetzt. Auf seelischer Ebene bringt Aquamarin Leichtigkeit und Gelassenheit.

Bernstein hilft bei Allergien, die hauptsächlich Haut und Schleimhäute betreffen. Er ist auf jeden Fall angebracht, wenn als Krankheitshintergrund ausgeprägte Berührungsängste erkennbar sind.

Blauer, gebänderter Chalcedon regt den Lymphfluß an und läßt allergische Reaktionen schnell abklingen. Er hilft, den Körper zu reinigen und so die Grundlage der Allergie zu heilen. Darüber hinaus erleichtert er die Kommunikation und Konfliktbewältigung, was auch im seelischen Bereich zu »angemessenen Reaktionen« führt, so daß man nicht mehr gegen bestimmte Angelegenheiten »allergisch« ist.

Chrysopras hilft bei Allergien, die nach Vergiftungen (auch starken Medikamenten) auftreten oder von schlechten Ernährungsgewohnheiten begleitet sind. Als Krankheitshintergrund ist hier außerdem mitunter Sorge, Eifersucht oder Verlust von Geborgenheit erkennbar.

Landschafts-Jaspis hilft bei allen Allergien, da er das durch Schlacken und Gifte belastete Gewebe reinigt. Er beruhigt bei Nervosität und Aufregung, hilft bei Streß und bewahrt gleichzeitig Willenskraft und Durchsetzungsvermögen.

Alle genannten Heilsteine sollten als Kette, Anhänger, gebohrter Trommelstein oder größerer Schmuckstein über längere Zeit getragen werden. Zusätzlich oder als Alternative kann auch die entsprechende Edelstein-Essenz (3x täglich 3-7 Tropfen) über längere Zeit eingenommen werden.

Alpträume

Alpträume (benannt nach dem »Alp«, dem bösen Nachtgeist) sind Träume angsterfüllten Inhalts, die oft mit heftigen Bewegungen (Hin- und Herwerfen), starker Spannung und Schwitzen einhergehen (schweißgebadetes Erwachen). Ihre Ursache haben sie entweder in der seelischen Verarbeitung entsprechender aufgenommener Bilder (Eindrücke aus Erlebnissen, Erzählungen, Literatur, Funk und Fernsehen) oder in der unbewußten Auseinandersetzung mit ungelösten Konflikten. Das Klären dieser Konflikte und der Verzicht auf weitere stimulierende Bilder stellen bei Alpträumen die ursächliche Abhilfe dar. Dazu kann therapeutische Hilfe notwendig sein, vor allem auch dann, wenn bestimmte Trauminhalte im Wachbewußtsein noch immer eine Belastung sind. Ansonsten kann bei Alpträumen mit Heilsteinen sehr viel bewirkt werden.

Achat hilft als Scheibe unter dem Kopfkissen, den Schlaf zu vertiefen und ihn dadurch ruhiger und erholsamer zu machen. Auch Trauminhalte werden auf diese Weise angenehmer. Enthält die Achatscheibe Bergkristall, bleiben Träume besser in Erinnerung, so daß man sich bewußter mit ihren Inhalten auseinandersetzen kann.

Chrysopras hilft bei fast allen Alpträumen, vor allem auch bei ständig wiederkehrenden Alptraumserien. Von großem Wert ist er insbesondere bei Kindern, die nachts völlig verstört erwachen, sich in der Umgebung nicht zurechtfinden und evtl. auch Eltern und Geschwister nicht erkennen. Chrysopras befreit von belastenden Bildern und lindert die Angst vor dem Einschlafen bzw. nach dem Erwachen. Er wird dazu entweder als Trommelstein unter das Kopfkissen gelegt oder als Anhänger, Kette, gebohrter Trommelstein oder Schmuckstein am Körper getragen.

Angina

Mit Angina werden landläufig Entzündungen im Hals und Rachen bezeichnet. Der Name leitet sich von lat. »angina« = »Erwürgen« ab und bezeichnet daher medizinisch auch andere Erkrankungen mit Engegefühlen (z.B. Angina pectoris = Brustbeklemmung). An dieser Stelle wird jedoch nur die mit Entzündung, Fieber und Schluckbeschwerden einhergehende Halsentzündung besprochen. Zu deren Behandlung ist Bettruhe erforderlich, um Komplikationen zu verhindern. Auch auf Kuhmilch sollte verzichtet werden, da diese das Gewebe belastet (siehe Kapitel Engiftung/Entschlackung) und die Heilung der Angina verschleppt. Feucht-warme Halswickel und Gurgeln mit Salbeitee, Thymiantee, Eigenurin oder ätherischem Sandelholzöl (2-3 Tropfen mit einem Teelöffel Honig in einem Glas verrühren, mit warmem Wasser auffüllen und stündlich anwenden) sind zudem bewährte Hausmittel.

Da Angina eine akute Erkrankung ist, sind auch seelische Hintergründe oder Auslöser oft sehr naheliegend. Man kommt ihnen meist durch Fragen wie »Was bleibt mir im Hals stecken?« oder »Was schnürt mir den Hals zu?« auf die Spur. Diese Hintergründe zu klären, ist sehr wichtig, wenn man wiederkehrende Serien von Angina-Erkrankungen beenden will. Die genannten Heilsteine bieten auch hierzu gute Hilfe:

Chalcedon lindert Angina in kürzester Zeit. Er ist angezeigt, wenn starke Lymphknotenschwellungen spür- oder sichtbar sind, jedoch im Hals noch kein bzw. nur wenig Belag auf den Rachenmandeln zu sehen ist. Chalcedon ist außerdem der passende Stein, wenn Kommunikationsprobleme mit der Erkrankung einhergehen. Er sollte als kurze Kette oder Anhänger am Hals getragen oder als Edelstein-Essenz (3x täglich 5-7 Tropfen) innerlich eingenommen werden.

Heliotrop hilft speziell bei eitrigen Mandeln und starken Belägen sowie bei unterdrücktem Zorn oder Abgrenzungsschwierigkeiten. Auch er wird am besten als kurze Kette oder Anhänger am Hals getragen oder, wenn die Wirkung sehr schnell einsetzen soll, als Edelstein-Essenz (5x täglich 5-7 Tropfen) eingenommen bzw. als Trommelstein in den Mund genommen.

Lapislazuli ist angebracht, wenn sich die Angina durch erste Schluckbeschwerden ankündigt. Je schneller er als Trommelstein oder Scheibe auf den Hals aufgelegt sowie als Kette, Anhänger, gebohrter Trommelstein oder Schmuckstein am Hals getragen wird, desto besser kann die Erkrankung mit seiner Hilfe verhindert werden. Auch seelisch hilft Lapislazuli, (unangenehme) Wahrheiten besser zu schlucken oder aussprechen zu können.

Smaragd hilft allgemein bei Angina, doch er ist auf jeden Fall angezeigt, wenn auch die oberen Atemwege, insbesondere Stirn- und Nasennebenhöhlen erkrankt sind oder wenn die Angina mit Orientierungsschwierigkeiten im Leben einhergeht. Smaragd wird am besten als Kristall oder Trommelstein in den Mund genommen oder als Edelstein-Essenz (3x täglich 3-9 Tropfen) innerlich eingenommen.

Angst

Angst ist eine Emotion, die uns in Gefahrensituationen wach und bewußt macht, um schnell handeln zu können. Körperlich wird dabei das Nebennierenhormon Adrenalin ausgeschüttet, welches die allgemeine Handlungsbereitschaft erhöht. Für solche Situationen ist Angst sinnvoll und lebensnotwendig, da sie die Sinne schärft und unsere Aufmerksamkeit auf das gegenwärtige Geschehen lenkt.

Angst verliert jedoch jeglichen Sinn, wenn keine akute Gefahr vorhanden ist. Dennoch leben viele Menschen in beständiger Angst vor möglichen Gefahren. Diese rührt zum einen von vergangenen negativen Erfahrungen her und wird auf der anderen Seite durch die tägliche Flut von negativen Meldungen genährt, mit denen uns die Medien großzügig versorgen. In diesem Fall nun hat Angst eindeutig negative Auswirkungen, da sie einen Gefahrenzustand vorgaukelt, auch wenn er nicht vorhanden ist, und so ständig zu unangemessenen Handlungen verleitet. Im Extremfall kommt es hier sogar zu zwanghaften Handlungen oder bedrohlichen körperlichen Empfindungen (Erregung, Enge, Beklemmung, Herzklopfen, Atemnot).

Leichte Formen der Angst lassen sich überwinden, in dem man Wissen über das erwirbt, was einen ängstigt (Angst vor dem Unbekannten) oder indem man sich der Sache bzw. Situation stellt, sie konfrontiert, d. h. aushält und ihr »ins Auge« sieht. Dazu muß es jedoch etwas Bekanntes geben, auf das sich die Angst bezieht. Um den für diese Konfrontationen notwendigen Mut aufzubringen, können Heilsteine zur Unterstützung herangezogen werden.

Bei sog. »irrationalen Ängsten«, also gegenstandslosen Ängsten ohne erkennbaren Bezug zu einer bestimmten Ursache oder einem bestimmten Auslöser, helfen die o. g. Möglichkeiten natürlich nicht. Hier resultiert die Angst aus einer Summe vergangener Erfahrungen, die zu einer passiven, von großer Vorsicht geprägten Lebenshaltung führten. In diesem Fall muß man sich der Vergangenheit stellen und mit

Hilfe therapeutischer Unterstützung die Beeinträchtigung des aktuellen Gemütszustandes durch frühere negative Erfahrungen auflösen. Nur so lassen sich irrationale Ängste dauerhaft heilen. Da der therapeutische Prozeß ebenfalls eine gewisse Konfrontationsfähigkeit erfordert, können auch hier unterstützende Heilsteine verwendet werden.

Zusammenfassend läßt sich sagen, daß das Problem chronischer oder irrationaler Ängste nur durch eigene Bewußtseinsarbeit, ggf. mit therapeutischer Hilfe lösen läßt. Heilsteine nehmen diese Arbeit nicht ab, sie können den Prozeß jedoch erleichtern, indem sie die eigene Konfrontationsfähigkeit verbessern.

Dumortierit hilft in diesem Sinne bei leichten Formen der Angst, indem er Gelassenheit und Leichtigkeit vermittelt. Er hilft, belastende Dinge weniger ernst und einschüchternd zu erleben und das eigene Leben spielerischer in die Hand zu nehmen.

Rhodonit hilft bei Angst vor Schicksalsschlägen, Verlusten, Verletzung, Gewalt, Gefahr und Tod. Er lindert starke irrationale Ängste. Typische Indizien sind außerdem ein starkes Schutzbedürfnis oder ausgiebiges Reden über vorhandene Ängste, ohne daß sich Erleichterung dadurch einstellt.

Rutilquarz hilft bei Angst vor Offenbarung der eigenen Fehler und Schattenseiten oder konkreter schädlicher Handlungen. Typisch ist auch die Angst, die Kontrolle zu verlieren. Generell besteht hier die Tendenz, jegliche Art von Angst zu verbergen und sich ggf. auch selbst zurückzuziehen. Derart zurückgehaltene Ängste äußern sich meist durch Beklemmungen in der Brust.

Sugilith hilft bei jeder Form von Angst, selbst bei schweren irrationalen Ängsten. Er fördert den notwendigen Mut, sich unangenehmen Dingen oder Situationen zu stellen, und erleichtert das Aufdecken unbewußter Ursachen der Angst. Zudem hilft Sugilith, Konflikte kompromißlos zu lösen, so daß diese Erkenntnisse im Leben auch praktisch umgesetzt werden.

Alle genannten Heilsteine sollten über längere Zeit als Kette, Anhänger, gebohrter Trommelstein oder Schmuckstein getragen werden. Ängste verschwinden meist nicht plötzlich, daher muß der Wirkung der Steine und dem entsprechenden Bewußtseinsprozeß genügend Zeit eingeräumt werden.

Arterienverkalkung/ Arteriosklerose

Bei der Arteriosklerose kommt es zu Verdickungen der Arterien-Innenwände durch Einlagerung von Eiweißstoffen, zur Bildung kleiner Blutgerinnsel und späterer Ablagerungen von Fettsubstanzen (z.B. Cholesterin) und Kalk. Die Durchblutung bestimmter Organe, insbesondere des Herzens und des Gehirns, kann dadurch stark verringert werden, außerdem besteht die Gefahr spontaner Thrombosen, also vollständiger Gefäßverschlüsse durch Blutgerinnung. Dadurch kann es zum Herzinfarkt oder Schlaganfall kommen. Die Arteriosklerose beginnt langsam und schleichend, erste Symptome sind Wadenschmerzen beim Gehen (mangelnde Durchblutung), kalte, weißliche oder bläuliche Glieder, anfallsweise auftretende, mitunter heftige Herzschmerzen, verminderte Leistung, Gedächtnis- und Konzentrationsstörungen, Schwindel, Kopfschmerzen, Schlafstörungen und Reizbarkeit bis hin zu ausgeprägten seelischen Beschwerden.

Zur Behandlung der Arteriosklerose gehört unbedingt eine tierisch eiweißfreie Diät, vitaminreiche Kost (insbesondere Vitamin C und E), genügend körperliche Bewegung sowie ausreichend Ruhe, Schlaf und Regenerationsphasen. Behandlungen sollten stets unter Aufsicht eines Arztes oder Heilpraktikers erfolgen, da die Krankheitsursachen der Arteriosklerose im Einzelfall sehr verschieden sein können. Unter den Heilsteinen haben sich hier vor allem drei als besondere Unterstützung hervorgetan:

Aventurin fördert die Entgiftung und Entschlackung des Gewebes, wodurch auch Einlagerungen in die Blutgefäßwände vermieden werden. Außerdem beugt er Entzündungen und Gerinnseln in den Blutgefäße vor und verringert so die Gefahr von verengenden Ablagerungen. Aventurin sollte dazu über längere Zeit als Kette, Anhänger, gebohrter Trommelstein oder

Schmuckstein getragen werden. Auch die innere Einnahme der Edelstein-Essenz (3x täglich 3 Tropfen) ist empfehlenswert.

Diamant hilft bereits entstandene Ablagerungen in den Gefäßwänden wieder aufzulösen. Dazu werden kleine Rohdiamanten einen Tag hindurch in Wasser gelegt, welches anschließend schluckweise über den Tag verteilt getrunken wird. Wird dieses Rezept aus der Hildegard-Medizin über Wochen und Monate konsequent durchgeführt, so zeigt es hervorragende Erfolge.

Heliotrop hilft, die weitere Zunahme von Ablagerungen in den Gefäßen zu verhindern. Er ist vor allem dann wirksam, wenn Blutgefäße entzündet sind. Auch hier eignen sich über längere Zeit getragene Ketten, Anhänger, gebohrte Trommelsteine oder Schmucksteine sowie Edelstein-Essenzen (3x täglich 5-7 Tropfen) am besten.

Asthma

Mit Asthma im weiteren Sinne (griech. »Beklemmung, schweres kurzes Atemholen«) werden verschiedene Atemnotanfälle unterschiedlicher Ursache bezeichnet, wie z.B. Herzasthma, asthmatische Bronchitis usw. Das Asthma »im engeren Sinne« (Bronchialasthma) zählt dagegen zu den Allergien und ist mitunter eine Folge unterdrückter Hautkrankheiten (z.B. durch Cortisonsalben usw.). Dieser Form des Asthmas widmet sich das vorliegende Kapitel.

Bronchialasthma äußert sich durch erschwertes Ausatmen, da sich die Muskulatur der kleinen Bronchien verkrampft, die Schleimhäute anschwellen und große Mengen zähen, glasigen Schleims abgesondert werden. Auf diese Weise entsteht hochgradige Atemnot (bei Gefahr Notarzt rufen!), die festgehaltene Atemluft blockiert weiteres Einatmen, Sauerstoffmangel entsteht, der auch die Herz-Kreislauf-Tätigkeit erschwert. Dies äußert sich während des Anfalls in kalten Händen und Füßen sowie bläulichen Lippen. Daher drohen auch spätere Komplikationen durch organische Herzschädigungen.

Die Besonderheit des Bronchialasthma ist, daß es zwar allergischen Ursprungs ist, andererseits jedoch deutliche psychosomatische Merkmale zeigt. So wird der Asthmaanfall nicht allein durch allergieauslösende Stoffe wie Blütenpollen, Hausstaub, Mehl, Schimmelpilzsporen oder Chemikalien ausgelöst, auch Zigarettenrauch, kalter Nebel, körperliche Anstrengung, Streß, Ängste und belastende Situationen können spontan einen Asthmaanfall hervorrufen.

Es wird also deutlich, daß es beim Asthma neben den körperlichen Ursachen unbedingt auch seelische Hintergründe wie einengende Lebensumstände (Beklemmung) oder Schwierigkeiten, loszulassen (nicht-ausatmen-können) zu bearbeiten gilt. Da Asthmaanfälle außerdem lebensgefährlich werden können, muß jegliche Behandlung durch einen Arzt oder Heilpraktiker kontrolliert werden! Heilsteine können unterstützend zur Linderung von Anfällen und zur Verringerung der Anfallshäufigkeit eingesetzt werden.

Apophyllit ist der beste Stein bei akuten Asthmaanfällen. Er wirkt entkrampfend und schleimlösend und bringt so schnelle Linderung der Atemnot. Sowohl grüne, als auch klare Varietäten des Minerals zeigen diese Wirkung, wobei mit grünen Steinen jedoch zuverlässigere Wirkungen erzielt wurden. Wird Apophyllit längere Zeit am Körper getragen, läßt die Anfallsneigung deutlich nach.

Rutilquarz ist der Stein zweiter Wahl. Er ist eigentlich besser zur Therapie asthmatischer Bronchitis geeignet, da sich beide Erkrankungen jedoch sehr ähnlich sind, zeigt er auch beim Bronchialasthma gewisse Wirkungen. Vor allem auch als langfristige Hilfe hat sich Rutilquarz bewährt.

Tigerauge, vor allem die quarzreiche Varietät »Goldquarz« und **Türkis** lindern Asthmaanfälle. Sie sind in erster Linie zur akuten Anwendung zu empfehlen.

Alle genannten Heilsteine sollten beim akuten Anfall fest auf die Brust gepreßt werden. Zwischen den Anfällen kann Rutilquarz als Kette, Anhänger oder Trommelstein im Brustbereich getragen werden, Apophyllit wird, da er nur als Kristall oder Kristallgruppe erhältlich ist, entweder als solcher mit Pflaster aufgeklebt oder in der Hosentasche mitgeführt.

Augenermüdung

Müde Augen sind bei der zunehmenden Verbreitung von Bildschirmen und anderen Tätigkeiten unter Kunstlicht heutzutage weit verbreitet. Druckempfinden rund um die Augen, leichte Schmerzen, Brennen, Rötung, Trockenheit, »verschwommener Blick« und vorübergehende Sehschwäche beim Lesen sind die dabei auftretenden Symptome. Die Anwendung von Heilsteinen, Vitamin-A-reiche Ernährung (Karotten usw.) sowie reichliche Flüssigkeitsaufnahme (am besten stilles Wasser) können hier Abhilfe bieten, sollten jedoch dabei nicht vergessen lassen, daß auf Dauer die Ursachen der Augenermüdung beseitigt werden müssen, um langfristige Schädigungen zu vermeiden. Bessere Lichtquellen, Bildschirm-Abschirmungen usw. sind sinnvoller, als das alleinige Auflegen von Steinen.

Achate, die als kleine Scheibe oder Trommelsteine aussehen wie Augen (Augen-Signatur) können auf die geschlossenen Augenlider aufgelegt werden, um Augenermüdung zu lindern. Sie sind insbesondere bei trockenen, brennenden Augen zu empfehlen.

Amethyst hilft bei druckempfindlichen, tränenden Augen und verschwommenem Blick. Er kann ebenfalls als Trommelstein aufgelegt oder als Amethyst-Wasser nach Hildegard von Bingen (siehe Seite 18) mit Hilfe getränkter Kompressen aufgebracht werden.

Aquamarin hilft speziell bei Augenermüdung nach anstrengender Tätigkeit, bei nachlassender Sehkraft, Verschlimmerung bereits bestehender Kurz- oder Weitsichtigkeit sowie Schielen und zitternden Augen. Er wird als Trommelstein oder kleiner Kristall auf die geschlossenen Augenlider aufgelegt.

Smaragd lindert Augenermüdung und Sehschwäche schon beim Betrachten, wenn er von schöner smaragdgrüner Farbe ist. Ansonsten wird auch er als Kristall oder Trommelstein auf die geschlossenen Augenlider aufgelegt.

Bandscheibenbeschwerden

Bandscheiben sind Knorpelfaserringe mit gallertartigem, wasserreichem Kern zwischen den Wirbelkörpern der Wirbelsäule. Sie dienen als elastische Puffer, um die Wirbelsäule beweglich zu halten. Bei »abgenützten« Bandscheiben verliert das gallertartige Gewebe des Kerns die enthaltene Flüssigkeit und damit seine Elastizität. Die Bandscheiben werden flacher, so daß die Beweglichkeit der Wirbel eingeschränkt wird. Dies kann (muß jedoch nicht) zu Rückenschmerzen führen. Im Extremfall kommt es darüber hinaus jedoch zu einer Überdehnung oder zum Reißen des Faserrings und einem teilweisen oder vollständigem Herausdrängen des gallertartigen

Kernes in den Wirbelkanal, in dem die Rückenmarksnerven liegen (Bandscheibenvorfall). Werden dabei Nerven eingeklemmt, kommt es zu starken, zur Seite oder in die Gliedmaßen ausstrahlenden Schmerzen. Selbstverständlich sollte bei Verdacht auf Bandscheibenbeschwerden eine Untersuchung durch einen Arzt oder Heilpraktiker erfolgen, einige Heilsteine haben sich jedoch zur Linderung der Schmerzen und zur Regeneration der Bandscheiben als hervorragende Hilfsmittel erwiesen. Da sich nicht nur körperliche, sondern auch seelische Belastungen auf die Bandscheiben auswirken können, sollte auch dieser Aspekt bei Bandscheibenbeschwerden unbedingt berücksichtigt werden.

Gebänderter Aragonit ist als wasserhaltiges Calciumcarbonat bei Bandscheibenbescherden der Heilstein Nr. 1. Er fördert die erneute Wasseraufnahme bei »abgenützen« Bandscheiben und baut deren Elastizität wieder auf. Dazu sollte Aragonit als Trommelstein oder Scheibe direkt auf die betroffene Stelle aufgelegt oder mit Pflaster aufgeklebt werden.

Kunzit lindert Schmerzen bei eingeklemmten Nerven. Er kann bei Bandscheibenbeschwerden zusätzlich zum Aragonit als Kristall oder Trommelstein aufgelegt bzw. aufgeklebt werden.

Pyritsonnen lindern die Reibungsschmerzen bei Bandscheibenbeschwerden. Da Pyrit mit Hautschweiß reagieren und dadurch Hautreizungen hervorrufen kann, sollten Pyritsonnen nur kürzere Zeit aufgelegt oder in einem dünnen Baumwollsäckchen auf dem schmerzenden Bereich getragen werden.

Bettnässen

Nächtliches Bettnässen hat insbesondere bei Kindern in der Regel keine körperliche, sondern seelische Ursachen. Insbesondere Angst, Verluste, Eifersucht (z. B. auf jüngere Geschwister), vom Kind empfundener Mangel an Geborgenheit (auch nach Veränderungen in der Familie oder Umgebung) sowie Störfelder durch Erdstrahlen und Elektrosmog können zu Blasenentleerungen im Schlaf führen. Diese Ursachen gilt es hier in erster Linie zu klären.

Demgegenüber ist die auch beim Erwachsenen auftretende Inkontinenz, der unwillkürliche Harnabgang, auf eine Schwäche des Blasenschließmuskels zurückzuführen. Hierfür können Blasenerkrankungen, Senkungen der Beckenorgane, Nervenstörungen, Prostatavergrößerungen oder eine Schwäche der Beckenbodenmuskulatur die Ursache sein. Wenn auch verborgener, so läßt sich doch auch in diesen Fällen mitunter chronische Angst, Unsicherheit oder das Gefühl entdecken, die Kontrolle im Leben bzw. bestimmten Lebensbereichen zu verlieren. Neben dem Abklären organischer Ursachen durch

einen Arzt oder Heilpraktiker sollte auch dieser Aspekt beachtet werden.

Chrysopras beendet vor allem das Bettnässen bei Kindern sehr schnell, indem er Gefühle von Eifersucht oder mangelnder Zuwendung lindert und die Geborgenheit in sich selbst entdecken läßt. Als Mineral der Chalcedon-Familie stärkt er außerdem die Harnblase.

Citrin dagegen ist speziell bei Inkontinenz hilfreich, wenn diese auf Schließmuskelschwäche oder eine Schwäche der Beckenbodenmuskulatur zurückzuführen ist. Darüber hinaus stärkt Citrin die Selbstsicherheit und hilft, die Kontrolle des eigenen Lebens wiederzuerlangen oder aufrechtzuerhalten.

Beide Steine können bei Bedarf als Anhänger, Kette oder gebohrter Trommelstein getragen bzw. direkt auf den Blasenbereich aufgelegt, ggf. auch mit Pflaster aufgeklebt werden. Sollten sie nicht wirksam sein, da das Bettnässen auf Blasenentzündungen oder allgemeine Blasenschwäche zurückzuführen ist, können die im Kapitel »Blasenbeschwerden« aufgeführten Heilsteine eingesetzt werden.

Bindehautentzündung

Bindehautentzündungen kennzeichnen sich durch gerötete Augen, Schwellung, vermehrte Sekretabsonderung (verklebte Augen), Brennen, Jucken, Fremdkörpergefühl und

Lichtempfindlichkeit. Ursache können verminderter Tränenfluß, Fremdkörper, Dämpfe, Gase, UV-Strahlen, allergische Reaktionen oder Infektionen sein. Eine häufige Anfälligkeit für Bindehautentzündungen kann außerdem mit starker »Verschlackung« des Gewebes und Leberschwäche zusammenhängen sowie mit Wut und Enttäuschung über Dinge, deren »Anblick« nur schwer zu ertragen ist. Zur Linderung der Entzündung sollte viel getrunken (jedoch kein Kaffee!) und vitaminreiche Kost gegessen werden.

Achate mit dem Aussehen von Augen (Augen-Signatur), insbesondere, wenn sie natürliche rote Farben zeigen, lindern alle Formen der Bindehautentzündung. Dazu werden sie in Form von kleinen Scheiben oder Trommelsteinen auf die geschlossenen Augenlider aufgelegt.

Chalcedon hilft speziell bei geröteten, brennenden Augen mit wenig Flüssigkeitsabsonderung. Dabei haben sich vor allem Chalcedon-Rosetten mit Augen-Signatur bewährt. Da Chalcedon außerdem den Fluß der Lymphe und die Entschlackung des Gewebes fördert, helfen über längere Zeit getragene Ketten, Anhänger, gebohrte Trommelsteine oder Schmucksteine aus gebändertem Chalcedon die allgemeine Neigung zu Bindehautentzündungen zu verringern.

Heliotrop hilft speziell bei Bindehautentzündungen mit starker Sekretabsonderung, also bei verklebten Augen und starkem Juckreiz. Er wird ebenfalls als Trommelstein oder flache Scheibe auf die geschlossenen Augenlider aufgelegt.

Blähungen

Blähungen entstehen bei vermehrter Gasbildung im Darm durch entsprechende Nahrungsmittel (Hülsenfrüchte, Kohl usw.) oder durch eine verminderte Ausleitung der normalerweise entstehenden Gase, z. B. bei Verstopfung. Länger andauernde Blähungen können darüber hinaus durch eine aus dem Gleichgewicht geratene Darmflora oder andere Verdauungsstörungen entstehen. Insofern können mitunter auch geistig »unverdauliche« Situationen oder Probleme Blähungen verursachen. Zudem kann Bewegungsmangel, insbesondere bei sitzender Tätigkeit, blähungsfördernd sein. Daher zählen Bewegung (Gymnastik und Spazierengehen) und Bauchmassagen neben Trennkost, Fenchel- und Kümmeltee zu den bewährten Hausrezepten.

Achat lindert Blähungen, indem er die Darmflora harmonisiert. Dazu eignen sich insbesondere Scheiben oder Trommelsteine mit gleichmäßig geschwungenen Bänderungen, die auf den Bauch aufgelegt werden. Auch seelisch gibt Achat die notwendige Stabilität, sich mit Unangenehmem auseinanderzusetzen und es zu »verdauen«. Dafür eignen sich Ketten, Anhänger, gebohrte Trommelsteine oder

Schmucksteine, die über längere Zeit getragen werden.

Smaragd lindert Blähungen aller Art. Dazu wird in der Regel die Edelstein-Essenz innerlich eingenommen (3x täglich 5-7 Tropfen – vor den Mahlzeiten!). Es können jedoch auch Kristalle oder Trommelsteine in großem Kreis (dem Verlauf des Dickdarms folgend) auf den Bauch aufgelegt werden, sowie Ketten, Anhänger und gebohrte Steine über längere Zeit getragen werden.

Turmalin Schörl (schwarzer Turmalin) hilft vor allem bei Blähungen in Verbindung mit Verstopfung. Er wird auf dieselbe Weise eingesetzt, wie Smaragd, wobei jedoch darauf geachtet werden sollte, daß aufgelegte Kristalle, z.B. kleine Turmalinstäbchen, mit der Spitze in die Flußrichtung des Dickdarms zeigen. Also auf der rechten Bauchseite aufsteigend, oben auf dem Bauch nach links und auf der linken Bauchseite absteigend.

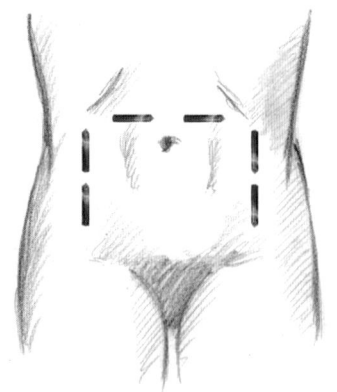

Abb. 1: Auflegen von Turmalinstäbchen

Blasenbeschwerden

Blasenbeschwerden können im wesentlichen in Blasenschwäche mit Infektionsanfälligkeit, häufigem Harndrang und ggf. Inkontinenz (unwillkürlichen Harnabgang), in Blasenentzündungen und in Harnverhalten unterschieden werden. Blasenschwäche ist meist eine Folge allgemeinen Energiemangels, oft im Zusammenhang mit Angst und schwierigen Lebenssituationen, in denen die Kontrolle über das eigene Leben oder bestimmte Lebensbereiche zu entgleiten droht. Blasenentzündungen sind hier oft die Folge, Harnverhalten eine Gegenreaktion, durch übermäßige Kontrolle alles wieder »in den Griff zu bekommen«. Natürlich spielen bei Blasenentzündungen auch Krankheitserreger eine Rolle, doch ohne eine vorherige Schwächung der Blase hätten diese oftmals keine Chance. Blaseninfektionen sollten unbedingt durch einen Arzt oder Heilpraktiker behandelt werden, da ein weiteres Aufsteigen der Infektion durch die Harnleiter zu den Nieren gefährliche Komplikationen nach sich ziehen kann!

Achat mit Blasen-Signatur (siehe Seite 198), insbesondere mit zentraler Rosafärbung, ist besonders zur Heilung chronischer und akuter Blasenentzündungen geeignet. Er wird als Trommelstein oder Scheibe oberhalb des Schambeins aufgelegt oder als Anhänger bzw. gebohrter Trommelstein an dieser Stelle getragen. Achat macht zudem seelisch stabiler, wodurch Krisen und Schwierigkeiten besser bewältigt werden können.

Aquamarin hilft bei Blasenschwäche, häufigem Harndrang und Inkontinenz. Er hilft, die Kontrolle über die Blasenfunktionen ebenso wiederzuerlangen wie die Kontrolle über anstrengende oder mit Schwierigkeiten behaftete Lebensbereiche. Er muß dazu nicht lokal angewendet werden, sondern kann als Kette, Anhänger, gebohrter Trommelstein oder Schmuckstein längere Zeit getragen sowie als Edelstein-Essenz (3x täglich 3-7 Tropfen) innerlich eingenommen werden.

Granat Pyrop ist der wichtigste Heilstein bei Blasenschwäche und daraus resultierender Infektionsanfälligkeit. Er hilft außerdem auch, schwierige Lebenssituationen durchzustehen. Er wird als Kristall oder Trommelstein zur Behandlung oberhalb des Schambeins im Blasenbereich aufgelegt oder als Anhänger bzw. gebohrter Trommelstein an dieser Stelle getragen.

Heliotrop hilft bei akuter Blasenentzündung. Dazu wird er als Trommelstein oder Scheibe oberhalb des Schambeins aufgelegt. Da akute Blasenentzündungen unbedingt mit strenger Bettruhe auskuriert werden sollten, ist vom »Nebenbei-Tragen« des Heliotrops abzuraten. Heliotrop hilft zudem, sich in schwierigen Zeiten besser abzugrenzen.

Nephrit und blauer **Chalcedon** helfen bei Harnverhalten. Sie nehmen den Drang, alles »anzuhalten« und helfen auch seelisch, »im Fluß«, d.h. beweglich und aktiv zu bleiben. Beide können sowohl als Trommelstein oberhalb des Schambeins aufgelegt, als auch in Form von Ketten, Anhängern, gebohrten Trommelsteinen oder Schmucksteinen über längere Zeit getragen oder als Edelstein-Essenz (3x täglich 3-7 Tropfen) innerlich eingenommen werden.

Blasenbildungen

Durch mechanischen Druck oder Reibung gebildete flüssigkeitsgefüllte Blasen (z.B. durch drückende Schuhe oder Arbeit mit ungewohntem Werkzeug usw.) können durch Heilsteine schnell zum Verheilen gebracht werden. Sie sollten dazu nach Möglichkeit nicht geöffnet werden, da sonst Infektionsgefahr besteht. Bekannte Hausmittel bei Blasenbildungen sind außerdem die Bachblüten-Notfalltropfen (äußerlich auftropfen!) sowie Beinwell-Blätter, die in drückende Schuhe eingelegt werden können.

Achat mit entsprechender Signatur (vgl. Seite 198), **Amethyst** und blauer **Chalcedon** helfen gleichermaßen, ungeöffnete Blasen schnell zu heilen, indem die enthaltene Flüssigkeit vom Körper wieder aufgenommen und die geschädigte Hautschicht erneuert wird. Blauer Chalcedon kann dabei als erster eingesetzt werden, um die Flüssigkeit abzuleiten, gefolgt vom Achat, welcher den Ersatz abgestorbener Hautschichten fördert. Zum Abschluß kann Amethyst eingesetzt werden, um eine evtl. Empfindlichkeit der betroffenen Stelle aufzuheben. – Sollte nur einer der drei genannten Steine zur Hand sein, so kann auch jeder einzelne allein verwendet werden.

Rhodonit ist den o. g. Steinen vorzuziehen, wenn die Blase bereits geöffnet ist. Er lindert den unter Umständen auftretenden Schmerz und hilft als Wundheilstein, daß die offene und empfindliche Stelle schnell verheilt.

Alle genannten Heilsteine sollten als Trommelsteine oder flache Scheiben direkt auf die betroffene Stelle aufgelegt oder, wenn möglich, mit einem Pflaster aufgeklebt werden. Auch die äußere Anwendung der jeweiligen Edelstein-Essenz ist hier wirksam, bei Amethyst auch des speziellen Wassers nach Hildegard von Bingen (siehe Seite 18). Alkoholhaltige Essenzen sollten bei offenen Blasen unbedingt mit Wasser verdünnt werden (10 Tropfen auf 100 ml Wasser).

Blutdruck

Der Druck des Blutes in den Gefäßen ist einerseits durch das Zusammenziehen des Herzmuskels bedingt, wodurch das Blut in die Gefäße hineingepreßt wird, andererseits jedoch auch von der Elastizität und Beschaffenheit der Blutgefäßwände sowie von den Fließeigenschaften des Blutes

abhängig. Verengte Arterien und »zähflüssiges« Blut führen zu einer Erhöhung, erweiterte, erschlaffte Arterien und »leichtflüssiges« Blut zu einer Senkung des Blutdrucks. Im Normalfall erhöht sich der Blutdruck bei körperlicher Anstrengung, schneller Atmung, Streß oder in Gefahrensituationen. Er senkt sich bei Ruhe, Entspannung (insbesondere im Liegen) oder unter dem Einfluß narkotisierender Mittel (auch Medikamenten).

Problematisch kann dagegen ein dauerhaft erhöhter oder erniedrigter Blutdruck werden. Dabei äußert sich Bluthochdruck (Hypertonie) durch Müdigkeit, Kopfschmerzen und Leistungsminderung, sowie ggf. in Herz- und Nierenbeschwerden oder Nervenleiden. Um Ursachen durch schwerwiegende innere Erkrankungen auszuschließen und Folgeschäden zu vermeiden, sollte Bluthochdruck nur unter der Aufsicht eines Arztes oder Heilpraktikers behandelt werden!

Erniedrigter Blutdruck äußert sich durch Müdigkeit, Schwäche, Schwindel, blasse, kühle Haut, schnellen, schwachen Puls sowie Ohnmachtsneigung (»schwarz werden vor den Augen«) oder gar Bewußtlosigkeit. Auch hier sollte ein Arzt oder Heilpraktiker die Ursachen abklären.

Veränderungen des Blutdrucks können Ausdruck vieler verschiedener seelischer Hintergründe sein, was es fast unmöglich macht, hier allgemeine Hinweise anzugeben. Als Hilfe, den individuellen Hintergrund zu entdecken, kann lediglich der augenscheinliche Zusammenhang des Bluthochdrucks mit Spannung, Streß und Erregung sowie des erniedrigten Blutdrucks mit Kraftlosigkeit, Ohnmacht und Trägheit betrachtet werden. Gibt es im Leben Themen oder Bereiche, welche diese Zustände oder Empfindungen hervorrufen? Diese Spur gilt es zu verfolgen!

Viele Heilsteine erhöhen oder senken den Blutdruck. Ihre Verwendung zu diesem Zweck ist jedoch nur dann sinnvoll, wenn gleichzeitig körperliche oder seelische Ursachen geklärt werden. Tierisch eiweißfreie Ernährung, regelmäßiges Fasten und andere entschlackende Maßnahmen (siehe Kapitel Entgiftung/Entschlackung) sollten eine Behandlung von erhöhtem oder erniedrigtem Blutdruck auf jeden Fall begleiten.

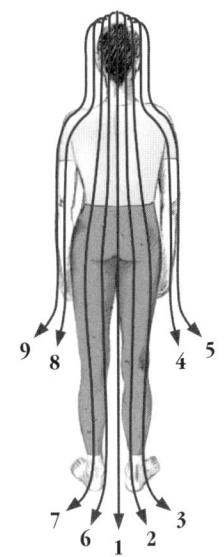

Abb. 2: Blutdruck senken mit Amethyst-Drusenstücken

Heilsteine bei Bluthochdruck

Amethyst senkt den Blutdruck sehr schnell, wenn man mit handtellergroßen Drusenstücken wie mit einer Bürste, jedoch ohne die Haut zu berühren, ruhige Striche von der Stirn über Kopf, Nacken, Rücken und Beine bzw. Arme zum Boden hin ausführt (siehe Abbildung 2). Sollte der Blutdruck zu schnell absinken und Schwindel o. ä. auftreten, kann er durch eine Ausgleichsbewegung über den Körper stabilisiert werden (über die zentrale Körperachse, vorne vom Boden aufwärts, über den Kopf und hinten abwärts bis zum Boden – siehe Abbildung 3). Diese Behandlung wirkt auch körperlich und seelisch angenehm entspannend.

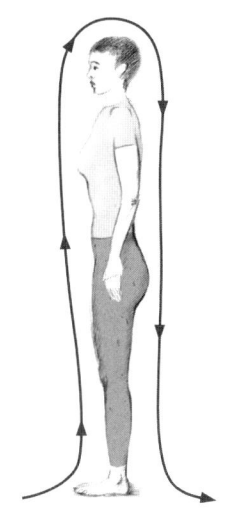

Abb. 3: Ausgleichsbewegung zur Stabilisierung des Blutdrucks

Blauer Chalcedon senkt den Blutdruck langfristig. Er ist weniger für kurzfristige Linderungen geeignet, dafür jedoch umso besser zur langfristigen Stabilisierung eines »normalen« Blutdrucks.

Lapislazuli wirkt sehr schnell blutdrucksenkend, wenn er keinen Pyrit (goldene Pünktchen) enthält! Am besten geeignet ist der blau-weiß gefleckte, calcithaltige Lapislazuli, der insbesondere dann angebracht ist, wenn akuter Bluthochdruck gesenkt werden soll. Er sollte nur kurzzeitig verwendet werden.

Sodalith wirkt ebenfalls rasch blutdrucksenkend und kann im Gegensatz zum Lapislazuli über längere Zeit verwendet werden.

Heilsteine bei niedrigem Blutdruck

Feueropal erhöht niedrigen Blutdruck schnell und kann daher bei plötzlichem Schwindel und Ohnmachtsanfällen helfen, z. B. wenn einem beim Aufstehen schwarz vor Augen wird.

Hämatit stabilisiert den Blutdruck, wenn es z. B. in körperlichen Wachstumsphasen oder schwierigen Lebensphasen immer wieder zu anhaltend niedrigem Blutdruck und Schwäche kommt.

Rhodochrosit wirkt über Gefäßverengung stark blutdruckerhöhend. Er sollte nur kurzfristig bei niedrigem Blutdruck eingesetzt werden, der z. B. durch Schlafmangel bedingt ist.

Rubin wirkt allgemein blutdrucksteigernd und stabilisiert den Blutdruck im »normalen« Bereich.

Die genannten Heilsteine können zur schnellen Veränderung des Blutdrucks paarweise in die Hände genommen werden, wo sie über den Kreislauf-Sexus-Meridian (eine der zwölf Hauptenergiebahnen unseres Körpers) den Blutdruck regulieren. Zur längerfristigen Behandlung eignen sich Ketten, Anhänger, gebohrte Trommelsteine oder Schmucksteine, die auf der Brust getragen werden. Auch Edelstein-Essenzen (3x täglich 3-5 Tropfen) sind hierfür zu empfehlen.

Bluterguß

Ein Bluterguß entsteht durch den Austritt von Blut in Bindegewebe, Muskeln oder Gelenke aus gerissenen Blutgefäßen. Ursachen sind zumeist Prellungen, Verrenkungen, Verstauchungen oder Knochenbrüche, seltener auch einfache Druckstellen. Die Haut über dem Bluterguß ist zunächst bläulich verfärbt und nimmt später beim Abbau des Blutfarbstoffs eine grünlich-gelbe Färbung an. Blutergüsse werden vom Körper in einigen Wochen wieder abgebaut, diese Zeitspanne kann jedoch durch entsprechende Anwendungen beschleunigt werden. Bekannte Hausmittel sind kalte Arnika-Umschläge und die innere Einnahme homöopathischer Arnika-Aufbereitungen.

Als Heilstein hilft vor allem der **Rhodonit** zur schnellen Rückbildung von Blutergüssen. Er wirkt zudem auch schmerzlindernd und hilft, den Schock schmerzhafter Verletzungen aufzulösen. Rhodonit wird am besten als flacher Trommelstein oder Scheibe auf die betroffene Stelle aufgelegt, ggf. auch mit Pflaster aufgeklebt oder in den Verband eingebunden. Auch die innere Einnahme der Edelstein-Essenz kann hier hilfreich sein (bei Bedarf 5-9 Tropfen).

Blutungen, leichtere

Leichtere Blutungen durch Schnitte, Risse, Aufschürfungen oder andere Verletzungen können sehr gut mit Heilsteinen behandelt werden. Daß Erste-Hilfe-Maßnahmen und das Stoppen von Blutungen bei stärkeren Verletzungen an erster Stelle stehen, versteht sich von selbst.

Karneol, Mookait, Schneeflocken-Obsidian und **Rhodonit** helfen, leichtere Blutungen schnell zu stillen. Mookait und Rhodonit fördern dabei auch den weiteren Verlauf der Wundheilung, wobei Rhodonit jedoch als der mit Abstand beste Wundheilstein gilt. Kleine Schnitte und Risse verheilen mit seiner Hilfe in wenigen Minuten, so daß sich oft sogar das anschließende Pflaster erübrigt.

Die genannten Steine können bei kleineren Verletzungen als Trommelsteine, Scheiben und im Fall des Mookaits auch als Rohstein direkt auf die Wunde gepreßt werden. Natürlich sollten sie dabei zuvor gründlich gereinigt und abgewaschen werden. Nach wenigen Minuten ist die Blutung dann in der Regel gestillt. Bei Schürfwunden kann auch die entsprechende Edelstein-Essenz in verdünnter Form aufgebracht werden (10 Tropfen in 100 ml Wasser).

Bronchitis

Bronchitis ist eine meist aus Erkältungskrankheiten hervorgehende Entzündung der Bronchien, der beiden in die Lungen führenden Hauptäste der Luftröhre und deren Verzweigungen. Ursache für dieses Fortschreiten der ursprünglichen Erkrankung sind oftmals Verschlackungen des Gewebes, z. B. durch Kuhmilchprodukte. Milchkühe sind heutzutage derart auf Massenproduktion hin gezüchtet, daß ihre enzymarme sowie schadstoff- und medikamentenbelastete Milch von unserem Körper nur mangelhaft verstoffwechselt werden kann und daher zu Verschlackungen des Gewebes führt. Diese Verschlackungen bremsen jedoch die Aktivitäten des Immunsystems und machen Krankheitserregern auf diese Weise den Weg frei. Aus einer einfachen

Erkältung kann daher relativ schnell eine Bronchitis werden. Diese äußert sich durch Husten, Auswurf (besonders am Morgen), Fieber, allgemeine Schwäche sowie mitunter auch durch Brustschmerzen oder Atemnot. Obwohl Bronchitis bei normalem Verlauf nach einigen Tagen abklingt, sollte dennoch ein Arzt oder Heilpraktiker aufgesucht werden, damit kein unbemerktes Fortschreiten der Erkrankung zur Lunge hin erfolgt. Zur Unterstützung des Heilungsprozesses haben sich viele Hausmittel bewährt. Insbesondere warme Kartoffel-, Schmalz- und Zwiebelwickel bringen schnelle Linderung.

Bronchitis sollte sorgfältig behandelt werden, da sie bei wiederholtem Auftreten in eine chronische Form übergehen kann. Dabei sollte auch der seelische Krankheitshintergrund beachtet werden. Wie bei allen Erkältungskrankheiten spielt hier natürlich das Thema »Austausch mit Anderen/mit der Umwelt« eine Rolle, zusätzlich kann es sich speziell bei Bronchitis auch um »Trauer und Kummer« sowie »verborgene Ängste« handeln. Die genannten Heilsteine sind auch hierbei eine wirksame Hilfe.

Apophyllit lindert akute Bronchitis sehr schnell und hilft dabei, daß die Erkrankung vollständig ausheilt und die betroffenen Schleimhäute regenerieren können. Er hilft zudem auch bei Zurückhaltung, Ängsten, innerem Druck, Beklemmungsgefühlen und Unsicherheit. Apophyllit wird dazu als Kristall oder kleine Kristallgruppe direkt im Bereich der Bronchien aufgelegt oder aufgeklebt.

Rutilquarz hilft sowohl bei akuter als auch bei chronischer Bronchitis, wobei trübe, mit vielen Rutilfasern durchzogene Quarze die bessere Wirkung zeigen. Auf seelischer Ebene wirkt Rutilquarz stimmungsaufhellend und antidepressiv. Er löst verborgene Ängste auf und hilft bei hartnäckigen Erkrankungen, die Hoffnung und den Willen zur Heilung zu bewahren. Er kann als Trommelstein im Bereich der Bronchien aufgelegt bzw. aufgeklebt sowie als Kette, Anhänger, gebohrter Trommelstein oder Schmuckstein über längere Zeit getragen werden.

Cellulite

Cellulite, oft fälschlich auch »Zellulitis« genannt, ist eine Veränderung der Unterhaut-Struktur mit der Bildung von Fett-Depots, die zu buckligen Unregelmäßigkeiten der Hautoberfläche führen (Orangenhaut). Diese Hautveränderungen haben nichts mit der eigentlichen »Zellulitis«, der Entzündung des Unterhaut-Zellgewebes zu tun! Die Cellulite, deren Ursache zumeist schlicht als »altersbedingt« verschleiert wird, ist wie viele Haut- und Gewebserkrankungen eine Folge von Schlacken-Ablagerungen und Lymphstauungen. Der Abbau dieser Schlacken- und Giftstoffe wird durch viele Heilsteine gefördert, u.a. Chalcedon und Chrysopras (siehe auch Kapitel Entgiftung/Entschlak-kung). Auch Bewegung, gesunde Ernährung, trockene Bürstenmassage und Kalt/warm-Wechselduschen sind hier eine Hilfe. Unter den Heilsteinen hat sich zur tatsächlichen Rückbildung der Cellulite jedoch bis jetzt nur einer als geeignet erwiesen:

Der magnesiumhaltige **Turmalin Dravit** fördert die Reinigung und Entgiftung von Bindegewebe und tieferen Hautschichten sowie deren strukturelle Regeneration. Dadurch werden auch die Fetteinlagerungen der Cellulite aufgelöst, wodurch die buckligen Erscheinungen der Hautoberfläche wieder verschwinden.

Um diese Wirkung zu erreichen, sollte Dravit »doppelt« eingesetzt werden: Zum einen durch die innere Einnahme der Edelstein-Essenz (3x täglich 3-5 Tropfen), was zu einer generellen Reinigung von Haut und Gewebe führt, zum anderen durch äußeres Auflegen von Dravit-Kristallen oder Trommelsteinen auf die betroffenen Körperstellen. Auf diese Weise wird die Wirkung auf diese Bereiche fokussiert.

Depression

Depression bedeutet Niedergeschlagenheit oder Niedergedrücktsein. Diese Definitionen sind sehr wichtig zum Verständnis der Depression, da es folglich ohne niederdrückenden Faktor kein depressives Erleben gibt. Die Schulmedizin unterscheidet zwischen endogenen (nicht erkennbaren inneren, evtl. genetischen Ursachen) und erworbenen Ursachen (körperliche Erkrankungen, Verluste, Konflikte, Krisen, Mißerfolge oder Demütigungen im Leben) und übersieht dabei, daß es *zu Beginn* oder *vor* einer jeden Depression stets einen unterdrückenden Faktor gibt: Die Unterdrückung durch andere Personen (Eltern, Lehrer, Vorgesetzte, Partner usw.) durch Situationen (Arbeitsplatzverlust, Beziehungsprobleme, Trennungen, Verluste usw.), Lebensumstände (Krankheit, Behinderungen usw.), oder vermittelte Weltanschauungen (zu engstirnige Philosophien, lebensfeindliche Moral usw.). Dieser Faktor wird oft übersehen, da Depressionen sich meist nicht spontan, sondern allmählich entwickeln, so daß das auslösende Erlebnis mitunter weit zurück liegt. Es kann auch sein, daß durch eine ähnliche Situation oder eine ähnliche Person eine viel früher veranlagte Depression wieder aktiviert wird. Dies führt zu der völlig falschen Schlußfolgerung, es gäbe Depressionen ohne erkennbare Ursache. Das schlimmste daran: Eine solche Diagnose verstärkt die Hoffnungslosigkeit und Ohnmacht des Betroffenen. Und in der sogenannten »Therapie« mit ruhigstellenden Psychopharmaka wird dies noch einmal verstärkt. Ein Teufelskreis!

Wirkliche Hilfe ist bei Depressionen nur dann gegeben, wenn man den niederdrückenden Faktor entdeckt und eine passende Lösung findet — entweder, indem man lernt, damit zurechtzukommen oder sich von diesem Faktor im Leben trennt. Bei diesem Prozeß ist jedoch in den allermeisten Fällen therapeutische Hilfe notwendig, da die Depression selbst die Denkfähigkeit und damit die Fähigkeit zur Problemlösung beeinträchtigt. Mit drogenfreier therapeutischer Hilfe (und der für Depressionen notwendigen Kenntnisse des Therapeuten) kann jedoch eine jede Depression geheilt werden, wenn man die Offenheit mitbringt, mit dem behandelnden Therapeuten alle Lebensbereiche zu durchleuchten, um die niederdrückenden Faktoren zu finden.

Und genau dabei können auch Heilsteine hilfreich sein, indem sie diese Offenheit, die Denkfähigkeit, die momentane Stimmung, die Fähigkeit, Unangenehmes zu konfrontieren und den Willen, an sich selbst zu arbeiten, fördern. Ähnlich wie Spaziergänge im Sonnenlicht oder Johanniskrautsaft (bitte beachten: Johanniskraut macht die Haut sonnenlichtempfindlich!) ersetzen sie nicht die notwendige Therapie bei Depressionen, sie erleichtern sie jedoch.

Citrin hilft bei Depressionen in Zeiten bedrückender, überwältigender Einflüsse. Das typische Merkmal hier ist das Gefühl, daß einem alles zuviel wird.

Dumortierit hilft, bedrückende Dinge oder Situationen leichter zu nehmen. Ganz besonders wichtig ist jedoch, daß er hilft, über die Depression und ihre Ursachen zu reden. Das macht ihn zu einem der wichtigsten Heilsteine zur Begleitung einer Therapie.

Edelopal bringt Lebensfreude in trostlosen Umständen, insbesondere dann, wenn alle Aktivität oder geistige Auseinandersetzung unglaublich mühsam erscheint. Er bringt Hoffnung und motiviert, sich um sich selbst und das eigene Leben zu kümmern.

Rutilquarz hilft, sich für Hilfe in depressiven Zuständen zu öffnen. Er hebt die Stimmung, macht gesprächsbereit und ermöglicht, Ängste und Schwächen zuzugestehen, die man normalerweise strikt verborgen hält. Rutilquarz ist der »Sonnenstrahl« in tiefster Hoffnungslosigkeit.

Topas Imperial hilft bei allen Depressionen, unabhängig von der Art des niederdrückenden Faktors. Er stärkt das eigene Selbstbewußtsein und den Selbstausdruck und bringt die Kontrolle über alle Lebensbereiche wieder, in denen man sie verloren glaubte. Topas Imperial hilft, sein eigenes Leben zu leben und zu den eigenen Vorstellungen, Wünschen und Idealen zu stehen.

Die genannten Heilsteine sollten über längere Zeit am Körper, insbesondere in der Region des Solarplexus getragen werden. Dazu eignen sich Ketten, Anhänger, gebohrte Trommelsteine und Schmucksteine. Auch Edelstein-Essenzen (3x täglich 5-7 Tropfen) können hier verwendet werden.

Diabetes

Mit Diabetes wird landläufig die Zuckerkrankheit, Diabetes mellitus (»honigsüßer Durchfluß«) angesprochen, für welche ein erhöhter Blutzuckerspiegel sowie Zucker im Urin kennzeichnend ist. Diabetes mellitus, die Zuckerharnruhr, entsteht meist (nicht immer – siehe die Altersdiabetes) durch einen Mangel an Insulin, jenem Hormon, das in den Langerhans-Inseln der Bauchspeicheldrüse (Pankreas) gebildet wird. Das Insulin ist dafür zuständig, daß Zucker (Glucose) in die Zellen aufgenommen sowie aus überschüssigem Zucker ein stärkeähnlicher Speicherstoff (Glykogen) aufgebaut und in Leber und Muskeln eingelagert wird. Fehlt nun Insulin, steigt der Zuckergehalt im Blut an, bis die Niere den Zucker nicht mehr zurückhalten kann und ihn mit dem Harn ausscheidet. Dabei gehen auch große Mengen an Flüssigkeit und Mineralien verloren.

Die mangelnde Zuckeraufnahme der Zellen und die Verluste an Flüssigkeit und Salzen rufen Kreislauf- und Muskelschwäche sowie allgemeinen Leistungsabfall hervor. Typische Erstsymptome sind gesteigerter Durst, Trockenheit von Haut und Schleimhäuten, häufiges Wasserlassen (auch nachts), Müdigkeit und Gewichtsverlust trotz Hunger und gesteigerter Nahrungsaufnahme. Später können Juckreiz, Hauterkrankungen, Appetitlosigkeit, schlechte Wundheilung, Sehstörungen und

sexuelle Probleme hinzukommen. Bei einer nicht behandelten oder plötzlich ausbrechenden Erkrankung können weitere Stoffwechselstörungen auftreten, die von Übelkeit, Bauchschmerzen, gesteigerter Atmung, Benommenheit und geistiger Desorientierung bis zu Bewußtlosigkeit (diabetisches Koma) und Herz-Kreislauf-Versagen führen können.

Häufiger ist ein langsamerer Verlauf der Erkrankung, der jedoch bei unzureichender Behandlung allmählich auftretende Spätschäden verursachen kann. Dabei führen Veränderungen in der Zusammensetzung und den Fließeigenschaften des Blutes zu Bluthochdruck und Erkrankungen der Blutgefäße (z. B. Arterienverkalkung) mit allen daraus resultierenden Folgen.

Etwas gesondert betrachtet muß hierbei noch die Altersdiabetes werden, bei der sowohl ein hoher Insulin-, als auch ein hoher Blutzuckerspiegel vorliegt. Hier ist der Blutzuckerspiegel nicht durch Insulinmangel, sondern durch eine mangelhafte Aufnahme des Zuckers (Glucose) in die Zellen erhöht. Zugrunde liegt auch hier eine Verschlackung des Gewebes, u. a. durch zu viel tierisches Eiweiß, was zu Störungen der Gefäße und der Versorgung der Zellen führt. Diese fordern beständigen Nährstoff-Nachschub (daher der hohe Insulinspiegel), erhalten den bereitstehenden Zucker jedoch nicht aufgrund »blockierter Zugangswege«. Altersdiabetes kann daher durch eine gesunde, tierisch eiweißfreie Ernährung und gründliche Entschlackung (siehe Kapitel Entgiftung/Entschlackung) tatsächlich vollständig geheilt werden.

Dennoch sollten alle Formen der Diabetes unter der Aufsicht eines Arztes oder Heilpraktikers behandelt werden. Die richtige Abstimmung von therapeutischen Maßnahmen, ggf. Insulingaben und Diät ist hier unbedingt erforderlich. Ergänzend können Heilsteine verwendet werden, welche die Insulinproduktion und -wirkung sowie ggf. die Entschlackung und Gewebsreinigung fördern oder die genannten Folgen lindern. Um geistige Hintergründe der Erkrankung ermitteln zu können, sollte bedacht werden, daß Bauchspeicheldrüsen-Erkrankungen manchmal mit dem Gefühl einhergehen, daß man bestimmte Dinge, Ereignisse und Situationen im Leben, insbesondere erlittene Verluste nicht versteht. Dieser nicht erfüllte Wunsch, zu verstehen, ist oft die Ursache für Mißtrauen und Verbitterung, also dafür, daß einem die »Süße des Lebens« (der Zucker) verlorengeht. Natürlich ist dies nicht immer so, doch in vielen Fällen hat das Verfolgen dieser Spur zu unerwarteten Verbesserungen geführt.

Bernstein hilft bei Diabetes, wenn Übergewicht oder Fettsucht sowie beständiger Verdruß über sich selbst mit der Erkrankung oder dem Zeitpunkt ihres Auftretens in Verbindung stehen. Bernstein fördert Sorglosigkeit und ein sonniges Gemüt.

Chalcedon stimuliert die Insulin-Produktion in frühen Stadien der Diabetes sowie die Gewebsreinigung bei Altersdiabetes. Darüber hinaus hilft er, viele Folgen der Krankheit wie Störungen des Wasserhaushalts, Auswirkungen auf Haut und Schleimhäute, Bluthochdruck und Sehstörungen zu lindern. Chalcedon hilft zudem, jene Konflikte im Leben zu verstehen und zu lösen, welche die Erkrankung unter Umständen mit verursachen. Am besten geeignet sind blauer und rosafarbener Chalcedon.

Citrin regt die Insulin-Produktion an und hilft dadurch bei allen Symptomen und Folgeerscheinungen der Krankheit. Er verbessert das gesamte Lebensgefühl und hilft, sich das Leben (geistig) zu versüßen.

Alle genannten Heilsteine sollten als Rohsteine, Trommelsteine oder flache Scheiben über längere Zeit regelmäßig im Bereich der Bauchspeicheldrüse aufgelegt oder mit Pflaster aufgeklebt werden. Auch die innere Einnahme der Edelstein-Essenz (3x täglich 3-5 Tropfen) ist wirksam.

Durchblutungsstörungen

Von Durchblutungsstörungen spricht man in der Regel bei einer Minderdurchblutung des Gewebes, die nicht den »Normalfunktionen« des Organismus entspricht. Im Normalfall verändert sich die Gewebsdurchblutung in verschiedenen Körperbereichen je nach den Erfordernissen des Organismus: Wo Aktivität erwünscht ist, wird die Durchblutung verstärkt, wo sie reduziert werden soll, wird die Durchblutung gebremst. Eine wirklich drastische Minderdurchblutung gibt es daher nur in Notfällen, in welchen der Körper die Blutversorgung der wichtigsten Organe (Gehirn, Herz, Leber, Nieren) sicherstellen will und daher vorsichtshalber die Durchblutung der »weniger wichtigen« Organe und Gliedmaßen einschränkt. Das kann bei Blutverlust, Kälte, Fieber oder in Gefahrensituationen der Fall sein. Das hierbei regulierende System wird in der chinesischen Medizin »Dreifacher Erwärmer« genannt.

Bei einer Störung des Dreifachen Erwärmers kommt es jedoch vor, daß der Notfall-Mechanismus auch zu unpassenden Zeiten in Kraft bleibt, was z.B. zu chronisch kalten Händen und kalten Füßen führt. Ansonsten können Durchblutungsstörungen durch niedrigen Blutdruck, Herzschwäche sowie verengte oder verschlossene Blutgefäße entstehen. Falsche Ernährung (zu viel Fett und tierisches Eiweiß), Rauchen und bestimmte Medikamente (Packungsbeilage beachten) können solche Verengungen bewirken. Aus diesem Grund sind Entschlackung und gesunde Ernährung die vordringlichsten Maßnahmen bei Durchblutungsstörungen.

Leichte Durchblutungsstörungen äußern sich in Kältegefühl, »einschlafenden« oder kribbelnden Gliedern, schnell einsetzender Ermüdung, Schmerzen bei Belastung und ggf. Schwindelgefühlen. Dauerhafte Durchblutungsstörungen können gefährlich werden, da sie zu Gewebs- und Organschäden

führen können. Daher sind die in diesem Kapitel genannten Heilsteine zur Behandlung leichter Durchblutungsstörungen gedacht, bei wiederkehrenden oder länger andauernden Störungen sollte unbedingt ein Arzt oder Heilpraktiker aufgesucht werden.

Granat Pyrop ist der wichtigste Heilstein sowohl bei allgemeinen als auch bei lokalen Durchblutungsstörungen. Er stärkt den Dreifachen Erwärmer und sorgt für eine ausgeglichene Energieverteilung im Körper. Dadurch hilft er insbesondere bei schneller Ermüdung, Kältegefühl und Belastungsschmerzen. Pyrop wird zur lokalen Verbesserung der Durchblutung als Kristall oder Trommelstein auf die betroffenen Bereiche aufgelegt. Bei allgemeiner Minderdurchblutung wird er am besten als Kette, Anhänger oder gebohrter Trommelstein am Körper getragen oder als Edelstein-Essenz innerlich eingenommen (5x täglich 3-5 Tropfen).

Obsidian hilft insbesondere bei chronisch kalten Händen und Füßen, »einschlafenden« Gliedmaßen sowie sogar bei Raucherbein. Er wird am besten als Trommelstein in den Händen gehalten, als flacher Cabochon in die Schuhe gelegt oder auf schlecht durchblutete Bereiche aufgelegt bzw. mit Pflaster aufgeklebt.

Rhodochrosit regt den Kreislauf an und wirkt ähnlich wie Pyrop allgemein durchblutungsfördernd. Die Wirkung tritt dabei im Vergleich zu Pyrop schneller ein, jedoch sollte Rhodochrosit nie bei Neigung zu hohem Blutdruck eingesetzt werden! Auch er wird am besten als Kette, Anhänger oder gebohrter Trommelstein am Körper getragen oder als Edelstein-Essenz innerlich eingenommen. Die Essenz sollte niedrig dosiert werden: 3x täglich 3 Tropfen genügen.

Rosenquarz eignet sich sehr gut bei lokalen Durchblutungsstörungen. Kalte, kribbelnde oder »eingeschlafene« Bereiche werden dazu mit Rosenquarz-Kugeln oder Trommelsteinen massiert.

Durchfall

Mit Durchfall (Diarrhoe) wird die übermäßige, meist dünnflüssige und vermehrte »Stuhlentleerung« bezeichnet, die durch mangelnde Wasserrückgewinnung im Dickdarm oder zu starke Flüssigkeitsausscheidung in den Darm entsteht. Die Ursachen hierfür können vielfältigster Natur sein: Notwendige Selbstreinigungsmechanismen des Darms, Infektionen, Entzündungen, Nahrungsmittelunverträglichkeiten, Vergiftungen, Allergien, Schilddrüsenüberfunktionen sowie Verdauungsstörungen verschiedenster Art sind nur ein Teil der Möglichkeiten auf körperlicher Ebene, hinzu kommen nervöse Leiden, Angst, Aufregung und Verwirrung auf seelisch-mentaler Ebene. Aus diesem Grund sollte Durchfall, vor allem wenn er längere Zeit andauert, nicht ignoriert, sondern durch einen Arzt oder Heilpraktiker untersucht werden, bevor durch den beständigen Verlust von Flüssigkeit und Elektrolyten (Salzen) weitere Komplikationen entstehen.

Um es nicht so weit kommen zu lassen, kann Durchfall durch den Verzehr von Bananen, Heidelbeeren oder auf einer Glasreibe geriebenen rohen Äpfeln gelindert werden. Heilerde, Kohletabletten, reichliches Trinken und der Ersatz der verlorengegangenen Elektrolyte (z. B. durch Präparate wie elotrans®) hilft ebenfalls, den Darm wieder zu stabilisieren. Auch die genannten Heilsteine wirken Durchfall-lindernd, zur tatsächlichen Heilung müssen jedoch die Ursachen körperlicher oder seelischer Natur erkannt und behandelt werden.

Amethyst fördert die Wasser-Rückgewinnung im Dickdarm und hilft daher vor allem bei leichtem chronischem Durchfall. Außerdem ist Amethyst angezeigt, wenn Kummer und Verwirrung mit Durchfall einhergehen. Zur Behandlung wird Amethyst entweder als Kette, Anhänger, gebohrter Trommelstein oder Schmuckstein über längere Zeit getragen oder als Kristall bzw. Trommelstein regelmäßig am Morgen auf den Bauch aufgelegt. Auch die innere Einnahme der Edelstein-Essenz (3x täglich 2 - 5 Tropfen) sowie des Amethyst-Wassers nach Hildegard von Bingen (vgl. Seite 18; max. 1 Schnapsglas täglich!) ist hier empfehlenswert.

Dumortierit hilft bei Durchfall durch Nahrungsmittelunverträglichkeiten oder leichten Vergiftungen sowie bei Beschwerden, die mit Angst oder andauerndem seelischem Unbehagen einhergehen. Auch er kann wie Amethyst getragen, aufgelegt oder als Edelstein-Essenz innerlich eingenommen werden.

Gagat lindert alle Formen von Durchfall, indem er im akuten Fall gleichzeitig auf den Bauch aufgelegt als auch in den Mund genommen wird. Zur dauerhaften Behandlung wird Gagat als Kette, Anhänger oder gebohrter Trommelstein getragen und zusätzlich die Edelstein-Essenz eingenommen (3-5x täglich 3-7 Tropfen).

Serpentin hilft, wenn Durchfall und Verstopfung ständig abwechseln, sowie bei Verdauungsbeschwerden mit krampfartigen Schmerzen. Er wird bei Bedarf als Trommelstein auf den Bauch aufgelegt oder als Kette, Anhänger, gebohrter Trommelstein oder Schmuckstein über längere Zeit getragen. Alternativ dazu kann die Edelstein-Essenz eingenommen werden (3x täglich 3-7 Tropfen).

Eisenmangel

Eisenmangel mit seinen typischen Anzeichen von Schwäche, Blässe, Müdigkeit und Kopfschmerzen entsteht durch Blutungen (verborgene Blutungen im Magen-Darm-Trakt, starke Regelblutungen usw.), hohen Eisenbedarf (z. B. in der Schwangerschaft oder bei Entzündungen), ungenügende Eisenaufnahme (einseitige Kost), mangelhafte Eisenverwertung (z. B. in der Leber) und Aufnahmestörungen im Dünndarm. Gerade letztere spielen zur Regulierung des Eisenhaushalts ein wichtige Rolle, da unser Dünndarm ein sehr sensibles Organ ist, dessen Aufnahme-Mechanismen bei Streß, Streit und sinkender Lebensqualität leicht durcheinandergeraten. In diesem Fall hilft auch ein verstärktes Eisenangebot in der Nahrung (z. B. durch Rote Beete, Kräuterblut-Saft usw.) nur wenig, da das Eisen den Darm »unangerührt« passiert. Eisenhaltige Heilsteine dagegen regen den Dünndarm an, sich dem Eisen wieder verstärkt »zuzuwenden«. Sie fördern die Eisenaufnahme und -verwertung und sind daher die optimale Ergänzung zur eisenhaltigen Nahrung.

Hämatit und **Tigereisen** sind Heilsteine mit sehr hohem Eisengehalt. Sie fördern die Eisenaufnahme und -verwertung, geben dadurch Kraft und Vitalität und verbessern die Sauerstoffversorgung des Organismus. Daher verschwinden auch Kopfschmerzen, die typischerweise mit Schwächeempfinden einhergehen. Beide wirken, indem sie als Kette, Anhänger, gebohrter Trommelstein oder Schmuckstein mit Hautkontakt getragen oder als Edelstein-Essenz (3x täglich 3-9 Tropfen, je nach Bedarf) eingenommen werden. Bei ausgeprägter Schwäche hilft die Kombination von getragenem Stein und gleichzeitig innerlich eingenommener Essenz besonders gut. Da Hämatit und Tigereisen entzündungsfördernd sind, sollte die Ursache des Eisenmangels durch einen Arzt oder Heilpraktiker abgeklärt werden. Bei inneren Entzündungen dürfen beide Steine nicht eingesetzt werden!

Heliotrop hilft bei Eisenmangel, wenn innere Entzündungen die Ursache sind (z. B. vom Arzt oder Heilpraktiker anhand der Blutsenkung festgestellt). In diesem Fall sollten Hämatit und Tigereisen erst eingesetzt werden, wenn die Entzündung mit Sicherheit vorüber ist. Heliotrop kann ebenfalls als Kette, Anhänger, gebohrter Trommelstein oder Schmuckstein am Körper getragen oder als Edelstein-Essenz innerlich eingenommen werden (3x täglich 5-7 Tropfen).

Empfängnisverhütung

Dem Volksmund zufolge, insbesondere bei durch Alkohol oder heitere Stimmung gelockerter Zunge, gibt es tatsächlich ein Rezept zur Empfängnisverhütung mit Heilsteinen! Dazu soll eine mittelgroße Achatscheibe von der Frau fest zwischen die Knie geklemmt und keinesfalls losgelassen werden. Über die genaue Erfolgsquote dieses Rezepts ist jedoch nichts bekannt. Gegebenenfalls müssen unterstützend weitere willensstärkende bzw. -schwächende Heilsteine herangezogen werden (siehe z. B. das Kapitel Lapislazuli in M. Gienger, »Die Heilsteine der Hildegard von Bingen«, Seite 48) . . .

Entgiftung, Entschlackung

Entgiftung und Entschlackung sind zu den wichtigsten Faktoren bei der Heilung vieler Krankheiten geworden, da uns durch Umweltbelastungen in Form von denaturierter Nahrung, Giftstoffen, Strahlung und Streß heutzutage ein Vielfaches von dem zugemutet wird, was Menschen jemals zuvor ertragen mußten! Auch Überernährung, insbesondere mit hohem tierischem Eiweißgehalt (vor allem Kuhmilch, s. u.), führt zu entsprechenden Belastungen. Dieses Bombardement schädlicher Einflüsse verlangt unserem Körper höchste Anstrengungen zum Erhalt der Gesundheit ab und verwandelt insbesondere unser Bindegewebe systematisch in eine Mülldeponie. Denn alle Stoffe, die unser Körper nicht genügend umsetzen und ausscheiden kann, werden von ihm »vorübergehend« im Bindegewebe einlagert. Das ist im Grunde ein sinnvoller und nützlicher Vorgang, da sie dort eigentlich nur so lange ruhen, bis sie in einer späteren Ruhe- und Erholungsphase erneut aus dem Gewebe gelöst und ausgeschieden werden.

Zu viel Streß, allgemein fehlende Erholungsphasen und zu wenig Schlaf (z. B. auch durch Fernsehprogramme rund um die Uhr) verhindern jedoch gerade bei Menschen der modernen Industrienationen derartige Regenerationsphasen. Auf diese Weise wird das Gewebe zur »Gedächtnisbank« für die unerledigten Vorgänge des Stoffwechsels, weshalb der Körper bei zunehmender Belastung immer sensibler auf die Zufuhr bereits im Übermaß eingelagerter *und ähnlicher (!)* Stoffe reagiert. Überempfindlichkeiten, Nahrungsmittelunverträglichkeiten, Übersäuerung, Allergien, Infektionsanfälligkeiten, Stoffwechsel- und Durchblutungsstörungen, Herz- und Kreislauferkrankungen u.v.m. können in der Folge entstehen. Viele dieser Erscheinungen sind »verzweifelte Abwehr-, Verarbeitungs- oder Ausscheidungsversuche« des Körpers.

In der heilkundlichen Praxis häufen sich zudem Beobachtungen, daß »normale« Krankheitsverläufe wie z.B. im Fall von Erkältungserkrankungen eine starke Immunreaktion mit Fieber, Husten, Schnupfen, Schleimabsonderung usw. in den letzten Jahren deutlich zurückgingen. Stattdessen sind schleichende und chronische Verläufe wie wochenlang blockierte Nasen und Nebenhöhlen, permanenter Reizhusten, ausbleibendes Fieber, dafür wochenlange Schwäche usw. deutlich auf dem Vormarsch. Auch dies ist darauf zurückzuführen, daß uns – wie es ein Naturarzt einmal formulierte – »das Gift bereits bis zum Kragen steht«.

Entschlackung und Entgiftung sind daher zwei wesentliche Begriffe, die auch in der Heilsteine Hausapotheke oft als heilungsfördernd genannt sind. Möglichkeiten, das Gewebe zu reinigen gibt es viele, bewährt haben sich dabei u.a.: Jährliche Frühlingskräuterkuren, regelmäßiges Heilfasten,

Diät, vor allem Reduzierung von tierischem Eiweiß, energetische Ausleitungsverfahren, Solebäder (z.B. mit Salz vom Toten Meer), Sauna, Darmreinigung, reichliches Trinken von gutem (!) Wasser und generell gesunde Ernährung auf Naturkostniveau. Insbesondere auf Kuhmilch sollte verzichtet werden, da Milchkühe heutzutage derart auf Massenproduktion hin gezüchtet sind, daß ihre enzymarme sowie schadstoff- und medikamentenbelastete Milch von unserem Körper nur mangelhaft verstoffwechselt werden kann und daher zu Verschlackungen führt. Weiterhin ist Zurückhaltung bei Schmerzmitteln, Schlaftabletten, starken Medikamenten, Alkohol, Rauchen, Drogen, Kaffee und Süßigkeiten sowie das Vermeiden von Giftstoffen und Strahlung in der Umgebung sinnvoll (z.B. auch schädlicher Erdstrahlung am Schlafplatz) – soweit eben möglich. Und schließlich sollten auch die geistigen Entsprechungen, das Verarbeiten und Loslassen von Ereignissen und Situationen, die uns das Leben »vergiften« – Probleme, Konflikte, Ärger, Verluste, Trauer, Schuldgefühle, schlechtes Gewissen usw. – nicht unberücksichtigt bleiben. Hierfür mag therapeutische Hilfe notwendig sein.

Ebenso ist auf körperlicher Ebene wichtig, daß alle Maßnahmen zur Entschlackung und Entgiftung mit einem kundigen Arzt oder Heilpraktiker abgesprochen sind. Werden Giftstoffe und Schlacken aus dem Gewebe herausgelöst, muß der Körper auch in der Lage sein, sie auszuscheiden!

Sonst kann die plötzlich ansteigende Belastung gerade zu Erkrankungen führen. Auch die jeweilige Diät muß exakt auf die persönlichen Gegebenheiten zugeschnitten sein! Die »im Moment gerade moderne« Diät aus der Zeitschrift erfüllt nur selten ihren Zweck ...

Heilsteine können Entschlackungs- und Entgiftungsprozesse auf zweierlei Weise unterstützen: Zum einen, indem sie das Herauslösen der Schlacken und Gifte aus dem Gewebe fördern, zum anderen, indem sie die Ausscheidung dieser Stoffe über Leber und Nieren, ggf. auch den Darm und die Haut fördern. Idealerweise, wie z. B. bei Chrysopras und Turmalin Verdelith, ist beides der Fall.

Chrysopras ist der optimale Heilstein für Entschlackungs- und Entgiftungsprozesse. Er hilft (als nickelhaltiges Mineral) belastende Stoffe aus dem Gewebe zu lösen und (als grüner Chalcedon) sie über die Lymphe, Leber und Nieren auszuscheiden. Auch geistig hilft Chrysopras sich von Belastungen, Kummer, Ärger usw. zu befreien.

Chalcedon verbessert in erster Linie den Abtransport von Giftstoffen und Schlacken über die Lymphe sowie die Ausscheidung über die Nieren. Er ist daher während akuter Erkrankungen zu bevorzugen, wenn zunächst keine weiteren belastenden Stoffe aus dem Gewebe gelöst werden sollen. Außerdem ist Chalcedon immer dann sinnvoll, wenn die Ausscheidung zu sehr über die Haut (übelriechender Schweiß) und den

Darm (Durchfall) und zuwenig über die Nieren erfolgt, welche in der Hierarchie der Ausscheidungsorgane eigentlich an erster Stelle stehen:

> Was die Nieren nicht ausscheiden,
> scheidet der Darm aus.
> Was der Darm nicht ausscheidet,
> scheidet die Haut aus.
> Und was die Haut nicht ausscheidet,
> bringt uns um.
> *(Sprichwort der chinesischen Medizin)*

Seelisch hilft Chalcedon bei Streß, bedrückenden Konflikten und Trauer. Er gibt Leichtigkeit und Zuversicht und ermöglicht, über diese Dinge zu reden.

Peridot regt dagegen in erster Linie das Herauslösen von Giftstoffen und Schlacken aus dem Gewebe sowie deren Verarbeitung in der Leber an. Er wirkt sehr stark und bringt daher mitunter sowohl heftige körperliche Reaktionen als auch seelische »Entladungen« von aufgestautem Ärger und tiefsitzender Frustration hervor. Peridot sollte verwendet werden, wenn man körperlich und seelisch stabil ist und tiefgreifend reinigen und entschlacken will.

Turmalin Verdelith (grüner Turmalin) hilft vor allem bei degenerativen Prozessen des Gewebes, der Nerven oder der Gelenke, die auf eingelagerte Schlackenstoffe zurückzuführen sind. Auch er fördert sowohl das Herauslösen als auch die Ausscheidung dieser Stoffe. Seelisch fördert Verdelith Geduld und Aufgeschlossenheit sowie Ehrlichkeit und Aufrichtigkeit.

Zur Entgiftung sollten die genannten Steine als Kette, Anhänger, gebohrter Trommelstein oder Schmuckstein über längere Zeit getragen sowie als Trommelstein, Scheibe oder ggf. Kristall (Turmalin) abends im Bereich der Leber aufgelegt oder aufgeklebt werden. Auch die innere Einnahme der Edelstein-Essenz (3x täglich 3-7 Tropfen) ist möglich.

Entzündungen

Eine Entzündung ist eine unspezifische, lokal begrenzte Abwehrreaktion auf einen schädigenden Reiz. Dieser Reiz kann mechanischer (Reibung, Druck), chemischer (Säuren, Laugen, Giftstoffe), physikalischer (Hitze, Kälte, Strahlung), allergischer (Überempfindlichkeitsreaktion), körpereigener (Tumore, absterbendes Gewebe, krankhafte Stoffwechselprodukte) oder körperfremder Natur (Parasiten, Krankheitserreger, Verletzungen) sein. Entzündungen äußern sich zumeist (nicht immer!) mit vier typischen Symptomen: Rötung, Erwärmung, Schwellung und Schmerz. Um die Ausbreitung einer Entzündung im Gewebe, den Lymphbahnen oder im Blut zu verhindern, sollte das betroffene Glied möglichst ruhiggestellt werden. Außerdem muß unbedingt ein Arzt oder Heilpraktiker hinzugezogen werden, damit die Ursachen der Entzündung geklärt, die richtige Behandlung gewählt und Komplikationen vermieden werden können! Heilsteine können auf jeden Fall zur Linderung von Entzündungen verwendet werden, da sie andere Behandlungen nicht behindern und mitunter den Griff zu stärkeren Medikamenten wie Cortison o.ä. ersparen können.

Achate mit »Entzündungs-Signatur« zeigen rosa Färbungen eingebettet in graue oder braune Farbtöne. Sie eignen sich insbesondere dann sehr gut zur Behandlung von Entzündungen, wenn sie zusätzlich die Signatur des betroffenen Gewebes oder Organs aufweisen (siehe dazu die Abbildungen auf Seite 198). Diese Achate sollten als Scheibe oder Trommelstein möglichst nahe am Entzündungsherd aufgelegt, aufgeklebt oder getragen werden.

Heliotrop ist bei Entzündungen der Heilstein erster Wahl. Er fördert den schnellen Erfolg der Abwehrreaktion, so daß die Entzündung auf natürlichem Weg wieder abklingen kann. Dabei eignen sich Heliotrope mit gelben Flecken besonders gut! Heliotrop wird bei äußerlich sichtbaren Entzündungen als Trommelstein oder flache Scheibe aufgelegt bzw. aufgeklebt sowie bei inneren Entzündungen als Kette, Anhänger, gebohrter Trommelstein oder Schmuckstein über längere Zeit am Körper getragen. Zusätzlich oder als Alternative kann auch die Edelstein-Essenz eingenommen werden (stündlich 3-9 Tropfen).

Smaragd wird insbesondere bei hartnäckigen, chronischen Entzündungen eingesetzt. Auch er kann bei äußerlich sichtbaren Entzündungen als Trommelstein oder Kristall aufgelegt bzw. aufgeklebt sowie bei inneren Entzündungen als Kette, Anhänger, gebohrter Trommelstein oder Schmuckstein getragen werden. Die Einnahme der Smaragd-Essenz wird ebenso dosiert wie beim Heliotrop.

Erbrechen

Erbrechen, das »ruckweise Auswürgen« des Mageninhalts, ist keine Erkrankung, sondern ein Symptom verschiedenster Ursachen. Meistens versucht unser Körper mit Hilfe des Erbrechens, aufgenommene Stoffe wieder loszuwerden, wenn diese entweder schädlich für ihn sind oder er aufgrund anderer Erkrankungen oder Störungen diese nicht verarbeiten kann. Ursachen für Erbrechen können daher u. a. sein: Überfüllung und Reizung des Magens (z. B. durch Alkohol), fieberhafte Allgemeinerkrankungen (insbesondere bei Kindern), Magen-Darm-Erkrankungen, Gallenkoliken, Stoffwechselerkrankungen, verschiedene Entzündungen, Vergiftungen oder Migräne; aber auch unangenehme Erlebnisse, Gerüche, Ekel, schockierender Anblick usw. Auch geistige Eindrücke, die man nicht aufnehmen und »verdauen« will, können also Brechreiz hervorrufen.

Solange Erbrechen Erleichterung verschafft und hilft, »Unverdaubares« loszuwerden, sollte es auf keinen Fall unterdrückt werden. Brechreiz, der jedoch immer noch anhält, auch wenn längst nichts mehr zu Erbrechen ist, kann dagegen mit Heilsteinen oder anderen Mitteln gelindert werden. Die Ursache des Erbrechens sollte, wenn nicht Gründe wie übermäßiger Alkoholgenuß oder unverdaulicher Fast Food absolut offensichtlich sind, mit einem Arzt oder Heilpraktiker geklärt werden, damit auch die Ursache behandelt werden kann.

Bergkristall erleichtert das Erbrechen bei starker Übelkeit und erfolglosem Würgen. Er wird dazu als Naturkristall entweder in der Hand oder mit aufwärtsgerichteter Spitze vor den Bauch gehalten.

Dumortierit lindert Übelkeit und Brechreiz und ist insbesondere dann hilfreich, wenn nichts mehr erbrochen werden kann und der Brechreiz dennoch nicht aufhört. Er wird am besten als Trommelstein oder flache Scheibe auf den Magen gehalten oder als Kette, Anhänger bzw. gebohrter Trommelstein am Körper getragen. Auch die innere Einnahme der Edelstein-Essenz (8-12 Tropfen in 100 ml Wasser) ist hilfreich.

Malachit fördert das Erbrechen und kann bei Übelkeit Brechreiz hervorrufen, wenn dieser nicht von alleine entsteht. Er ist daher vor allem dann hilfreich, wenn es notwendig erscheint, aufgenommene Flüssigkeiten oder Speisen wieder »loszuwerden«.

Dazu kann Malachit kurzzeitig als Trommelstein in den Mund genommen, auf den Magen gehalten oder als Edelstein-Essenz (10 Tropfen in 100 ml Wasser) eingenommen werden.

Erkältungskrankheiten

Erkältungskrankheiten äußern sich mit den klassischen Symptomen Husten, Schnupfen, Heiserkeit und werden oft als »grippale Infekte« bezeichnet, obwohl sie mit der Influenza, der »echten Grippe«, wenig gemein haben (vgl. Kapitel Grippe). Wie der Name sagt, sind Erkältungen zwar einerseits auf den Einfluß von Kälte zurückzuführen, die die Immunabwehr in den Schleimhäuten der Atemwege schwächt, andererseits können sie sich nur in einem bereits vorbelasteten Körpermilieu wirklich ungehemmt ausbreiten. Auch hier ist es wieder das durch Schlackenstoffe vorbelastete Gewebe, das Krankheitserregern die Ausbreitung ermöglicht und dem eigenen Immunsystem die Arbeit erschwert. Zur Vorbeugung gegen Erkältungskrankheiten spielt daher neben der Abhärtung durch regelmäßiges Bewegen an der frischen Luft (bei jedem Wetter!), Schlafen bei offenem Fenster und Kaltwasser-Anwendungen (zum Abschluß stets kalt duschen) vor allem regelmäßiges Entschlacken eine wichtige Rolle (siehe Kapitel Entgiftung/Entschlackung). Insbesondere auf Kuhmilchprodukte sollte hierzu verzichtet werden, da diese die Entstehung von Schnupfen, Angina, Brochitis, Nebenhöhlen- und Mittelohrentzündungen begünstigen (siehe die entsprechenden Kapitel). Ein guter Schutz ist dagegen tägliches »Ölziehen«, das Bewegen von hochwertigem kaltgeschlagenem Sonnenblumenöl im Mund und zwischen den Zähnen über 10 bis 20 Minuten (anschließend ausspucken, keinesfalls schlucken!). Durch das Sonnenblumenöl werden den Schleimhäuten und dem Gewebe Gift- und Schlackenstoffe entzogen, was die Heilung von Erkältungen fördert.

Die jeweilige Kälteeinwirkung ist nur der Auslöser der Erkrankung. Dabei kann direktes Auskühlen der Atemwege (z. B. durch Mundatmung) sowie indirektes Auskühlen des ganzen Körpers (zu leichte Kleidung) und speziell der Füße (nasse Füße) eine Rolle spielen. Kalte Füße z. B. vermindern reflektorisch die Durchblutung der Nasenschleimhäute, weshalb Erkältungen vor allem in den naßkalten Übergangsphasen, weniger im trockenkalten Winter auftreten. Im Sommer spielen vor allem kalte Getränke, d. h. eine innere Einwirkung von Kälte, und Abkühlung durch Luftzug eine wichtige Rolle bei Erkältungen (»Sommergrippe«).

Erkältungen sind Virenerkrankungen. Bereits auf den Schleimhäuten befindliche oder mit der Atemluft eingeatmete Viren (Ansteckung) machen sich die bestehende Schwäche des Immunsystems zunutze, um sich schlagartig zu vermehren. Dadurch entsteht der typische Katarrh, die Schleimhautentzündung. Da das Immunsystem dabei noch mehr geschwächt wird, finden sich in der Folge gerne auch Bakterien ein, die dann zu eitrigen Infekten führen können. Fieber ist bei Erkältungen eine sehr wichtige Abwehrmaßnahme unseres Körpers, die keinesfalls zu früh unterdrückt werden darf, möchte man keine Komplikationen riskieren! Dem wird auch die spezielle Abfolge der angegebenen Heilsteine gerecht, welche Sie unbedingt beachten sollten!

Als Komplikation kann bei Erkältungskrankheiten jedes Fortschreiten in Richtung Körperinneres gewertet werden. Das sind die Wege Nase (Schnupfen) – Rachen (Katarrh, Husten, Heiserkeit) – Bronchien (tiefer Husten, Atembeschwerden) – Lunge (Schwäche, Appetitlosigkeit, hohes Fieber, Nachtschweiß, Atemnot) – Herz (akute Herzbeschwerden) oder Nase (Schnupfen) – Nebenhöhlen (Schmerz, verstärkt bei Druck oder Vornüberbeugen) – Mittelohr (Ohrenschmerzen, Fieber) – Hirnhaut (Kopfschmerzen, Erbrechen, plötzlicher Fieberanstieg, Schüttelfrost, Bewußtseinsstörungen). Heilung geht in der Regel den umgekehrten Weg (von innen nach außen).

Einfachen Schnupfen, Husten oder Heiserkeit kann man selbst sehr gut mit Heilsteinen behandeln. Wird jedoch ein Fortschreiten der Erkrankung nach innen, also zu den Nebenhöhlen oder zur Bronchitis beobachtet, sollte auf jeden Fall ein Arzt oder Heilpraktiker hinzugezogen werden. Auch hier gibt es noch etliche hilfreiche Anwendungen von Heilsteinen, doch sollte der Verlauf und Erfolg zur Sicherheit fachlich überprüft werden. Zur Klärung des seelischen Krankheitshintergrundes sind bei Erkältungen die Themen »Austausch mit anderen (der Umwelt)«, »Trauer/Kummer« und »verborgene Ängste« (speziell bei Bronchitis) oft eine große Hilfe. Zur Bewältigung von Problemen in diesen Bereichen können ebenfalls die u. g. Heilsteine verwendet werden.

Heliotrop kann zu Beginn einer Erkältung verwendet werden, wenn das erste fiebrige Gefühl, der erste leichte Schnupfen oder das erste Kratzen im Hals zu spüren ist. Er sollte dann sofort als Trommelstein oder flache Scheibe im Bereich der Thymusdrüse (zwischen Herz und Kehle) aufgelegt oder als Edelstein-Essenz eingenommen werden (stündlich 5-10 Tropfen). Auch das Tragen von Heliotrop-Ketten, -Anhängern oder gebohrten Trommelsteinen hat sich als wirksam erwiesen. Heliotrop stärkt die erste, unspezifische Immunreaktion des Körpers, die alle Fremdkörper im Organismus gleichermaßen angreift. Dieser unspezifischen Abwehrreaktion gelingt es in den meisten Fällen, Erreger abzuwehren. Nur wenn sie überwunden wird, schreitet die Erkrankung fort. Seiner körperlichen Wirkung entsprechend, fördert Heliotrop auch seelisch die Fähigkeit zur Abwehr und Abgrenzung.

Bricht die Erkältung dann jedoch aus, wird Heliotrop für's erste unwirksam (die Abgrenzung ist überwunden). Bei eintretendem Fieber sollte nun **Sarder** (brauner Chalcedon), bei ausbleibendem Fieber **Karneol** (orangener Chalcedon) folgen. Beide fördern das Fieber, welches der Körper braucht, um die Krankheitserreger im Schach zu halten, bis sie von der spezifischen Immunabwehr identifiziert und beseitigt werden können. Fieber darf daher bei Erkältungskrankheiten niemals zu früh gesenkt werden. Nur wenn es in lebensbedrohliche Bereiche (über 41° C) klettert, sollte eingegriffen werden. Sarder oder Karneol können nun verwendet werden, bis die Erkrankung ihren Höhepunkt erreicht hat und das Fieber wieder sinkt (sie helfen übrigens auch im seelischen Bereich, sich unangenehmen Dingen zu stellen und Schwierigkeiten zu überwinden). Im Verlauf der Erkältung kennzeichnet sich der Moment, in dem die Krankheit überwunden wird, auch dadurch, daß die zunächst trotz hoher Temperatur noch kühl wirkenden Gliedmaßen, insbesondere Hände und Füße, nun plötzlich heiß werden. Dies zeigt, daß der Körper die Hitze nun loswerden will.

Von da an können Wadenwickel bei Bedarf das Fieber senken, und es sollten die Heilsteine **Chalcedon** oder **Moosachat** folgen. Beide regen den Lymphfluß und damit die abschließende Reinigung der erkrankten Bereiche an (und stehen auch seelisch für Erleichterung und Reinigung). Für Chalcedon spricht schnell sinkendes Fieber (Erleichterung), für Moosachat ein langsames, »zähes« Nachlassen der Temperatur, evtl. sogar mit gelegentlichem neuen Anstieg (gründliche Reinigung). Der jeweilige Stein sollte im Einsatz bleiben, bis das Fieber auf Normaltemperatur (± 37° C) gesunken ist. Bis dahin sollte die Erkrankung auch mit strenger Bettruhe auskuriert werden!

Wenn das Fieber abgeklungen und wieder weitgehende Symptomfreiheit eingekehrt ist, sollte **Sardonyx** folgen, der noch über ein bis zwei Wochen getragen werden kann, um Rückfälle und Komplikationen zu vermeiden. Sardonyx hält das Immunsystem noch etwas »in Schwung«, damit evtl. verbliebene oder wiederkehrende Krankheitserreger schnell erkannt und beseitigt werden (auch seelisch-mental dient er der Verbesserung der Wahrnehmung!). Außerdem sollte dem Ende der Erkrankung noch ein Ruhe- und Regenerationstag folgen, bevor die übliche Tätigkeit wieder aufgenommen wird. Dieser eine Tag, früher Grundregel jeder Hausarzt-Empfehlung, wird heute meistens übergangen, da fast jeder von uns zu den unentbehrlichsten Personen seiner Umgebung gehört … Dennoch ist gerade dieses Übergehen der notwendigen Regeneration der häufigste Grund für spätere Rückfälle mit Komplikationen oder schwereren Krankheitsverläufen!

Bleibt im Anschluß an die Erkältungserkrankung eine ausgeprägte Schwäche und Erschöpfung bestehen, kann diese mit Hilfe der »Regenerations-Steine« **Epidot** oder **Zoisit** überwunden werden. Insbesondere Epidot kann auch ohne weiteres mit dem bereits erwähnten Sardonyx kombiniert werden.

Alle genannten Heilsteine können als Trommelsteine in der Hand gehalten oder im Bereich der Thymusdrüse (zwischen Herz und Kehle) aufgelegt bzw. aufgeklebt werden. Ebenso wirksam ist das Tragen von Ketten, Anhängern oder gebohrten Trommelsteinen sowie die innere Einnahme der Edelstein-Essenzen, von welchen je nach Intensität der Erkrankung 3x täglich (Minimum) bis stündlich (Maximum) ca. 5-7 Tropfen eingenommen werden sollten.

Erschöpfung

Erschöpfung entsteht durch übermäßige Anstrengung oder – anders betrachtet – durch mangelnde Erholung. Sie stellt einen völligen Verbrauch der zur Verfügung stehenden Kräfte dar. Tritt Erschöpfung daher ohne ersichtlichen Grund bei gewohnter Tätigkeit auf, muß die eigene Kraft durch andere Faktoren bereits verringert sein, z. B. durch (evtl. unbemerkte) körperliche Erkrankungen oder seelische Belastungen. Bei Erschöpfung »ohne ersichtlichen Grund« sollte daher unbedingt nach den tatsächlichen Ursachen geforscht und dazu ein Arzt oder Heilpraktiker aufgesucht werden! Heilsteine können jedoch in jedem Fall verwendet werden, um Erschöpfung zu überwinden und schneller wieder »auf die Beine« zu kommen. Bei kurzfristiger, durch Anstrengung entstandener Erschöpfung hilft außerdem ein der Steinheilkunde nahestehendes altes Hausmittel sehr gut, nämlich eine Prise Salz auf der Zungenspitze!

Bronzit hilft bei Erschöpfung durch kraftraubende Alltagsbelastung. Als eisen- und magnesiumhaltiger Stein ermöglicht er, äußerlich aktiv und gleichzeitig innerlich ruhig zu bleiben. Bronzit ist besonders dann eine große Hilfe, wenn tatsächliche Erholung auf längere Zeit nicht in Sicht ist. Er wird daher in der Steinheilkunde auch die »Tascheninsel für Mütter« genannt.

Epidot hilft, sich nach großen Anstrengungen und schweren Erkrankungen wieder zu erholen. Er ist insbesondere dann angebracht, wenn man sich völlig ausgelaugt und zur kleinsten Handlung unfähig fühlt.

Granat Pyrop hilft, in schwierigen Lebensphasen ohne Hoffnung auf Änderung den Mut nicht sinken zu lassen und immer wieder das Notwendige zu tun. Er mobilisiert Kraftreserven genau im richtigen Maß, so daß sie lange vorhalten, und regt Stoffwechsel, Regeneration und Aufbauprozesse im Organismus an.

Rhodochrosit wirkt schnell belebend und anregend und hilft, Erschöpfung in

Kürze zu überwinden. Er sollte jedoch nicht zu lange verwendet werden, da Kraftreserven sich unter seinem Einfluß sehr schnell aufbrauchen und sonst ein noch größerer Energiemangel entsteht. Aufgrund seiner schnellen, aber »verbrauchenden« Wirkung wird er auch mitunter der »Doping-Stein« genannt.

Tigereisen gibt durch verstärkten Eisenumsatz bei Schwäche und Erschöpfung neue Kraft. Er wirkt langsam aber dauerhaft aufbauend und sollte nur dann nicht angewandt werden, wenn entzündliche Erkrankungen zur Erschöpfung führen. Ansonsten wird er völlig zu recht als »Tiger im Tank« bezeichnet.

Zoisit hilft ähnlich wie Epidot zur Regeneration und Erholung nach schweren Erkrankungen. Am besten geeignet sind hierbei Zoisit-Gesteine, die Rubin enthalten.

Alle genannten Heilsteine können als Kette, Anhänger oder gebohrter Trommelstein am Körper getragen oder als Edelstein-Essenz innerlich eingenommen werden (3x täglich 5 Tropfen). Lediglich Rhodochrosit sollte bald schon wieder abgesetzt werden, alle anderen Steine können über längere Zeit getragen werden.

Fieber

Fieber ist ein Abwehrmechanismus des Organismus, bei dem die Körpertemperatur auf Werte über 37,5° C erhöht wird. Dadurch wird der Stoffwechsel gesteigert sowie Puls und Atmung beschleunigt. Als Begleiterscheinungen treten Appetitlosigkeit, Mattigkeit, Benommenheit, Kopfschmerzen, Unruhe und im Extremfall Fieber-Phantasien (Delirien) auf. Das Auftreten von Fieber hat in den meisten Fällen den Sinn, dem Körper die Immunabwehr oder die Verarbeitung von Gift- und Schlackenstoffen zu erleichtern. Daher ist es in der Regel nicht sinnvoll, Fieber zu unterdrücken, es sei denn, es erreicht zu hohe Werte (über 41° C) und wird dadurch lebensbedrohlich. Voreiliges Unterdrücken von Fieber verhindert oftmals eine tatsächliche Heilung der Krankheit und führt daher zu Rückfällen oder wandelt akute in chronische Krankheitsformen um.

Bei einem ungefährlichen Verlauf des Fiebers sollten senkende Maßnahmen erst dann eingesetzt werden, wenn der Höhepunkt überschritten ist und die Fieberkurve wieder sinkt. Dieser Wechsel vom ansteigenden zum fallenden Fieber kann auch am Empfinden des Erkrankten beurteilt werden: Um das Fieber ansteigen zu lassen, konzentriert der Körper die eigene Energie im Rumpf, so daß die Gliedmaßen, insbesondere Hände und Füße, sich kühl anfühlen und evtl. auch Haut und Muskeln eher kühl bleiben, zittern und frösteln (Schüttelfrost). Um das Fieber zu senken, wird die Energie über die Haut und in die Gliedmaßen verteilt, wo sie leichter abgegeben werden kann. Dadurch werden Hände und Füße warm, das allgemeine Hitzeempfinden nimmt zu und Schweiß wird zur Kühlung abgesondert. Von nun an kann die Fiebersenkung durch kühle Wadenwickel o. ä. unterstützt werden (kleiner Tip: Wadenwickel wirken noch besser, wenn dem Wasser Bachblüten-Notfalltropfen, ätherisches Eukalyptusöl und Moosachat-Essenz zugesetzt wird). Ansonsten empfiehlt sich bei Fieber schlicht Schonung, Ruhe (am besten Bettruhe) und reichliches Trinken zum Ausgleich des Flüssigkeitsverlustes durch Schwitzen (Tee oder Wasser!).

Maßnahmen für oder gegen Fieber sollten mit dem Arzt oder Heilpraktiker entsprechend der zugrundeliegenden Erkrankung abgestimmt werden. Insbesondere bei höheren Temperaturen oder längerer Dauer sollte auf jeden Fall fachlicher Rat eingeholt werden!

Heilsteine können nun eingesetzt werden, um Fieber zu erhöhen, wenn es z. B. zur besseren Heilung notwendig wäre und nicht von selbst »in Gang kommt«, oder um Fieber zum o. g. Zeitpunkt zu senken. Viele Heilsteine haben eine fiebertreibende oder -senkende Wirkung, als zuverlässig und maßvoll wirkend hat sich jedoch in erster Linie die folgende Auswahl erwiesen:

Fiebertreibende Heilsteine:
Karneol wirkt kräftig fiebertreibend, ohne jedoch die Temperatur zu sehr zu steigern. Er wird eingesetzt, wenn man generell dazu neigt, kein oder nur wenig Fieber zu bekommen.

Rubin ist in seiner fiebertreibenden Wirkung noch stärker als Karneol. Er wird eingesetzt, wenn Fieber zur Unterstützung des Heilungsprozesses dringend notwendig wäre, jedoch völlig ausbleibt.

Sarder regt Fieber nur leicht an. Er kann unterstützend verwendet werden, um den Heilungsprozeß in Gang zu bringen, wenn ein wenig erhöhte Temperatur vorliegt, diese jedoch weder steigt noch fällt.

Fiebersenkende Heilsteine:
Bergkristall kann als sog. Abzieher-Kristall verwendet werden, um Fieber schnell zu senken, wenn es gefährliche Höchstwerte erreicht. Dazu streicht man mit der größten Spitzenfläche des Kristalls in sanften Abwärtsbewegungen (von oben nach unten) über Stirn, Gesicht, Hals, Rumpf und Gliedmaßen. Ist kein Abzieher-Kristall zur Hand, kann dasselbe auch mit einem breiten Bergkristall-Trommelstein getan werden.

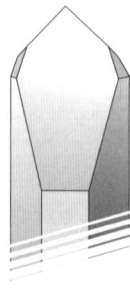

Abb. 4: Bergkristall-Abzieher

Chalcedon und Moosachat helfen, das Fieber zu senken, wenn es seinen Höhepunkt überschritten hat. Chalcedon hilft bei einem leichten, schnellen Rückgang, Moosachat dagegen bei langsamem Rückgang oder einer auf und ab schwankenden Fieberkurve. Chrysokoll wirkt fiebersenkend, unabhängig vom momentanen Verlauf der Fieberkurve. Er kann daher zu jeder Zeit eingesetzt werden und ist insbesondere in Notfällen oder bei zu extremen Temperaturen zu empfehlen.

Alle genannten Steine können zur Steigerung oder Senkung des Fiebers als Trommelsteine in die Hand genommen oder im Bereich der Thymusdrüse (zwischen Herz und Kehle) aufgelegt werden. Auch das Tragen von Ketten, Anhängern oder gebohrten Trommelsteinen ist wirksam, ebenso die innere Einnahme der Edelstein-Essenz (je nach Bedarf 3x täglich bis stündlich 5-10 Tropfen).

Fruchtbarkeit

Zur Förderung der Fruchtbarkeit, d.h. der Empfängnisfähigkeit der Frau und der Zeugungsfähigkeit des Mannes gibt es eine Reihe wirksamer Heilsteine. Diese können jedoch umso zielgerichteter und wirkungsvoller eingesetzt werden, je genauer die Ursache der Unfruchtbarkeit bekannt ist. Daher sollte diese zuvor (sofern möglich) durch den Arzt geklärt werden.

Mögliche Ursachen der Unfruchtbarkeit bei Frauen sind Funktionsstörungen der Eierstöcke, hormonelle Störungen (der Hypophyse oder Schilddrüse), blockierte Eileiter (z.B. nach Eileiterentzündungen) oder Erkrankungen der Gebärmutter.

Mögliche Ursachen der Unfruchtbarkeit bei Männern sind Impotenz sowie Störungen der Spermienentwicklung oder der ableitenden Samenwege (z.B. nach Entzündungen der Hoden, Nebenhoden, Prostata oder Harnleiter).

In vielen Fällen scheiden all diese Ursachen aus und dennoch besteht Unfruchtbarkeit. Hier ist es oft hilfreich, auch nach seelischen Ursachen zu forschen. Eine unbewußte Ablehnung des Kinderwunschs kann hier ebenso blockierend wirken wie ein sehr starker, mit Leistungsdruck verbundener Kinderwunsch. Auch allgemeine Probleme in den Bereichen Partnerschaft und Sexualität verhindern oftmals die Zeugungs- oder Empfängnisfähigkeit.

Heilsteine können sowohl bei organischen als auch seelischen Ursachen der Unfruchtbarkeit eine hervorragende Hilfe sein. Sie ersetzen jedoch auf keinen Fall das offene Gespräch und die heilsame Herzlichkeit zwischen den betroffenen Partnern. Das »pure Gift« bei Unfruchtbarkeit ist die Suche danach, wer nun »schuld« daran ist – heilsam dagegen ist das partnerschaftliche Zueinanderstehen, egal ob der Kinderwunsch nun erfüllt wird oder nicht.

Fruchtbarkeitsfördernde Heilsteine für Männer:

Thulit hilft bei Impotenz und Unfruchtbarkeit unklarer Ursache. Er fördert die Lust, Sinnlichkeit und das Interesse an der Sexualität. Körperlich unterstützt Thulit auch die Regeneration der Geschlechtsorgane nach Entzündungen, wobei jedoch der verwandte Zoisit hier oft besser wirkt.

Zoisit fördert die Spermienentwicklung und die Regeneration der Geschlechtsorgane nach Erkrankungen. Er kann bei allen Ursachen der Unfruchtbarkeit helfen. Am besten geeignet sind dabei Zoisit-Gesteine, die Anteile von Rubin enthalten.

Fruchtbarkeitsfördernde Heilsteine für Frauen:

Mondstein hilft bei Unfruchtbarkeit aufgrund von hormonellen Störungen sowie bei ungeklärten emotionalen Spannungen zwischen den Partnern. Wird Mondstein über längere Zeit getragen und das Schlafzimmer in dieser Zeit nachts nicht verdunkelt, pendelt sich der Hormonhaushalt unter Umständen wieder auf den Mondzyklus ein, so daß zu Vollmond Empfängnisbereitschaft besteht.

Rosenquarz hilft bei organisch verursachter Unfruchtbarkeit. Er fördert die Durchblutung und Regeneration der Geschlechtsorgane nach Erkrankungen und hilft dadurch, viele Störungen zu beseitigen. Seelisch fördert Rosenquarz Offenheit, Herzlichkeit und Romantik zwischen den Partnern.

Topas Imperial ist der erfolgreichste Stein bei allen Ursachen der Unfruchtbarkeit. Er hilft bei Funktionsstörungen der Eierstöcke, hormonellen Störungen und organischen Blockaden. Seelisch fördert er Freude, Sicherheit und Selbstbewußtsein in der Sexualität sowie Selbstbestimmung und Selbstverwirklichung in der Partnerschaft.

Alle genannten Steine sollten über längere Zeit als Kette, Anhänger, gebohrter Trommelstein oder Schmuckstein am Körper, idealerweise am Unterleib getragen werden. Auch die innere Einnahme der Edelstein-Essenz (3x täglich 3-5 Tropfen) ist wirksam.

Füße, kalte

Chronisch kalte Füße sind eine Folge mangelnder Durchblutung aufgrund von Gefäßverengungen (siehe Kapitel Arterienverkalkung/Arteriosklerose) oder einer Fehlregulierung des Dreifachen Erwärmers, jenes Systems, das in unserem Körper für einen ausgeglichenen Energiehaushalt verantwortlich ist. Näheres dazu finden Sie im Kapitel Durchblutung, an dieser Stelle sei nur erwähnt, daß der Dreifache Erwärmer mit dem Ringfinger in Verbindung steht. Dort getragene Silberringe wirken kühlend und sollten bei chronisch kalten Füßen abgelegt werden, da sie ansonsten die Wirkung der angegebenen Heilsteine mindern können. Außerdem sollten von den angegebenen Heilsteinen sowieso keine Wunder erwartet werden. In schlechtem Schuhwerk bei minus 20° C im Freien werden und bleiben Füße kalt, auch wenn Sie ihre Stiefel mit Steinen füllen. Erwärmen sich Füße jedoch im beheizten Zimmer oder im Bett noch immer nicht, dann können Steine hervorragend helfen.

Granat Pyrop fördert in diesem Fall die allgemeine Energieverteilung. Er stärkt den Dreifachen Erwärmer und sorgt daher auch langfristig für eine bessere Durchblutung und Wärmeversorgung der Füße. Pyrop wird am besten als Kette, Anhänger oder gebohrter Trommelstein am Körper getragen, als Trommelstein oder kleiner Kristall in die Strümpfe gesteckt oder als Edelstein-Essenz innerlich eingenommen (5x täglich 3-5 Tropfen).

Obsidian erwärmt chronisch kalte Füße sehr schnell, indem er ebenfalls als Trommelstein in die Strümpfe gesteckt oder als flacher Cabochon in die Schuhe gelegt wird. Da Obsidian noch weitreichende andere Wirkungen hat, sollte bei kalten Füßen allein auf die innere Einnahme der Edelstein-Essenz verzichtet werden.

Beide Steine können auch als Essenz gemeinsam in eine Salbe eingebracht (je Stein 10 Tropfen auf 10 g Salbengrundlage) und auf diese Weise eingerieben werden. Als Salbengrundlage eignet sich hierfür eine Mischung aus 1 Teil Bienenwachs mit 4-5 Teilen Jojobaöl. Diese Salbe hilft sogar bei leichten Erfrierungen.

Füße, müde

Durch langes Stehen »ermüdete« und schmerzhafte Füße können zwar mit Heilsteinen und bewährten Hausmitteln wie kalten Rosmarin-Fußbädern gut erfrischt werden, doch nichts ist besser als ausgleichende Bewegung z.B. durch Spazierengehen in bequemen Schuhen oder besser noch barfuß! Ohne Bewegung ist auch die Anwendung der im folgenden genannten Heilsteine auf Dauer sinnlos.

Chalcedon wirkt kühlend und lindert Schmerzen in müden Füßen schnell, da er gestaute Flüssigkeit abfließen läßt. Dazu kann Wasser, in das Chaldedone über mindestens 24 Std. eingelegt waren, als Fußbad verwendet oder die Füße mit einem Trommelstein massiert werden. Auch die Edelstein-Essenz kann für ein Fußbad verwendet werden (30 Tropfen auf 5 l Wasser).

Magnesit wirkt ebenfalls wohltuend bei müden Füßen, da er Verspannungen löst. Er kann als Trommelstein zum Massieren der Füße verwendet, als Essenz innerlich eingenommen (einmalig 5-7 Tropfen) oder als Kette um die Knöchel gelegt werden, während man die Beine kurze Zeit hochlegt. Wer die Wirkung des Magnesit dabei einmal überprüfen will, kann z. B. beim Hochlegen der Beine testweise nur einen Knöchel mit einer Magnesitkette umwickeln. Schon nach zehn Minuten ist ein deutlicher Unterschied in den Füßen zu spüren!

Fußpilz

Auch bei Fußpilz liegt die Aufmerksamkeit meistens sehr auf den äußeren Einflüssen, der möglichen Infektionsgefahr in der Badeanstalt oder dem Einfluß des eigenen Schuhwerks. Das ist zwar richtig, eine gute Fußhygiene und Schuhe ohne übermäßiges »Feuchtklima« verringern die Gefahr von Fußpilzbildung, doch weitaus wichtiger ist auch hier das innere Milieu unserer Körperflüssigkeiten. Gerade Pilzinfektionen können sich nur in Haut, Schleimhäuten oder Gewebe bilden bzw. festsetzen, wenn dort eine große Schadstoffbelastung vorliegt. Aus diesem Grund kann das Desinfektionsmittelspray in der Badeanstalt gerade schädlich sein, eine gründliche Reinigung mit hautfreundlichen Mitteln ist sinnvoller. Und als dauerhafte Lösung kommt schließlich nur eine gründliche Entschlackung in Frage (siehe auch das Kapitel Entgiftung/ Entschlackung). Wirkungsvolle Hausmittel wie Teebaumöl als 10%ige Salbe oder auch die genannten Heilsteine helfen hier nur,

beeinträchtigende Symptome zu lindern. Das ist zwar durchaus berechtigt, stellt jedoch ohne Diät und weitere entschlackende Maßnahmen keine dauerhafte Heilung dar!

Als wirksames Mittel zur Linderung von Fußpilz hat sich die Kombination **Chrysopras** und **Rauchquarz** erwiesen. Dabei wird zunächst Chrysopras als Edelstein-Essenz innerlich eingenommen (3x täglich 5-7 Tropfen) und als Trommelstein regelmäßig auf die betroffene Stelle aufgelegt. Zusätzlich wird Rauchquarz nach zwei bis drei Tagen als Kette, Anhänger oder gebohrter Trommelstein umgehängt und von da an ununterbrochen getragen. Diese Behandlung muß über mehrere Wochen durchgeführt werden, zeigt dann jedoch gute Erfolge. Offenbar ist die Verbindung der entgiftenden (Chrysopras) und auflösenden (Rauchquarz) Wirkung der beiden Steine hier eine sinnvolle Ergänzung.

Geburt

Als komplexes Erlebnis mit verschiedenen Phasen sowie körperlichen und seelischen Beanspruchungen erfordert eine Geburt eine ganze Reihe von Heilsteinen, die bei möglichen Schwierigkeiten die werdende Mutter oder das Kind unterstützen. Dabei sollte jedoch stets beachtet werden, daß eine Geburt trotz Anstrengung und Schmerzen ein natürlicher Vorgang und keine Krankheit ist, auch Heilsteine sollten daher im Hintergrund bleiben und nur dann Verwendung finden, wenn wirklich ein Hilfsmittel notwendig ist. Die zur Unterstützung der Geburt hilfreichen Heilsteine werden im folgenden als tabellarische Übersicht dargestellt, damit der jeweils passende Stein bei Bedarf schnell ausgewählt und richtig angewendet werden kann:

Vor/bei der Geburt

Heilstein	Wirkung/Indikation	Anwendung
Karneol	Kraft und Mut vor der Geburt	Als Kette, Anhänger oder gebohrter Trommelstein tragen.
Magnesit	Entspannung, nimmt Widerstände (Geburtskrisen)	Als Kette, Anhänger oder gebohrter Trommelstein tragen, ggf. als Essenz einnehmen (7 Tropfen).
Chrysokoll	Entspannung, Hilfe sich zu öffnen	Als Kette, Anhänger oder gebohrter Trommelstein tragen, ggf. als Essenz einnehmen (7 Tropfen).
Heliotrop	Schutz gegen Infektionen	Als Edelstein-Essenz einnehmen (bei Bedarf oder zweistündlich je 5-7 Tropfen)
Biotit-Linse	Bringt Wehentätigkeit in Gang, entspannt, fördert eine leichte Geburt.	In der Hand halten und zur Unterstützung der Wehen oberhalb des Schambereichs auf den Bauch halten.
Malachit	Wehenverstärkung, Schmerzlinderung	In der Hand halten oder oberhalb des Schambereichs auf den Bauch halten; zur Schmerzlinderung ggf. auch als Essenz einnehmen (7 Tropfen).

Nach der Geburt

Heilstein	Wirkung/Indikation	Anwendung
Kunzit	Akzeptanz des Kindes und der Mutterrolle	Als Kette, Anhänger oder gebohrter Trommelstein tragen.
Turmalin, blau	Bei Traurigkeit und seelischen Krisen	Als Kette, Anhänger oder gebohrter Trommelstein tragen, ggf. als Essenz einnehmen (3-5 Tropfen).
Epidot	Regeneration bei Erschöpfung	Als Kette, Anhänger oder gebohrter Trommelstein tragen, ggf. als Essenz einnehmen (5 Tropfen).
Topas	Identitätsfindung (auch bzgl. Beruf/Kind)	Als Kette, Anhänger oder gebohrter Trommelstein tragen.
Chalcedon, blau o. rosa	Förderung der Milchbildung	Als Kette, Anhänger oder gebohrter Trommelstein tragen.

➤➤

Heilstein	Wirkung/Indikation	Anwendung
Achat	Rückbildung der Gebärmutter	Als Trommelstein mit Gebärmutter-Signatur auflegen (vgl. Seite 198).
Rhodonit	Heilung von Rissen oder Schnitten	Zunächst als Edelstein-Essenz einnehmen (3x täglich 5-7 Tropfen), später (wenn keine Blutungen mehr erfolgen) als Trommelstein in der Unterhose tragen.
Achat, rosa	Gegen Entzündungen aller Art	Als Trommelstein mit entsprechender Signatur auflegen (vgl. Seite 198).
Mondstein	Erleichterung der Hormonumstellung	Als Kette, Anhänger oder gebohrter Trommelstein tragen.
Mookait	Stabilisiert die körperliche Gesundheit	Als Kette, Anhänger oder gebohrter Trommelstein tragen.

Heilstein	Wirkung/Indikation	Anwendung
Amethyst	Erleichert die »Ankunft« im irdischen Dasein	Als Trommelstein oder kleiner Kristall zum Kind ins Bett legen.
Rutilquarz	Hilft, Geburtstraumata zu überwinden	Als Trommelstein oder kleiner Kristall zum Kind ins Bett legen.
Calcit	Für eine stabile Entwicklung	Als Trommelstein zum Kind ins Bett legen oder in die Windel einbinden.
Aquamarin	Lindert Ausschläge bei Überempfindlichkeit	Als Trommelstein oder kleiner Kristall in die Windel einbinden.
Citrin	Bei Verdauungsbeschwerden	Als Trommelstein oder kleiner Kristall in die Windel einbinden.
Smaragd oder Peridot	Fördert den Bilirubin-Abbau (Peridot nur bei starker Gelbfärbung)	Als Trommelstein (Peridot) oder kleiner Kristall (Smaragd) in die Windel einbinden.

Gedächtnisschwäche

Ein schwaches Gedächtnis oder ein allmählich nachlassendes Erinnerungsvermögen werden oft als unabänderlich oder »angeboren« akzeptiert. Vor allem mit zunehmendem Alter scheint eine Verbesserung des Gedächtnisses nicht mehr möglich zu sein. Das ist schlicht und ergreifend falsch! Es gibt, völlig unabhängig vom

Alter, etliche Möglichkeiten, das eigene Gedächtnis wieder aufzufrischen. Dazu zählen vor allem: Gedächtnistraining durch Auswendiglernen von Gedichten, »Memory« spielen, im Telefon oder Faxgerät einprogrammierte Nummern löschen, Einkaufen ohne Einkaufszettel usw. – Diese »Übungen« sollten mit kleinem Schwierigkeitsgrad begonnen und langsam gesteigert werden. Zusätzlich wirkt jede Form von Ordnung hilfreich: Das Aufräumen des Arbeits- und Wohnbereichs, das Sortieren und systematische Ablegen des eigenen Papierkrams usw. Alle unabgeschlossenen Vorgänge, die sorgfältig und 100%ig beendet werden, machen mentale »Speicherkapazität« frei und verbessern Gedächtnis und Erinnerungsvermögen. Probieren Sie es aus!

Zusätzlich können bestimmte Heilsteine verwendet werden, um das Gedächtnis und Erinnerungsvermögen zu stärken. Doch auch sie wirken um ein Vielfaches besser, wenn gleichzeitig die o. g. Punkte durchgeführt werden.

Chrysoberyll stärkt das Gedächtnis und hilft vor allem in anstrengenden Situationen oder beim Gefühl der Überforderung klar, beherrscht und denkfähig zu bleiben. Er ist vor allem dann angebracht, wenn man dazu neigt, stets die wichtigsten Dinge zu vergessen.

Diamant hilft, Ereignisse und Vorgänge zu rekonstruieren und dadurch lückenhafte Erinnerungen zu vervollständigen. Er kann stets dann verwendet werden, wenn man

das Gefühl hat, etwas zu wissen, es aber nicht findet (wenn einem etwas »auf der Zunge liegt«) …

Fluorit hilft, innerlich und äußerlich Ordnung zu schaffen. Dadurch stärkt er vor allem auch das kurz- und mittelfristige Gedächtnis, was ihn u. a. zu einer guten Lernhilfe macht.

Kunzit verbessert das Erinnerungsvermögen und hilft, Ereignisse oder erlerntes Wissen zurückzurufen, auch wenn es lange her und tief verborgen ist.

Alle genannten Heilsteine sollten als Kette, Anhänger, gebohrter Trommelstein oder Schmuckstein (sofern in der jeweiligen Form erhältlich) getragen oder als Rohstein, Kristall bzw. Trommelstein regelmäßig auf die Stirn aufgelegt bzw. aufgeklebt werden. Auch das Trinken von Wasser, in welchem der jeweilige Stein eingelegt war, oder die innere Einnahme der Edelstein-Essenz (2x täglich 2-4 Tropfen) ist wirksam.

Geldsorgen

Geldsorgen sollen, noch unbestätigten Berichten aus Insiderkreisen zufolge, am besten dadurch gelindert werden, indem man die eigenen **Diamanten** im Safe regelmäßig kontemplativ betrachtet. Vermutungen des Autors zufolge ist dies jedoch nur dann der Fall, wenn die Diamanten auch tatsächlich vollständig bezahlt sind …

Ansonsten ist vermutlich auf den Dumortierit, den »Take it easy«-Stein oder den Edelopal bei derartigen Nöten und Sorgen besserer Verlaß, auch wenn es sich bei deren Anwendung nicht um eine ursächliche Heilung handelt. Dazu müßten vielleicht einige Steine wieder verkauft werden ...

Gelenkbeschwerden

Gelenkbeschwerden, die sich in der Regel durch Schmerzen beim Beugen oder Strecken von Gelenken äußern, sind entweder durch mechanischen Einfluß (Verrenkung, Verstauchung – siehe dort), Entzündungen (Arthritis) oder degenerative Erscheinungen (Arthrose) bedingt. Als Ursache spielen bei der Arthritis neben Infektionen der Gelenkinnenhaut vor allem Übersäuerung und deren Folgeerkrankungen (Rheuma, Gicht) eine wichtige Rolle. Arthrosen können wiederum als Folgen der Arthritis durch Überlastungen oder direkt aufgrund von Schlackeneinlagerungen entstehen. Gelenkbeschwerden sollten nur in Abstimmung mit einem Arzt oder Heilpraktiker behandelt werden, um dauerhafte Schädigungen und weitere, noch stärkere Schmerzen zu vermeiden.

Gelenkbeschwerden bedeuten eine starke Einschränkung der körperlichen Beweglichkeit. Diese kann auch mit einer eingeschränkten geistigen Beweglichkeit zusammenhängen, mit Schwierigkeiten, sich zu verändern oder flexibel auf äußere Veränderungen zu reagieren. Das ist natürlich nicht immer der Fall, doch wenn ein solcher Zusammenhang vorliegt, ist es auf jeden Fall wichtig, sich damit auseinanderzusetzen. Ansonsten ist zur erfolgreichen Behandlung von Gelenkbeschwerden zweierlei wichtig: Regelmäßige Entschlackung (siehe Kapitel Entgiftung/Entschlackung) und eine gute energetische Versorgung der Gliedmaßen, damit Entzündungen geheilt und die Gelenke wieder aufgebaut werden können. Für beides haben sich unterstützende Heilsteine bewährt.

Apatit hilft bei Arthrosen, die geschädigte Knorpelsubstanz zu regenerieren (seine chemische Zusammensetzung ist mit der unserer Knochen und Knorpel identisch) und lindert die Entzündung bei Arthritis. Dazu eignen sich insbesondere blaue und grüne Varietäten. Seelisch bringt Apatit Lebendigkeit, Flexibilität und Freude an einem abwechslungsreichen Leben. Er wird am besten als Trommelstein auf das jeweilige Gelenk aufgelegt oder umgebunden. Zusätzlich oder als Alternative kann auch die Edelstein-Essenz innerlich eingenommen werden (3-5x täglich 5-9 Tropfen).

Bergkristall reinigt die Gelenke und hilft sowohl bei Arthritis als auch Arthrosen. Er lindert Schmerzen und Schwellungen und führt die zur Heilung notwendige Energie zu bzw. überschüssige Energie ab. Je nachdem, was im Einzelfall benötigt wird, kann Bergkristall daher als Naturkristall auf zweierlei Weise aufgelegt werden: Sollte Energiezufuhr notwendig sein, wird er an der zum Rumpf führenden Seite des Gelenks aufgelegt und mit der Spitze zum Gelenk hin ausgerichtet. Sollte das Ableiten überschüssiger Energie notwendig sein, wird er an der zu den Händen oder Füßen führenden Seite des Gelenks aufgelegt und so ausgerichtet, daß die Spitze vom Gelenk weg zur Hand bzw. zum Fuß weist. Welche Variante notwendig ist, zeigt sich durch einen kurzen Test, in dem beide Möglichkeiten nacheinander für ca. eine Minute ausprobiert werden.

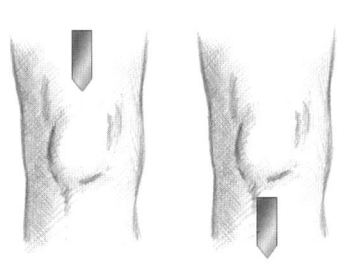

Zuführen von Energie	Ableiten von Energie

Abb. 5: Auflegen von Bergkristallen bei Gelenkbeschwerden

Granat Pyrop fördert die energetische Versorgung und Durchblutung der Gliedmaßen. Dadurch lindert er insbesondere bei Belastung auftretende Schmerzen und hilft sowohl bei Arthritis, als auch bei Arthrose. Pyrop muß dazu nicht im Bereich der Gelenke aufgelegt werden, sondern kann als Kette, Anhänger oder gebohrter Trommelstein am Körper getragen sowie als Edelstein-Essenz innerlich eingenommen werden (5x täglich 3-5 Tropfen).

Pyritsonnen helfen in erster Linie, Schmerzen bei Gelenkbeschwerden zu lindern. Sie reinigen das Gelenk jedoch auch und verbessern dadurch die Wirksamkeit der anderen Heilsteine. Pyritsonnen werden entweder direkt auf das schmerzende Gelenk aufgelegt oder in einem Baumwoll-Beutelchen umgebunden. Längerer unmittelbarer Kontakt von Pyrit mit Hautschweiß sollte vermieden werden, um Hautreizungen durch Eisensulfid-Verbindungen zu vermeiden.

Turmalin Verdelith (grüner Turmalin) ist der beste Heilstein bei Arthritis. Indem er als Kristall längs zur Körperachse oder längs zu den Gliedmaßen auf das Gelenk aufgelegt wird, fördert er den zur Heilung notwendigen Energiefluß durch das Gelenk. Er lindert weiterhin die Entzündung und verhindert das Entstehen degenerativer Schädigungen (Arthrosen). Wenn kein Kristall zur Hand ist, kann auch ein Trommelstein aufgelegt oder die Edelstein-Essenz eingenommen werden (3-5x täglich 5-7 Tropfen). Auch Verdelith macht aufgeschlossen, flexibel und lebensfroh.

Gicht

Gicht ist eine Erkrankung des Harnsäurestoffwechsels, bei der durch verminderte Harnsäure-Ausscheidung Ablagerungen von Harnsäuresalzen in Gelenken, Schleimbeuteln, Haut oder inneren Organen entstehen. Diese Ablagerungen bleiben oft lange Zeit unbemerkt, bis eine Infektion, Verletzung, Kälteeinwirkung, übermäßiger Alkoholgenuß oder stark säurebildende Nahrung den plötzlichen, meistens nachts oder frühmorgens auftretenden Gicht-Anfall auslöst. Dieser äußert sich durch Entzündungen, Fieber, Herzrasen, Krankheitsgefühl und Gelenkbeschwerden mit starken Schmerzen und Berührungsempfindlichkeit. Dabei ist zu Beginn der Erkrankung in der Regel nur ein Gelenk betroffen, in den meisten Fällen das Großzehengrundgelenk, Sprunggelenk, Kniegelenk oder Daumengrundgelenk. Nach dem Anfall kann eine lange beschwerdefreie Zeit folgen, die jedoch nicht darüber hinwegtäuschen darf, daß u.U. allmählich weitere Ablagerungen entstehen, wodurch nach Monaten oder Jahren neue Anfälle auftreten können, die weitere Körperbereiche betreffen. Wird die Gicht chronisch, bilden sich Knoten und Geschwüre im Bereich der Gelenke, welche allmählich versteifen. Durch Ablagerungen in den Nieren kann es auch dort zu Entzündungen sowie Bluthochdruck und schlimmstenfalls Nierenversagen kommen.

Heilung kann bei Gicht nur durch eine konsequente, tierisch eiweißfreie und alkoholarme Diät, gründliche Entschlackung (siehe Kapitel Entgiftung/Entschlackung), reichliche Flüssigkeitsaufnahme (Tee oder Wasser!) sowie genügend Erholung und ausreichend Schlaf erreicht werden. Beim akuten Anfall sollten die betroffenen Gelenke ruhiggestellt und durch feuchte Umschläge gekühlt werden, zwischen den Anfällen ist dagegen mäßige aber regelmäßige Bewegung (Spazierengehen) notwendig. Selbstverständlich ist auch hier wichtig, daß alle Anwendungen unter der Aufsicht eines Arztes oder Heilpraktikers geschehen. Heilsteine und andere Hilfsmittel können die o.g. Maßnahmen unterstützen, ohne diese Maßnahmen sind sie jedoch auf Dauer nicht wirksam! Da Gicht eine Erkrankung ist, die sich mit großer Aggressivität gegen den eigenen Körper richtet, kann es zudem hilfreich sein, darüber nachzudenken, ob es andere Bereiche gibt, in denen Wut, Ungeduld oder Aggression nicht ausgedrückt sondern in sich »hineingefressen« werden. Sollte in dieser Richtung etwas vorliegen, kann therapeutische Hilfe indirekt auch zu einer Linderung der Gicht beitragen.

Bernstein hilft bei akuten Gicht-Anfällen, Schmerzen und Berührungsempfindlichkeit sowie Fieber und Entzündungen zu lindern. Er hilft, Folgeschäden zu verringern, und sollte daher schnellstmöglich als

Roh- oder Trommelstein auf schmerzende Bereiche aufgelegt, als Kette, Anhänger oder gebohrter Trommelstein am Körper getragen oder als Edelstein-Essenz innerlich eingenommen werden (halbstündlich 4-6 Tropfen). Bernstein fördert ein ruhiges, sonniges Gemüt und hilft dadurch, den Gicht-Anfall auch von der seelischen Ebene her zu lindern.

Chrysopras kann zusätzlich zum Bernstein beim Gichtanfall aufgelegt und darüber hinaus in der beschwerdefreien Zeit als Kette, Anhänger oder gebohrter Trommelstein getragen sowie als Edelstein-Essenz innerlich eingenommen werden (3x täglich 3-5 Tropfen). Er fördert dadurch die Entschlackung des Gewebes und hilft somit, die Gicht allmählich zu heilen. Auch seelisch bringt Chrysopras Kummer und unterdrückten Ärger ans Licht und hilft, sich davon zu verabschieden. Ja sogar bei Eifersucht ist Chrysopras einer der wenigen hilfreichen Heilsteine.

Diamant hilft bei richtiger Anwendung, sowohl akute Gicht-Anfälle zu lindern als auch chronische Gicht zu heilen. Dazu werden kleine Rohdiamanten für mindestens 24 Stunden in 100 ml Wasser oder (verdünnten) Weißwein gelegt. Am folgenden Tag wird das Wasser oder der Wein schluckweise über den Tag verteilt getrunken, während bereits die nächste Flüssigkeit mit den Diamanten angesetzt wird (Rezept nach Hildegard von Bingen). Auf diese Weise verfährt man über mehrere Monate, bis alle Gicht-Erscheinungen verschwunden sind. Natürlich vollzieht sich auch hier die Heilung umso schneller, je früher die Behandlung begonnen wird. Diamant bringt kompromißlos Ordnung und Klarheit ins Leben, er »putzt hinaus«, was nicht zu uns gehört, und hilft dadurch selbst die verborgensten Krankheitshintergründe zu entdecken und aufzulösen.

Fluorit hilft bei fortgeschrittenen Gelenkbeschwerden, Harnsäure-Kristalle in den Gelenken wieder aufzulösen und auszuscheiden. Dazu wird er am besten sowohl als Edelstein-Essenz innerlich eingenommen (3x täglich 5-7 Tropfen) und gleichzeitig auf die betroffenen Gelenke aufgelegt. Das fokussiert seine Wirkung auf die jeweiligen Bereiche. Darüber hinaus kann auch er als Kette, Anhänger, gebohrter Trommelstein oder Schmuckstein über längere Zeit getragen werden. Fluorit macht unterdrückte Gefühle bewußt und hilft auch auf seelischer Ebene, sich von altem Ballast zu befreien.

Gliederschmerzen

Gliederschmerzen treten als Begleiterscheinung von Erkältungen, Grippe und anderen fiebrigen Erkrankungen auf. Sie entstehen durch körpereigene Abwehrstoffe sowie durch Stoffwechsel- und Zerfallsprodukte von Bakterien, die eine Unterversorgung und Reizung des Gewebes, Reizung der Nervenenden, Durchblutungsstörungen und Lymphstau in den Gliedmaßen hervorrufen. Gliederschmerzen sind zwar kein bedrohliches sowie ein in der Regel auch von selbst vorübergehendes Symptom, nichtsdestotrotz können sie sehr unangenehm sein.

Zur Linderung von Gliederschmerzen haben sich daher Fuß- und Armkettchen aus einer Kombination von gebändertem **Chalcedon**, **Magnesit** und **Bernstein** bewährt. Chalcedon fördert dabei den Fluß der Lymphe, Magnesit die Entspannung und Schmerzlinderung sowie Bernstein den Stoffwechsel und die energetische Versorgung des Gewebes.

Grippe

Grippe wird oft mit Erkältungskrankheiten gleichgesetzt, weshalb jene mitunter auch »grippale Infekte« genannt werden. Influenza, die echte Grippe ist jedoch eine Viruserkrankung, die sich durch Ansteckung epidemieartig ausbreitet. Sie ähnelt in ihrer Symptomatik den Erkältungskrankheiten, ist jedoch in der Regel deutlich heftiger als diese. So setzt bei Grippe sehr schnell hohes Fieber (39-40° C) ein, begleitet von Schüttelfrost, Abgeschlagenheit, Kopf-, Augen-, Brust-, Kreuz- und Gliederschmerzen sowie evtl. auch Bindehautentzündung, Übelkeit

(bei Kindern oft weiterreichende Magen-Darm-Beschwerden), Bläschenausschlag und Hautrötung. Später folgen Entzündungen der Mandeln und Atemwege mit trockenem Husten und Heiserkeit, Pulsverlangsamung und Blutdruckabfall. Mit der echten Grippe ist nicht zu scherzen, sie sollte auf jeden Fall mit strenger Bettruhe und unter Aufsicht eines Arztes auskuriert werden, um Komplikationen zu vermeiden!

Ähnlich wie bei Erkältungskrankheiten, kann auch hier jedes Fortschreiten in Richtung Körperinneres als Komplikation gewertet werden. Möglich sind Verschlimmerungen hin zur Lungenentzündung (Schwäche, Appetitlosigkeit, hohes Fieber, Nachtschweiß, Atemnot), zu Herz und Kreislaufbeschwerden (Herzrhythmusstörungen, Schädigungen des Herzens, Kreislaufzusammenbruch), zu Nasennebenhöhlen- (Schmerz, verstärkt bei Druck oder Vornüberbeugen), Mittelohr- (Ohrenschmerzen) sowie Gehirnhaut- und Gehirnentzündungen (Kopfschmerzen, Erbrechen, weiterer Fieberanstieg, Schüttelfrost, Bewußtseinsstörungen), aber auch zu Magen-Darm-Erkrankungen (Entzündungen, schwere Durchfälle), Leber- und Milzschwellungen sowie Nierenschädigungen. Erscheinungen wie Mattigkeit oder Herz-Kreislauf-Beschwerden können dabei noch bis zu einem Monat nach Abklingen der akuten Erkrankung andauern.

Die Heftigkeit der Grippe und die größere Gefahr von Komplikationen gebietet eine vorsichtigere Handhabung der Heil-steine als bei »normalen« Erkältungs-krankheiten. Karneol, Sarder und evtl. auch Sardonyx sollten hier nicht eingesetzt wer-den, wobei die ersten beiden sich aufgrund des schnellen Fieberanstiegs ohnehin er-übrigen. Das bereits bei den Erkältungs-krankheiten empfohlene Ölziehen, das Bewegen von hochwertigem kaltgeschlage-nem Sonnenblumenöl im Mund und zwi-schen den Zähnen über 10 bis 20 Minuten (anschließend ausspucken, keinesfalls schlucken!), ist jedoch auch hier eine gute Unterstützung.

Heliotrop ist auch bei Grippe der Stein, der gleich zu Beginn als Trommelstein oder flache Scheibe im Bereich der Thymusdrüse (zwischen Herz und Kehle) aufgelegt oder als Edelstein-Essenz eingenommen werden sollte (stündlich 5-10 Tropfen). Auch das Tragen von Heliotrop-Ketten, -Anhängern oder gebohrten Trommelsteinen hat sich als wirksam erwiesen. Heliotrop stärkt die erste, unspezifische Immunreaktion des Körpers, der es in vielen Fällen gelingt, Krankheitser-reger sofort abzuwehren, bevor sie sich in größerem Umfang ausbreiten können. Sei-ner körperlichen Wirkung entsprechend fördert Heliotrop auch seelisch die Fähigkeit zur Abwehr und Abgrenzung.

Bricht die Grippe jedoch mit Fieber und den o.g. Erscheinungen voll aus, sollte **Moos-achat** folgen. Bei Grippe muß der Lymph-fluß und damit die permanente Reinigung der erkrankten Bereiche unterbrochen in Gang bleiben, da vor allem giftige Abfall-produkte der Erkrankung zu den o.g. Kom-plikationen führen. Moosachat, der auch seelisch für Reinigung und Befreiung steht, bleibt daher so lange im Einsatz, bis die Erkrankung deutlich am abklingen ist.

Dann kann zu **Chalcedon** gewechselt werden, welcher die Reinigung über die Lymphbahnen in sanfterem Tempo fortsetzt und dadurch den Organismus entlastet. Chalcedon bringt schließlich die Erleichte-rung, eines seiner typischen Attribute! Er wird verwendet, bis das Fieber auf Normal-temperatur ($\pm$ 37° C) gesunken ist. Bis dahin sollte die Erkrankung mit strenger Bettruhe auskuriert und zum Schluß mit einem symptomfreien Ruhe- und Regene-rationstag abgeschlossen werden, bevor die übliche Tätigkeit wieder aufgenommen wird. Dieser eine Tag, früher Grundregel jeder Hausarzt-Empfehlung, wird heute lei-der meistens übergangen. Doch genau dar-auf sind spätere Rückfälle mit Komplikatio-nen oder schwereren Krankheitsverläufen zurückzuführen!

Wenn das Fieber schließlich abgeklun-gen ist und wieder weitgehende Symptom-freiheit eingekehrt ist, sollte bei Grippe **Smaragd** folgen, der noch mindestens eine Woche getragen werden kann, um Rück-fälle und Komplikationen zu vermeiden. Smaragd hilft, weiterhin zu entgiften und das Immunsystem stabil zu halten. Er stellt abschließend die gesunde Harmonie des Körpers wieder her.

Um darüber hinaus die im Anschluß an die Grippe typische Mattigkeit und Erschöpfung zu überwinden, können die »Regenerations-Steine« **Epidot** oder **Zoisit** verwendet werden. Insbesondere Epidot kann bereits mit Chalcedon in der letzten Phase der Erkrankung kombiniert werden.

Sollte die Grippe Auswirkungen auf Herz und Kreislauf nach sich ziehen, kann **rosa Chalcedon** eingesetzt werden, der speziell in diesem Bereich die volle Gesundheit wiederherstellt.

Alle genannten Heilsteine können als Trommelsteine in der Hand gehalten oder im Bereich der Thymusdrüse (zwischen Herz und Kehle) aufgelegt bzw. aufgeklebt werden. Ebenso wirksam ist das Tragen von Ketten, Anhängern oder gebohrten Trommelsteinen sowie die innere Einnahme der Edelstein-Essenzen, von welchen je nach Intensität der Erkrankung 3x täglich (Minimum) bis stündlich (Maximum) ca. 5-7 Tropfen eingenommen werden sollten.

Hämorrhoiden

Hämorrhoiden sind sackartige, mitunter knotenförmige Erweiterungen des Blutgefäßnetzes oberhalb des After-Schließmuskels. Sie bilden sich bei schwachem Bindegewebe durch chronische Verstopfung (starkes Pressen beim Stuhlgang), vorwiegend sitzende Lebensweise oder während der Schwangerschaft. Hämorrhoiden

äußern sich zunächst durch Juckreiz, stechenden Schmerz oder rotes Blut im Stuhl, später dann durch rissige Haut, Entzündungen und den Vorfall der Gefäßknoten. Komplikationen können bei fortgeschrittener Ausprägung der Hämorrhoiden durch dauerhafte Entzündungen, Abszesse und äußerst schmerzhaften Trombosen in den betroffenen Gefäßen entstehen. In diesen Fällen ist eine sofortige ärztliche Versorgung notwendig!

Um es gar nicht erst so weit kommen zu lassen, sollten Hämorrhoiden möglichst frühzeitig zur Rückbildung angeregt werden. Dazu dient Bewegung (regelmäßiges Spazierengehen), ballaststoffreiche Kost sowie ggf. Darmbehandlungen zur Lösung der Verstopfungsneigung. Als unterstützende Heilsteine sind hierfür **Achate** mit Gefäßsignatur besonders zu empfehlen. Das können einerseits Achate mit kreisrunden, konzentrischen Zeichnungen (sog. Augenachate) sein, die an Gefäßquerschnitte erinnern, andererseits mexikanische Lace-Achate mit roten Zeichnungen, die quasi das gesamte Gefäßnetz der Afterregion abbilden (vgl. hierzu Seite 198). Zur äußeren Anwendung können diese Achate oberhalb des Afters aufgeklebt oder in der Unterhose getragen werden. Zur inneren Anwendung kann Wasser getrunken werden, in das die Steine für ein bis zwei Tage eingelegt wurden.

Hautpflege

Die Haut wird durch vielerlei Umstände – innere wie äußere – in »Mitleidenschaft« gezogen. Umweltbelastungen (schlechtes Raumklima, verschmutzte Luft, Strahlung usw.) wirken ebenso auf sie ein, wie Verschlackung des Gewebes, Darmstörungen oder Erkrankungen verschiedenster Art. Insofern ist das alleinige Behandeln von Hauterscheinungen wenig sinnvoll oder in manchen Fällen sogar schädlich, da unterdrückte Haut-Symptomatiken sich oft auf andere Organe, z.B. die Schleimhäute der Atemwege verlagern, was einer Verschlechterung des Allgemeinzustandes gleichkommt.

Auf der anderen Seite kann eine sanfte Pflege die Haut in ihrer Ausscheidungs- und Reinigungsfunktion unterstützen, so daß unangenehme Erscheinungen milder ausfallen und sie selbst intakt und vital bleibt. Eine solche Pflege darf keinen unterdrückenden Charakter haben, sondern sollte fördernd auf die Funktionen, Regeneration und Selbstheilung der Haut wirken.

Unter den Heilsteinen hat sich hier insbesondere **Amethyst** zur Reinigung und Gesundung der Haut hervorgetan. Wie bereits in den Kapiteln Abszeß, Akne, Blasenbildung, Juckreiz, Schuppen und Sonnenbrand beschrieben, ist für Hauterscheinungen aller Art vor allem das Amethyst-Wasser nach Hildegard von Bingen (siehe Seite 18) besonders wirksam.

Dieses sanft, aber tiefgreifend wirkende Wasser sollte als alleiniges Reinigungsmittel für die Haut (ohne Seife, alkoholische Reinigungsmittel oder Kosmetika) verwendet werden. Dann führt es zu einer Regeneration und Reinigung aller Hautschichten, so daß sich fettige Haut, Couperose (sichtbare feine Blutgefäß-»Reiser« im Gesicht), fleckige Rötungen (Rosazea), Abschuppungen, Ekzeme, Furunkel sowie zu starke Hornhäute und Schwielenbildungen bessern bzw. zurückbilden.

Heiserkeit

Heiserkeit ist eine Störung der Stimmbildung, die entweder durch Infekte der oberen Atemwege (vgl. Kapitel Erkältungskrankheiten) oder durch eine zu starke Beanspruchung der Stimme entsteht. Auch seelische Hintergründe, z.B. Aufregung (Lampenfieber), die Schwierigkeit, Unangenehmes auszusprechen, oder zurückgehaltener Zorn können zu Heiserkeit führen.

Aquamarin ist besonders dann wirksam, wenn Heiserkeit im Zusammenhang mit allergischen Reaktionen, Aufregung oder in Phasen großer Belastungen auftritt. Er hilft, sich verbal durchzusetzen und gehört zu werden.

Chalcedon wird bei Heiserkeit eingesetzt, die durch Atemwegsinfekte oder Überbeanspruchungen der Stimme entstanden ist. Er hilft außerdem, sich klar und frei auszudrücken, weshalb er schon seit Jahrhunderten der »Stein der Redner« genannt wird.

Lapislazuli ist in allen Fällen angebracht, wenn Heiserkeit durch zurückgehaltenen Zorn oder die Schwierigkeit, Unangenehmes auszusprechen, entsteht. Darüber hinaus hilft er ebenfalls, wenn eine zu starke Beanspruchung der Stimme zu Heiserkeit oder gar Stimmverlust führt.

Alle genannten Heilsteine sollten als Trommelstein, Scheibe oder Kristall (Aquamarin) auf den Hals aufgelegt oder aufgeklebt bzw. als Kette, Anhänger, gebohrter Trommelstein oder Schmuckstein um den Hals getragen werden. Auch die innere Einnahme der jeweiligen Edelstein-Essenz ist wirksam (3x täglich 3-7 Tropfen).

Herpes (Lippenbläschen)

Infektionen mit Herpesviren können zu einer ganzen Reihe von Erkrankungen führen, u.a. zu Gürtelrose, Bindehautentzündungen, Infektionen der Geschlechtsorgane usw. Diese Erkrankungen werden im Rahmen der Heilsteine Hausapotheke nicht erörtert, da sie auf jeden Fall nur durch einen Arzt oder Heilpraktiker behandelt werden dürfen. In diesem Kapitel werden nur die durch das Herpes-simplex-Virus hervorgerufenen Lippenbläschen besprochen.

Diese treten mitunter erst lange nach dem Erstkontakt mit dem Virus auf, wobei UV-Strahlung (starkes Sonnenlicht), Kälte, kleine Verletzungen (rissige Lippen durch trockene Luft usw.), Alkoholkonsum, Erschöpfung oder Überlastung den auslösenden Faktor darstellen kann. Lippenbläschen äußern sich zu Beginn in einem Spannungsgefühl mit leichtem Juckreiz, der sich allmählich zu einem brennenden Gefühl steigert, bevor das eigentliche Bläschen in Erscheinung tritt. Das Bläschen selbst ist zunächst gerötet und sehr berührungsempfindlich, nach einiger Zeit platzt es, wobei gelbliches Serum austritt, anschließend beginnt es einzutrocknen und abzuheilen. Je früher in diesem Verlauf die Behandlung einsetzt, desto weniger wird sich das Lippenbläschen ausprägen!

Wer einmal Lippenbläschen hatte, bekommt sie mit großer Wahrscheinlichkeit immer wieder, da der Herpes-simplex-Virus meist nicht vollständig bezwungen wird, sondern inaktiv in den Nerven verweilt, bis einer der o.g. Auslöser zur erneuten Bildung eines Lippenbläschens führt. Diese Lippenbläschen sind keine »schwere« Erkrankung, aber nichtsdestoweniger äußerst unangenehm, und, da sie gerade die Lippen befallen, auch äußerst unattraktiv. Aus diesem Grund tut man gut daran, sich beim ersten Spannungsgefühl sofort darum zu kümmern.

Das beste Mittel bei Lippenbläschen ist Melissenblätter-Auszug, welcher z.B. unter dem Namen Lomaherpan® in Apotheken erhältlich ist. Er sollte sofort beim ersten

Spannungsgefühl mehrmals täglich auf die betroffene Stelle aufgebracht werden. Ähnlich wirken auch die ätherischen Öle Myrrhe und Teebaumöl.

Unter den Heilsteinen wirkt **Chrysopras** am besten. Er wird zur Behandlung des Lippenbläschens zunächst als kleiner Trommelstein in den Mund genommen, wo er ähnlich einem Bonbon verbleibt, zusätzlich wird die betroffene Stelle mit Hilfe des Steins regelmäßig befeuchtet. Auch hier gilt: Je schneller der Stein verwendet wird, desto besser.

Zusätzlich oder als Alternative (wenn Chrysopras nicht zur Hand ist) kann **Lapislazuli** als Rohstein oder Trommelstein direkt auf die betroffene Stelle aufgelegt werden. Er lindert vor allem das unangenehme Brennen der Bläschen.

Nachdem sich das Bläschen geöffnet hat, kann **Rhodonit** eingesetzt werden, um die anschließende Abheilung zu beschleunigen. Er verhindert auch das Entstehen kleiner rötlicher Narben.

Auch die innere Einnahme der jeweiligen Edelstein-Essenz ist hilfreich (stündlich 2-3 Tropfen), wobei vor allem bei alkoholischen Präparaten das Lippenbläschen nicht unmittelbar mit der Essenz in Berührung kommen sollte.

Herzbeschwerden

Herzbeschwerden, die sich meistens in Form von Herzklopfen, Stichen, Beklemmungsgefühlen, Schmerzen, Brennen sowie Angst und Atemnot äußern, können von Entzündungen, Gefäßverengungen, Herzschwäche und weiteren Erkrankungen herrühren, deren umgehende Behandlung notwendig ist, um dauerhafte Schädigungen des Herzens sowie akute Lebensgefahr zu verhindern. Daher sollte bei akuten Herzbeschwerden zuerst ein Arzt oder Heilpraktiker aufgesucht bzw. bei stärkeren Beschwerden sofort der Notarzt verständigt werden. Erst dann, nach der Untersuchung bzw. in der Wartezeit, können eigene Maßnahmen mit Heilsteinen ergriffen werden.

Heilsteine sollten hier nur *zusätzlich* zu den vom Arzt oder Heilpraktiker verordneten Medikamenten und Anwendungen eingesetzt werden. Sie haben unterstützenden Charakter und helfen, die Funktionen des Herzens wieder zu normalisieren. Das Herz ist der Rhythmusgeber unseres Organismus und bestimmt durch die Regulierung des Blutflusses die Versorgung aller Zellen, Gewebe und Organe. Es ist jedoch nicht die alleinige »Blutpumpe«, denn ohne die aktive Mit Hilfe der muskulösen Arterien wäre das Herz auf Dauer nicht in der Lage, die gesamte Blutmenge durch das Gefäßnetz zu drücken. Es wäre überfordert. Heilsteine, die das Herz entlasten, sind daher zumeist auch gleichzeitig Heilsteine für den

Kreislauf und die Blutgefäße. Die chinesische Medizin drückt den Zusammenhang zwischen Herz und Kreislauf in der Symbolik des alten Kaiserstaates sehr klar aus:

Das Herz ist der Kaiser, der den Ton angibt; der Kreislauf sein oberster Beamter, welcher die Arbeit ausführt – und wehe dem Kaiser, dessen Beamte untätig sind!

Leider wird in der westlichen Schulmedizin oft das Herz angeregt, wenn der Kreislauf untätig ist. Das ist ein Fehler, welcher über kurz oder lang erst recht zu Herzbeschwerden führt. Geht man stattdessen der Untätigkeit des Kreislaufs auf den Grund, findet man Erscheinungen wie Ablagerungen in den Blutgefäßen und Blutgefäßwänden, Verengungen, Erweiterungen oder Entzündungen, die wiederum ihre Ursache im verschlackten Gewebe haben. Daher ist Entschlackung auch zur Vorbeugung gegen Herzbeschwerden dringend notwendig (siehe Kapitel Entgiftung/Entschlackung). Gerade beim Herzinfakt ist der Zusammenhang Verschlackung – Arterienverkalkung – Infarkt ja mehr als deutlich! Vorbeugende Maßnahmen entsprechen daher im wesentlichen jenen bei Arteriosklerose: Eine tierisch eiweißfreie Diät, vitaminreiche Kost (insbesondere Vitamin C und E), genügend körperliche Bewegung sowie ausreichend Ruhe, Schlaf und Regenerationsphasen.

Daß Spannung, Streß, emotionale Probleme und vor allem zu wenig Freude im Leben dem Herzen schadet, ist ebenfalls hinlänglich bekannt. Daher ist es weiterhin auch wichtig, sich freudigen Dingen, Hobbies, persönlichen Wünschen, der Familie oder Freunden zu widmen, anstatt sich viele Dinge zu versagen und stets auf später zu verschieben. »Später« beginnt immer schon »jetzt«!

Heilsteine können das Herz nun auf dreifache Weise unterstützen: Sie können durch die Förderung von Entschlackung und Kreislauf das Herz vorbeugend entlasten, sie können akute Beschwerden lindern und Heilungsprozesse anregen und sie können positiv auf die genannten seelischen Hintergründe einwirken. Die im folgenden genannten Steine wirken auf allen drei Ebenen:

Aventurin fördert die Entgiftung und Entschlackung des Gewebes und verhindert insbesondere Ablagerungen in den Herzkranzgefäßen, welche den Herzmuskel versorgen. Er ist daher hilfreich zur Vorbeugung gegen Herzinfarkt. Seelisch fördert Aventurin Entspannung, Regeneration und Erholung.

Rosa Chalcedon lindert Herzrasen (erhöhte Herzfrequenz) und stärkt das Herz. Er lindert Entzündungen im Herzbereich (insbesondere Folgen verschleppter Erkältungen oder Grippe), unterstützt ebenfalls Reinigungs- und Entschlackungsprozesse und verbessert so auch die Fließeigenschaften des Blutes. Auf diese Weise wird die Tätigkeit des Herzens deutlich erleichtert.

Seelisch fördert rosa Chalcedon Güte, Herzlichkeit, inneren Frieden, Verständnis und Hilfsbereitschaft. Er hilft auch bei Herzneurosen, Herzbeschwerden ohne organische Ursache, die aus Angst um das Herz entstehen.

Heliotrop lindert Entzündungen und hilft, weitere Verengungen und Ablagerungen in Blutgefäßen zu vermeiden. Er wird ebenfalls zur Vorbeugung gegen Herzinfarkte eingesetzt und dient bei Herz-Attacken (plötzlich und heftig auftretenden Herzbeschwerden) als Notfall-Stein (während der Wartezeit auf den Notarzt). Dazu wird eine Heliotrop-Scheibe oder ein flacher Trommelstein auf das Herz gehalten, bis er deutlich warm geworden ist. Dann wird er durch einen neuen, kühlen Stein ersetzt (Rezept nach Hildegard von Bingen). Heliotrop hilft, mit der unvorhergesehenen Situation zurechtzukommen und die nötige Kontrolle zu bewahren, so daß keine Angst oder Panik aufkommt.

Rosenquarz hilft bei Herzrhythmusstörungen. Da unregelmäßiger Herzrhythmus oft mit einem unregelmäßigen Lebensrhythmus in Verbindung steht, bringt Rosenquarz elementare Bedürfnisse nach Ruhe, Schlaf, Erholung, Nahrung, Nähe, Schutz und Geborgenheit wieder deutlicher ins Bewußtsein. Auf diese Weise ändert sich der eigene Lebensstil (fast) automatisch hin zu einer für das Herz förderlichen Lebensweise.

Rutilquarz hilft bei Herzangst. Er wirkt befreiend bei Enge- und Beklemmungsgefühlen und hilft, mehr Freude im Leben zu finden, indem man sich erneut an wichtige Wünsche, Ziele und Visionen erinnert. Auch bei schwerem Kummer wirkt Rutilquarz stimmungsaufhellend und antidepressiv.

Wassermelonen-Turmalin hilft bei allen Herzbeschwerden. Er kann als Scheibe vorbeugend oder im akuten Fall im Bereich des Herzens aufgeklebt oder getragen werden. Wassermelonen-Turmalin macht geduldig, liebevoll und zärtlich, lindert Ängste und hilft, schädliche Aufregungen zu vermeiden.

Alle genannten Steine können als Scheiben oder Trommelstein aufgelegt sowie als Ketten, Anhänger oder gebohrter Trommelsteine im Herzbereich getragen werden. Auch die innere Einnahme der jeweiligen Edelstein-Essenz (3x täglich 5-7 Tropfen) ist hilfreich.

Heuschnupfen

Heuschnupfen, mitunter auch Heufieber genannt, ist eine Allergie gegen bestimmte Pollen von Gräsern oder Bäumen. Sie tritt daher zur Blütezeit der betreffenden Pflanzen auf und äußert sich in Schleimhautreizungen der oberen Atemwege. Die Folge sind Schwellungen und Entzündungen der Nasenschleimhaut, heftige Niesanfälle,

Fließschnupfen, juckende, brennende und tränende Augen, sowie in schwereren Fällen Fieber und Reizungen der Rachenschleimhaut oder gar der Bronchien bis hin zu Asthmaanfällen.

Heuschnupfen läßt sich mit Heilsteinen in den meisten Fällen erfolgreich behandeln, es sollte jedoch wie bei allen Allergien unterstützend auch eine gründliche Entschlackung durchgeführt werden. Vor allem die Ernährung sollte überprüft und evtl. Nahrungsmittelunverträglichkeiten bei einem Arzt oder Heilpraktiker ausgetestet werden. Darüber hinaus fördern Ruhe und ausreichend Schlaf die notwendige Regeneration des Körpers. Und schließlich ist es in vielen Fällen hilfreich, auch die seelische Seite (wovon hat man die »Nase voll«?) zu beachten. Zur Behandlung von Heuschnupfen hat sich neben den genannten Heilsteinen auch Schwarzkümmelöl bewährt, von welchem 3x täglich bzw. je nach Bedarf ein Teelöffel eingenommen werden kann.

Unter den Heilsteinen ist **Aquamarin** die erste Wahl. Er wird generell bei Allergien mit starken Atemwegsreaktionen eingesetzt. Bei Heuschnupfen sollte Aquamarin schon vor Beginn und während der gesamten Zeit des Pollenfluges als Kette, Anhänger oder gebohrter Trommelstein getragen werden. Wenn der Pollenflug beginnt, kann zusätzlich die Edelstein-Essenz eingenommen werden (5x täglich 5-7 Tropfen). Seelisch bringt Aquamarin Leichtigkeit und Gelassenheit, vor allem wenn man das Gefühl

hat, zu viele lästige Einflüsse von außen abwehren zu müssen.

Auch **Landschafts-Jaspis** ist bei Heuschnupfen eine gute Hilfe. Er reinigt das durch Schlacken und Gifte belastete Gewebe und sollte daher ebenfalls schon einen guten Monat vor dem Beginn des Pollenflugs als Kette, Anhänger, gebohrter Trommelstein oder Schmuckstein getragen werden. Zusätzlich oder als Alternative kann auch hier die Edelstein-Essenz (5x täglich 5-7 Tropfen) über längere Zeit eingenommen werden. Landschafts-Jaspis beruhigt bei Nervosität und Aufregung und hilft, Streß abzubauen.

Hexenschuß

Hexenschuß ist ein plötzlich auftretender Rücken- oder Lendenschmerz, der zu einer sofortigen Abwehrspannung und Verhärtung der Rückenmuskulatur sowie evtl. einer Schiefhaltung der Lendenwirbelsäule führt. Die Schmerzen sind dabei in der Regel so stark, daß man sich kaum noch bewegen kann. Ursachen können Abnutzungserscheinungen der Wirbelsäule, Bandscheibenbeschwerden oder Blockierungen der kleinen Wirbelgelenke sein. Ausgelöst wird Hexenschuß meistens durch ungewohnte oder übermäßige Rückenbelastung sowie Zugluft oder Nässe.

Bei der Behandlung des Hexenschusses steht Schmerzlinderung an erster Stelle, da ohne das Nachlassen der Spannung und Verhärtung im Rücken keine ursächlichen Behandlungen möglich sind. Daher ist zunächst Schonung, ggf. Bettruhe und Wärme wichtig. Bei abklingendem Schmerz kann dann Krankengymnastik und Massage folgen. Heilsteine haben sich bei Hexenschuß vor allem zur Schmerzlinderung und zur schnellen Wiederherstellung der Beweglichkeit bewährt.

Pyritsonnen sind zur Schmerzlinderung die Heilsteine erster Wahl. Sie sollten in einem Baumwollbeutelchen auf den schmerzenden Bereich aufgelegt und mit warmen Tüchern oder besser noch warmem Fell umbunden werden. Der Baumwollbeutel ist notwendig, um direkten Kontakt von Pyrit und Hautschweiß zu verhindern, da durch den Schweiß gelöstes Eisensulfid sonst zu Hautreizungen führen kann.

Kunzit und **Sugilith** wirken ebenfalls schmerzlindernd, jedoch in der Regel deutlich langsamer, als Pyritsonnen. Beide Steine können als Trommelstein oder Kristall (Kunzit) direkt auf den betroffenen Bereich aufgelegt und gleichzeitig als Edelstein-Essenz innerlich eingenommen werden (halbstündlich 5-7 Tropfen).

Turmalin, insbesondere Rubellit (rosa Turmalin) und Wassermelonen-Turmalin fördern die Rückkehr der Beweglichkeit. Sie können als Kristall, Scheibe oder Trommelstein auf den betroffenen Bereich aufgelegt oder bei nachlassendem Schmerz auch aufgeklebt werden. Am besten geeignet sind

Kristalle, die parallel zur Wirbelsäule aufgeklebt werden.

Husten

Husten ist ein plötzlicher Luftausstoß, meistens mit dem Ziel, den Hals von Schleim, Eiter, Fremdkörpern oder anderen Reizen zu befreien. Er wird ausgelöst durch Entzündungen von Rachen, Kehlkopf oder Bronchien (siehe auch Erkältungen, Brochitis, Grippe) sowie durch reizende Gase, Rauch, Staub oder in den »falschen Hals« geratene Nahrung. Mitunter tritt Husten auch aufgrund seelischer Ursachen wie Nervosität oder starker Anspannung auf.

Solange Husten sinnvoll ist und durch Auswurf tatsächlich zur Reinigung der Atemwege beiträgt, sollte er nicht unterdrückt, sondern die zugrundeliegende Erkrankung oder Reizung ursächlich behandelt werden. Dadurch verschwindet er in der Regel von alleine. Ist der Husten jedoch so stark oder andauernd, daß er belastend und unverhältnismäßig beeinträchtigend wird, indem man z.B. nicht mehr schlafen kann, so sollte er etwas gelindert werden. Dazu eignen sich klassische Hausmittel wie z.B. Zwiebelwickel oder die folgenden Heilsteine.

Aquamarin lindert Husten im Zusammenhang mit Allergien, Erkältungen sowie bei Nervosität und starker Anspannung. Er hilft insbesondere auch dann, wenn kein unwillkürlich zwingender Hustenreiz, dafür jedoch das andauernde Bedürfnis vorhanden ist, durch Husten die Atemwege freier zu machen.

Edelopal hilft sehr schnell bei allen Arten von Husten. Er fördert den Auswurf, wenn dieser nur schwer zu lösen ist und entspannt den Hals- und Brustbereich.

Fluorit hilft vor allem bei trockenem Reizhusten, unabhängig ob dieser durch äußere Reize (Gase, Staub, Rauch) oder im Zusammenhang mit Erkältungen usw. auftritt.

Moosachat hilft vor allem, schwere, langandauernde oder nicht endende Hustenanfälle zu lindern. Er hilft sowohl bei Raucherhusten als auch bei Erkältungskrankheiten, insbesondere wenn diese kaum oder nur extrem langsam ausheilen.

Rutilquarz lindert Husten im Zusammenhang mit Brochitis. Er hilft dabei auch bei Beklemmungen und Atembeschwerden, vor allem, wenn das Einatmen schwer fällt und sofort wieder zum Husten reizt. Rutilquarz entspannt Bronchien und Brust.

Alle genannten Heilsteine können als Kette, Anhänger oder gebohrter Trommelstein am Hals oder auf der Brust getragen sowie als Trommelstein oder Rohstein bzw. Kristall aufgelegt werden. Auch die innere Einnahme der Edelstein-Essenz (bei Bedarf bzw. stündlich 5-7 Tropfen) ist wirksam.

Immunstärkung

In kurzen Abständen wiederkehrende Infektionen und Erkrankungen weisen auf eine geschwächte Immunabwehr hin. Um nicht jede »umgehende« Krankheit ebenso umgehend »einzufangen« ist es daher sinnvoll, vorbeugend das eigene Immunsystem zu stärken. Dazu ist natürlich Entschlackung notwendig (vgl. Kapitel Entgiftung/Entschlackung), da ein durch Schlackenstoffe vorbelastetes Gewebe Krankheitserregern die Ausbreitung ermöglicht und dem eigenen Immunsystem die Arbeit erschwert. Neben einer gesunden Ernährung auf Naturkostniveau und regelmäßigen Reinigungskuren (Heilfasten, Frühlingskräuterkur) hat sich zur täglichen Entschlackung das »Ölziehen« bewährt. Dabei wird hochwertiges kaltgeschlagenes Sonnenblumenöl über 10 bis 20 Minuten im Mund und zwischen den Zähnen bewegt und anschliessend ausgespuckt (keinesfalls schlucken!). Im Sonnenblumenöl sammeln sich auf diese Weise viele Gift- und Schlackenstoffe, was insbesondere Mund, Zahnfleisch, Zähne und Atemwege reinigt und so in erster Linie Erkältungen usw. vorbeugt.

Weiterhin ist Abhärtung sehr wichtig, da nur ein »regelmäßig trainiertes« Immunsystem wirklich reaktionsfähig bleibt. Bewegung an der frischen Luft (bei jedem Wetter!), Schlafen bei offenem Fenster und Warm-kalt-Wechselduschen sind hierfür bewährte Hausmittel. Insbesondere für Menschen, die keine körperlich anstrengende Tätigkeit ausführen, ist es wichtig, den Körper öfter einmal an der frischen Luft »zum Schwitzen zu bringen«. Dazu eignet sich Fahrradfahren, Bergwandern, Holzhacken u. v. m. Yoga, Tai Chi und ähnliche Übungen im Freien sowie regelmäßiges Klopfen auf den Thymus (Brustbein zwischen Herz und Kehle) sind ebenfalls immunstärkend.

Natürlich spielt auch der Abbau von Streß und seelischen Belastungen zur Stärkung des Immunsystems eine wichtige Rolle. Gerade bei der Immunabwehr ist bekannt, daß sie in direkter Resonanz zur eigenen seelischen Verfassung steht. »Wunde Punkte« im Leben, alte Schmerzen, Verletzungen, Sorgen und Ängste sowie aktuelle Konflikte, Schwierigkeiten und Probleme sollten gelöst werden, ggf. mit therapeutischer Hilfe. Auch hier können die u. g. Heilsteine unterstützend helfen.

Wenn nun tatsächlich eine Krankheits-Epidemie in der Umgebung ausgebrochen ist, vor der man sich schützen will, hilft schließlich die Einnahme von Echinacea-Präparaten (Sonnenhut) das Immunsystem gegen Infektionen zu stärken. Heilsteine können ebenso zum Schutz gegen Erkrankungen sowie zum »Wiederaufbau« des Immunsystems nach schweren Erkrankungen genutzt werden.

Chrysokoll stärkt das Immunsystem durch die Reinigung von Gewebe und Lymphsystem. Er kann bei starker Infektionsanfälligkeit vorbeugend verwendet oder zur Beschleunigung der Heilung während der Erkrankung eingesetzt werden. Chrysokoll hilft, auch seelisch stabiler zu werden, insbesondere wenn man sich überfordert, verwirrt oder emotional völlig aus dem Gleichgewicht fühlt.

Heliotrop ist insbesondere bei beginnenden Erkrankungen oder eitrigen Prozessen hilfreich. In beiden Fällen unterstützt er die Immunabwehr darin, Krankheitserreger abzutöten und die Erkrankung auf diese Weise »auszugrenzen« (entweder aus dem Körper fernzuhalten oder lokal zu beschränken). Auch seelisch fördert Heliotrop die Fähigkeit, sich zu schützen, abzugrenzen und unerwünschte Einflüsse abzuwehren.

Epidot hilft, die Immunabwehr nach schweren Erkrankungen wieder aufzubauen und die körperlichen Funktionen wieder zu normalisieren. Er wird insbesondere dann verwendet, wenn nach einer Erkrankung noch lange Zeit eine starke Schwäche oder Infektionsanfälligkeit vorliegt. Seelisch hilft Epidot auch bei Erschöpfungszuständen aufgrund von Überarbeitung, Belastung und schmerzhaften Erlebnissen. Er erleichtert die Überwindung von Frustration, Kummer, Selbstmitleid und Gram und verbessert so die eigene seelische Verfassung.

Alle genannten Heilsteine sollten zur Stärkung des Immunsystems über längere Zeit als Kette, Anhänger, gebohrter

Trommelstein oder Schmuckstein getragen werden. Auch die innere Einnahme der Edelstein-Essenz ist hierfür möglich (2x täglich 3-5 Tropfen, bei Bedarf häufiger einnehmen).

Insektenstiche

Bei Insektenstichen muß generell unterschieden werden, ob es sich um Stiche von Stechmücken, Stechfliegen (Bremsen), Läusen, Flöhen und Wanzen oder um Stiche von Bienen, Wespen, Hummeln, Hornissen und Skorpionen handelt.

Stiche von Stechmücken usw. sind im Normalfall auch in größerer Anzahl nicht gefährlich. Sie äußern sich in Rötungen oder kleinen Quaddeln mit starkem Juckreiz, ggf. auch Schmerzen, können jedoch durch die Auflage roher Zwiebelscheiben bzw. der genannten Heilsteine meist schnell gelindert werden. Problematisch werden Stiche dieser Art nur dann, wenn gleichzeitig Infektionen übertragen werden. In diesen Fällen kann es zu fiebrigen Erkrankungen kommen (in den Tropen z. B. zu Malaria), welche unbedingt ärztlich behandelt werden müssen.

Stiche von Bienen, Wespen, Hummeln, Hornissen und Skorpionen führen zu starker Rötung, Quaddelbildung und schmerzhaften Schwellungen im Bereich des Stichs, sind jedoch nur dann eine ernste Gefahr, wenn man sehr viele erhält (ca. 30 Bienenstiche

bei Kindern, ca. 60 bei Erwachsenen) oder in die die Mundhöhle (Erstickungsgefahr durch Kehlkopfödeme) bzw. die Lymph- und Blutbahnen des Kopfes gestochen wird. Am gefährlichsten sind Bienen- und Wespenstiche bei Insektengiftallergien, wo sie extreme Schwellungen, Nesselsucht, Kehlkopfödeme oder allergischen Schock auslösen können. In diesen Fällen muß sofort der Notarzt verständigt werden! Bis zu dessen Eintreffen sollte der Betroffene ruhig und mit erhöhtem Oberkörper gelagert werden. Ein feuchtkalter Umschlag sowie das im folgenden beschriebene Ableiten kann die Giftwirkung in der Zwischenzeit mindern bzw. verzögern. Ähnliches gilt bei Skorpionstichen. Skorpione im Mittelmeerraum sind von ihrer Giftigkeit mit Bienen vergleichbar, in tropischen Ländern sind sie dagegen weitaus gefährlicher. Hier sollte zur Sicherheit ebenfalls ein Arzt aufgesucht werden!

Das energetische Ableiten ist die wirkungsvollste Soforthilfe bei Stichen von Bienen, Wespen, Hummeln, Hornissen und Skorpionen. Sie muß unmittelbar nach dem erfolgten Stich geleistet werden, je schneller, desto besser. Zum Ableiten legt ein Helfer den linken Zeige- und Mittelfinger auf die Einstichstelle und trinkt gleichzeitig möglichst ohne Unterbrechung mindestens einen halben, besser einen ganzen Liter Wasser. Auf diese Weise wird das Insektengift energetisch neutralisiert. Obwohl es noch im Gewebe vorhanden ist, wirkt es nicht mehr. Bei sofortiger Anwendung unterbleiben

Schmerzen und Schwellungen vollständig. Obwohl dieses alte Hausrezept fast unglaublich klingt, funktioniert es doch und ist vor allem zur Hilfe bei gestochenen Kindern ein echter Segen.

Zusätzlich kann der Saft von Spitzwegerichblättern (durch Zerkauen oder Zerquetschen aus frischen Blättern gewonnen!) auf den Stich aufgebracht oder Apis (homöopathisch aufbereitetes Bienengift) innerlich eingenommen werden. Beides führt ebenfalls zu einer Linderung des Stichs. Von den im folgenden aufgeführten Heilsteinen ist im Zweifelsfall immer Rhodonit zu empfehlen, sofern nicht besondere Symptome für einen der anderen Steine sprechen.

Amethyst und **Bergkristall** wirken kühlend und lindern Schwellungen und Juckreiz bei allen Arten von Insektenstichen. Am besten helfen hier naturgewachsene Kristalle, die mit einer Spitzenfläche leicht auf den Stich gehalten werden. Sofern Kristalle nicht zur Hand sind, können auch Trommelsteine aufgelegt oder Edelstein-Essenzen verwendet werden (s. u.).

Chrysopras hilft, aufgenommenes Insektengift zu neutralisieren und abzubauen. Er ist vor allem dann zu empfehlen, wenn der Stich schon einige Zeit zurückliegt, ohne daß der Juckreiz nachläßt.

Heliotrop ist vor allem bei Stichen von Stechmücken, Stechfliegen (Bremsen), Läusen, Flöhen und Wanzen hilfreich, insbesondere wenn es dabei zu Entzündungen und Infektionen kommt. Ist die Reaktion auf einen solchen Stich heftiger als gewöhnlich, sollte zur Vorsicht sofort Heliotrop eingesetzt werden.

Prasem hilft vor allem bei schmerzenden und stark anschwellenden Insektenstichen. Er lindert die auftretenden Symptome und hilft, aufgenommenes Insektengift zu neutralisieren und abzubauen.

Rhodonit ist der beste Heilstein bei allen Arten von Insektenstichen. Er lindert Juckreiz und Schwellungen und hilft dem Körper, das aufgenommene Gift zu neutralisieren. Wird er schnellstmöglich eingesetzt, bleiben Reaktionen auf den Stich in vielen Fällen ganz aus.

Alle genannten Heilsteine können als Trommelstein oder flache Scheibe direkt auf den Stich aufgelegt oder ggf. aufgeklebt werden. Auch die Edelstein-Essenz kann (unverdünnt) äußerlich aufgebracht und bei Bedarf zusätzlich innerlich eingenommen werden (5-7 Tropfen).

Juckreiz

Juckreiz ist ein leichtes Kribbeln, Brennen oder Stechen auf Haut und Schleimhäuten, das unwillkürlich oder zuweilen fast zwingend zum Kratzen oder Reiben verleitet. In den allermeisten Fällen jedoch mit der Folge, daß der Juckreiz anschließend zunimmt. Ursache für Juckreiz können mechanische, chemische (z. B. Insektenstiche) oder physikalische Einwirkungen (Verbrennungen,

Strahlung) sowie Infektionen, Hautkrankheiten, Hormonstörungen, Blut- und Stoffwechselerkrankungen sein. Auch hier ist die ursächliche Behandlung natürlich wichtiger als die symptomatische, doch aufgrund der Tatsache, daß aufgekratzte Hautstellen evtl. zu weiteren Infektionen führen und daß ein starker Juckreiz fast »wahnsinnig« machen kann, ist es mitunter durchaus angesagt, den Juckreiz direkt zu lindern. Sofern die alte Volksweisheit »Nicht kratzen – waschen!« hierzu nicht ausreicht, können die beiden folgenden Heilsteine verwendet werden:

Amethyst lindert Juckreiz, der durch äußere Einwirkungen aller Art sowie Infektionen und Hautkrankheiten entsteht. Dazu kann er bei einzelnen juckenden Stellen als Kristall oder Trommelstein auf die betroffenen Bereiche aufgelegt werden. Bei großflächig juckenden Bereichen empfiehlt sich dagegen das äußerliche Aufbringen von Amethyst-Wasser nach Hildegard von Bingen (vgl. Seite 18). Im Extremfall kann zusätzlich die Edelstein-Essenz eingenommen werden (bei Bedarf 5-7 Tropfen).

Bernstein lindert Juckreiz, der durch mechanische (Verletzungen) oder physikalische Einwirkungen (Verbrennungen, Strahlung) sowie durch Hormonstörungen, Blut- und Stoffwechselerkrankungen entsteht. Er wird dazu als Roh- oder Trommelstein direkt auf die juckenden Bereiche aufgelegt oder als Kette, Anhänger oder gebohrter Trommelstein über längere Zeit am Körper getragen. Auch bei Bernstein kann im Extremfall zusätzlich die Edelstein-Essenz eingenommen werden (bei Bedarf 5-7 Tropfen).

Kniebeschwerden

Kniebeschwerden können ähnlich wie andere Gelenkbeschwerden durch mechanischen Einfluß (Verrenkung, Verstauchung – siehe dort), Entzündungen (Arthritis) oder degenerative Erscheinungen (Arthrose) bedingt sein. Auch hier spielen bei entzündlichen Vorgängen (Arthritis) neben Infektionen der Gelenkinnenhaut vor allem Übersäuerung und deren Folgeerkrankungen (Rheuma, Gicht) eine wichtige Rolle, während Arthrosen als Entzündungsfolgen, Folgen von Schlackeneinlagerungen oder Überlastungen auftreten. Vor allem letzteres ist häufig der Fall, wenn die Knie zu steif gehalten werden, so daß sie Belastungen nicht abfedern können. Durch den Zusammenhang von Geisteshaltung und Körperhaltung stehen viele Kniebeschwerden daher in der einen oder anderen Weise mit Lebensthemen wie Ehrgeiz, Durchsetzungsvermögen, Beharrlichkeit, Stolz, Hingabe, Demut (sich beugen ohne zu brechen) usw. in Verbindung. Dieser Hintergrund sollte auf jeden Fall auch Beachtung finden.

Um besondere Belastungen abzupuffern und das Kniegelenk zu schonen, enthält dieses zwei Faserknorpelscheiben zwischen

Oberschenkelknochen und Schienbein, den inneren und äußeren Meniskus. Durch plötzliche Drehbewegungen des gebeugten Kniegelenks (z.B. im Sport) oder langjährige Kniebelastungen (z.B. bei Fliesenlegern oder Bergleuten) können Risse in diesen Knorpelscheiben entstehen, welche ebenfalls zu starken Kniebeschwerden führen.

Wenn Beschwerden im Knie auftreten, muß das Gelenk zunächst ruhiggestellt werden. Weitere Behandlungen sollten nur in Abstimmung mit einem Arzt oder Heilpraktiker erfolgen, um dauerhafte Schädigungen und weitere, noch stärkere Schmerzen zu vermeiden. Bei geklärter Ursache können Heilsteine dann zusätzlich zu den verordneten Maßnahmen sehr gute Dienste leisten. Wie bei allgemeinen Gelenkbeschwerden ist auch hier zweierlei wichtig: Regelmäßige Entschlackung (siehe Kapitel Entgiftung/Entschlackung) und eine gute energetische Versorgung der Beine, damit Entzündungen geheilt und die Knie bzw. Menisci wieder aufgebaut werden können.

Apatit hilft, bei Arthrosen in den Kniegelenken die geschädigte Knorpelsubstanz zu regenerieren, da seine chemische Zusammensetzung mit der unserer Knochen und Knorpel identisch ist. Aus diesem Grund hilft Apatit sogar bei der Heilung von Meniskus-Rissen. Als blaue oder grüne Varietät lindert er auch Arthritis. Seelisch bringt Apatit Lebendigkeit und Flexibilität. Er wird am besten als Trommelstein auf das

Kniegelenk aufgelegt oder umgebunden. Zusätzlich oder als Alternative kann auch die Edelstein-Essenz innerlich eingenommen werden (3-5x täglich 5-9 Tropfen).

Aragonit hilft speziell bei Meniskus-Rissen. Er lindert die entstehenden Schmerzen und regt die Regeneration der betroffenen Knorpelscheibe an. Seelisch hilft Aragonit bei Überforderung und Belastung, vor allem wenn man das Gefühl hat, an bestimmten Aufgaben zu scheitern. Auch er wird am besten als Trommelstein auf das Kniegelenk aufgelegt oder umgebunden sowie als Edelstein-Essenz innerlich eingenommen (3-5x täglich 5-9 Tropfen).

Biotit-Linsen helfen bei Verstauchungen, Arthrosen, Gicht und rheumatischen Kniebeschwerden. Sie helfen, Ablagerungen in den Knien aufzulösen sowie Knorpel und Menisci zu regenerieren. Für letzteres sollten sie jedoch am besten mit Apatit oder Aragonit kombiniert werden. Seelisch ermöglichen Biotit-Linsen Flexibilität und Anpassung, ohne daß man sich dabei selbst untreu wird. Sie werden zur Behandlung auf das Kniegelenk aufgelegt oder umgebunden.

Pyritsonnen helfen, Schmerzen bei Kniebeschwerden zu lindern. Sie reinigen das Gelenk jedoch auch und verbessern dadurch die Wirksamkeit der anderen Heilsteine. Pyritsonnen werden entweder direkt auf das schmerzende Knie aufgelegt oder in einem Baumwoll-Beutelchen umgebunden. Längerer unmittelbarer Kontakt von Pyrit mit Hautschweiß sollte vermieden werden, um Hautreizungen durch Eisensulfid-Verbindungen zu vermeiden.

Turmalin Rubellit (roter Turmalin) hilft bei Kniebeschwerden, indem er den zur Heilung notwendigen Energiefluß durch das Gelenk anregt. Dazu wird er als Kristall längs auf das Knie aufgelegt. Er lindert die Entzündung bei Arthritis und verhindert das Entstehen von Arthrosen. Wenn kein Kristall zur Hand ist, kann auch ein Trommelstein aufgelegt oder die Edelstein-Essenz eingenomen werden (3-5x täglich 5-7 Tropfen). Rubellit fördert Hingabefähigkeit, Unternehmungslust und Flexibilität. Aus diesem Grund ist er bei Kniebeschwerden dem Verdelith (grünen Turmalin) vorzuziehen, der ansonsten bei Gelenkbeschwerden eingesetzt wird.

Knochenbrüche

Knochenbrüche können, nachdem sie vom Facharzt eingerichtet und mit einer Schiene oder Gips ruhiggestellt wurden, durch Heilsteine sehr gut in ihrer Heilung unterstützt werden. Dabei sollte jedoch auf jeden Fall sichergestellt sein, daß der Bruch tatsächlich richtig eingerichtet ist! Insbesondere Apatit regt die Heilung von Knochenbrüchen in einem Maße an, daß sich bei zu früher Verwendung Verwachsungen bilden können, die zu langfristigen Beschwerden führen. Apatit sollte daher auf jeden Fall

erst dann eingesetzt werden, wenn z.B. durch Röntgenaufnahmen eindeutig feststeht, daß die Knochen in der richtigen Position sind.

Zusätzlich zu den u.g. Heilsteinen, die zur Heilung des Knochens beitragen, können weitere Steine zur Schmerzlinderung (Kunzit, Obsidian oder Sugilith) sowie zur Heilung von Blutergüssen oder verletztem Gewebe (Rhodonit) eingesetzt werden. Besteht der Verdacht, daß auch Nerven verletzt wurden (Lähmungen, Taubheitsgefühle) sollte sofort auch Turmalin hinzugegeben werden.

Apatit fördert die Heilung von Knochenbrüchen so sehr, daß diese oftmals in der Hälfte der dafür üblichen Zeit zusammenwachsen. Das liegt offenbar daran, daß Apatit als Calciumphosphat chemisch unseren Knochenfasern sehr ähnlich ist und so den richtigen Wachstumsimpuls bietet.

Calcit fördert ebenfalls die Heilung von Knochenbrüchen, allerdings nicht in der Intensität des Apatits. Seiner Wirkung liegt eine allgemeine Anregung des Calcium-Stoffwechsels zugrunde, welche das Knochenwachstum günstig beeinflußt.

Die genannten Heilsteine sollten als Trommelsteine oder Kristalle der eigentlichen Bruchstelle so nahe wie möglich aufgelegt bzw. aufgeklebt werden. Leider sind gerade Gipsverbände hierfür sehr hinderlich. In diesem Fall sollte zusätzlich die entsprechende Edelstein-Essenz eingenommen werden (5x täglich 5-9 Tropfen). Dies gilt auch für begleitende Heilsteine zur Schmerzlinderung oder Heilung von Blutergüssen, Gewebe und Nerven.

Konzentrationsstörungen

Konzentrationsstörungen sind völlig normal und bedürfen keiner besonderen Behandlung außer Ruhe und Erholung, wenn man müde, überarbeitet, gestreßt und übernächtigt ist. Versuchen Sie es bitte in diesen Fällen gar nicht erst mit den u. g. Heilsteinen, sondern kümmern Sie sich schnellstmöglich um genügend Schlaf und Regeneration.

Sollten Konzentrationsstörungen jedoch auftreten, obwohl Ruhe und Erholung gegeben sind, oder gar beständige Begleiterscheinungen sein, dann können und sollten sie jedoch behandelt werden. In der Psychologie werden Konzentrationsstörungen in Konzentrationsschwäche, die angeboren sein soll, und Konzentrationsmangel, der u. a. durch unverarbeitete Reizüberflutung entsteht, unterschieden. Interessanterweise helfen die u. g. Heilsteine in beiden Fällen.

Wichtig ist hier jedoch, nicht nur allein auf die Wirkung der Steinchen zu vertrauen, sondern Faktoren, die zu Konzentrationsstörungen führen, gezielt auszuschalten und andere, konzentrationsfördernde Elemente ins Leben einzubringen. So sollten zunächst unerledigte Dinge konsequent abgeschlossen werden, da deren Anhäufung

auf Dauer zu Konzentrationsstörungen, Zerstreuung oder gar Verwirrung führt. Weiterhin sollten andauernde Hintergrundmusik, übermäßiger Fernseh- und Alkoholkonsum, jegliche Einnahme von Drogen, flimmerndes und flackerndes Kunstlicht sowie alle ähnlich negativen Sinnesreize radikal reduziert werden. Stattdessen empfiehlt sich der Aufenthalt in der freien Natur, bewußtes Lauschen auf Wind, Wasser und Tiergeräusche, Wandern im Dunkeln, das bewußte Erleben (und Aushalten) von Stille, Yoga-, Tai Chi- und Meditationsübungen sowie künstlerisch-musische Betätigung. Und – nicht zu vergessen – ausreichend Schlaf über längere Zeit. Wenn Sie vieles davon (ohne einen Leistungsdruck daraus aufzubauen) zu einem selbstverständlichen Anteil Ihres Lebens machen, werden Sie über Ihre plötzliche Konzentrationsfähigkeit staunen – egal ob zuvor eine »Schwäche« oder ein »Mangel« diagnostiziert war.

Chrysoberyll hilft, Konzentration auch bei Belastungen, Müdigkeit oder lange andauernden, schwierigen Vorgängen aufrechtzuerhalten. Er hilft sowohl bei Konzentrationsschwäche als auch -mangel sowie insbesondere bei Kindern, die durch den Leistungsdruck in der Schule Schwierigkeiten haben. Chrysoberyll ermöglicht, mit der Aufmerksamkeit ständig »bei der Sache zu bleiben« und doch gleichzeitig eigene Ideen, Vorstellungen und Meinungen zu entwickeln. Er macht im Denken und Handeln sehr bewußt.

Diamant fördert logisches Denken, Durchhaltevermögen und Selbstüberwindung. Er hilft, von ablenkenden Einflüssen unberührt zu bleiben und fördert die schnelle Verarbeitung aufgenommener Sinnesreize. Dadurch ermöglicht er eine bessere Kontrolle unserer inneren Bilder, Gefühle und Stimmungen. Diamant verbessert die Konzentration aus einer Position innerer Stärke heraus, so daß man sich auf alles konzentrieren kann, auf das man sich konzentrieren will.

Fluorit hilft, Ordnung zu schaffen und dadurch die auf viele unerledigte Dinge zerstreute Aufmerksamkeit zu sammeln und willentlich auszurichten. Unerledigte Dinge verhindern, daß unsere Aufmerksamkeit ganz im Hier und Jetzt weilt, daher machen sie im wahrsten Sinne des Wortes »zerstreut«. Zu diesen unerledigten Dingen zählt auch nicht verstandener Lernstoff, der jedoch sowohl im Unterricht, als auch in der Eigenarbeit oft übergangen wird und dadurch die weitere Konzentration stört. Fluorit hilft, diese unverstandenen Dinge aufzuspüren und ist daher auch ein sehr guter Stein zum Lernen (siehe auch das Kapitel Lernschwierigkeiten).

Alle genannten Heilsteine sollten zur Förderung der Konzentration je nach Möglichkeit als Kette, Anhänger, gebohrter Trommelstein oder Schmuckstein über längere Zeit getragen werden. Alternativ dazu kann auch die Edelstein-Essenz innerlich eingenommen werden (2x täglich 3-5 Tropfen).

Kopfschmerzen

Kopfschmerzen sind allgemeine Zeichen von Überanstrengung, Übermüdung, Verspannungen oder verschiedensten Erkrankungen. Sie können von Muskeln, Gefäßen, Nerven oder der Hirnhaut ausgehen und werden – sofern keine äußeren Verspannungen oder Folgen von Schlag und Stoß dafür verantwortlich sind – meist durch Entzündungen, Veränderungen des Blutdrucks oder der Zusammensetzung der Körperflüssigkeiten hervorgerufen. Dementsprechend gibt es eine ganze Reihe von Ursachen:

1. Verspannungen, insbesondere durch Haltungsfehler (Anspannen von Rücken und Nacken, z.B. beim Autofahren) oder Überanstrengung der Augen (Lesen bei schlechtem Licht, Bildschirmarbeit).

2. Fiebrige Erkrankungen, z.B. Erkältungen, Grippe, Nasennebenhöhlen-Entzündungen, Augenentzündungen, Hirnhaut- und Gehirnentzündungen usw.

3. Hormonelle Umstellungen, z.B. vor Eintritt der Menstruation.

4. Veränderungen des Blutdrucks, z.B. Durchblutungsstörungen im Gehirn, allgemeiner Bluthochdruck, Blutdruckabfall bei Migräne durch Gefäßerweiterung usw.

5. Stoffwechsel- und Verdauungsstörungen, z.B. Hungerzustände (Folge von »Magenleere«) oder Blutzuckermangel.

6. Wetterfühligkeit, insbesondere bei Föhn (warmen Fallwinden), oder schlechter Luft (Sauerstoffmangel)

7. Beschwerden der Halswirbelsäule.

8. Nervöse und seelische Ursachen (Dinge, die einem Kopfzerbrechen verursachen).

9. Schwere Allgemeinerkrankungen, z.B. Nierenleiden.

Diese Vielzahl von Ursachen bedingt, daß jeder anhaltende Kopfschmerz von einem Arzt oder Heilpraktiker untersucht werden sollte. Die Behandlung, auch mit Heilsteinen, richtet sich dann nach der jeweils diagnostizierten Ursache (vgl. die entsprechenden Kapitel). Einmalig auftretende Kopfschmerzen, deren Ursache auf der Hand liegt oder wohlbekannt ist (Verspannungskopfschmerz, Migräne, Kopfschmerzen bei Föhn usw.) können dagegen sofort mit Hausmitteln und Heilsteinen gelindert werden.

Dazu zählt das Ablegen von Ohrringen, Haarspangen und -gummis sowie Halsbändern, sanftes Streichen mit Fingern oder Fingernägeln von der Stirn über den Kopf und über den Nacken hinweg, Bewegung an der frischen Luft, kalte Kompressen auf Stirn oder Nacken, Fußmassage, Wechselfußbäder oder evtl. ein heißes Sitzbad. Auch die Kombination eines beruhigenden und eines anregenden ätherischen Öls in der Aromalampe (z.B. Lavendel + Lemongras) ist hilfreich. Darüber hinaus haben sich die folgenden Heilsteine als sehr gute Hilfsmittel bei Kopfschmerzen erwiesen.

Amethyst hilft sehr gut bei Verspannungskopfschmerzen, die von den Augen (Lesen bei schlechtem Licht, Bildschirmarbeit) oder vom Nacken und Rücken

(Autofahren, Beschwerden der Halswirbelsäule) ausgehen. Dazu werden mit handtellergroßen Drusenstücken wie mit einer Bürste, jedoch ohne die Haut zu berühren, ruhige Striche von der Stirn über den Kopf und den Nacken hinab ausgeführt (siehe Abb. 6). Wenn man von der Scheitellinie bis zum Ohr vier bis fünf parallele Striche dieser Art beidseitig je drei- bis viermal ausführt, sind die Kopfschmerzen meistens »verflogen«.

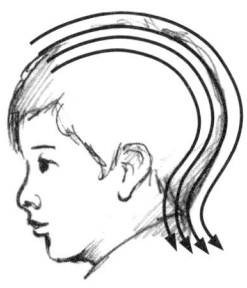

Abb. 6: Amethystbehandlung bei Verspannungskopfschmerzen

Bergkristall in Form kleiner »Herkimer-Diamanten« (kleiner in Vulkangestein gebildeter, sehr klarer Doppelender) lindert Kopfschmerzen unklarer Ursache sowie all jene, die durch Veränderungen des Blutdrucks, Wetterfühligkeit oder Allgemeinerkrankungen entstehen. Dazu werden drei kleine »Herkimer-Diamanten« in Form eines gleichseitigen, nach oben gerichteten Dreiecks auf die Stirn gelegt. In der Regel lassen Kopfschmerzen bei dieser Behandlung schon nach wenigen Minuten nach, ggf. muß die Größe des Dreiecks etwas variiert werden.

Bernstein hilft bei Kopfschmerzen, die durch Hormonumstellungen (z.B. beim praemenstruellen Syndrom), Stoffwechsel- und Verdauungsstörungen oder nervöse und seelische Ursachen entstehen. Dazu wird er am besten als Kette, Anhänger oder gebohrter Trommelstein am Körper getragen (Ketten weisen hier die besten Resultate auf). Falls dies nicht möglich ist, kann auch die Edelstein-Essenz innerlich eingenommen werden (bei Bedarf 7-10 Tropfen).

Magnesit und **Rhodonit** haben sich als Kombination bei Kopfschmerzen aller o.g. Ursachen als sehr hilfreich erwiesen. Dazu werden die Edelstein-Essenzen Magnesit und Rhodonit zusammen mit Bachblüten-Notfalltropfen in ein Glas Wasser gegeben und schluckweise über den Tag verteilt getrunken. Zusätzlich sollte man viel Flüssigkeit zu sich nehmen.

Rauchquarz lindert ähnlich wie Amethyst Verspannungskopfschmerzen, wird jedoch einfach als Kette, am besten als Kugelkette, um den Hals getragen. Er trägt vor allem dazu bei, daß die jeweiligen Verspannungen sich dauerhaft auflösen und kann daher auch als Folge-Stein nach einer Amethystbehandlung getragen werden.

Smaragd hilft bei Kopfschmerzen aufgrund von Entzündungen oder fiebrigen Erkrankungen. Er wird dazu als Kristall oder Trommelstein auf die Stirn aufgelegt

bzw. aufgeklebt oder als Edelstein-Essenz innerlich eingenommen (3x täglich 3-9 Tropfen). Auch das Tragen von Smaragd-Ketten sowie – falls nicht vorhanden – Anhängern, gebohrten Trommelsteinen oder Schmucksteinen ist wirksam.

Krampfadern

Krampfadern sind durch Stauung des Blutrücklaufs entstandene Erweiterungen oberflächlicher Venen, die meistens an den Beinen auftreten. Ursache ist eine Schwäche des umliegenden Bindegewebes oder der Venenklappen, die den Rückstrom des Blutes verhindern sollen. Hormonelle Umstellungen in der Schwangerschaft begünstigen diese Faktoren, weshalb es gerade hier oft zur Bildung von Krampfadern kommt. Ansonsten fördern Übergewicht, Bewegungsmangel sowie langes Stehen und Sitzen deren Entstehung. Seelischer Hintergrund bei Krampfadern können Frustration, Überlastung oder die Empfindung sein, zu wenig Kraft für bevorstehende Aufgaben zu haben.

Zur Vorbeugung wird allgemein Bewegung (Spazierengehen, Fahrradfahren) und Gewichtsreduzierung empfohlen. Auch die innere Einnahme von Roßkastanienextrakten bzw. Bäder mit Zusatz von Roßkastanienextrakt sollen die Rückbildung fördern und die weitere Ausbildung von Krampfadern verhindern. Eine ursächliche

Behandlung ist auf körperlicher Ebene jedoch nur durch Entschlackung möglich (vgl. Kapitel Entgiftung/Entschlackung), da schwaches Bindegewebe nur durch eine gründliche Reinigung wieder an Festigkeit gewinnt und auch die Gefäßwände der Venen auf diese Weise stabiler werden. Auf seelischer Ebene gilt es, die Ursachen für Frustrationen und Überlastung zu entdecken und zu klären (falls dieser Hintergrund tatsächlich gegeben ist).

Unterstützt wird dieser Prozeß der Reinigung und Stabilisierung durch **Achate** mit entsprechender Signatur. Als besonders geeignet haben sich dabei Achate mit kreisrunden, konzentrischen Zeichnungen (sog. Augenachate), die an Gefäßquerschnitte erinnern, sowie mexikanische Lace-Achate mit roten Zeichnungen erwiesen, welche wie Krampfadern aussehen (vgl. hierzu Seite 198). Zur äußeren Anwendung können diese Achate direkt auf die betroffenen Bereiche aufgelegt oder aufgeklebt werden. Zur inneren Anwendung kann Wasser getrunken werden, in das die Steine für ein- bis zwei Tage eingelegt wurden. Mit Hilfe rötlicher bis rosafarbener Achate können auch Venenentzündungen, die bei Krampfadern oft als Komplikation auftreten, vermieden bzw. geheilt werden. Achat fördert auch seelisch Schutz, Sicherheit, Stabilität und Belastbarkeit.

Krämpfe

Ein Krampf ist ein unwillkürliches, meist schmerzhaftes Zusammenziehen eines Muskels oder einer Muskelgruppe. Dabei können sowohl Skelettmuskeln (z.B. bei Wadenkrämpfen), als auch Muskeln innerer Organe (z.B. bei Koliken) betroffen sein. Dementsprechend gibt es hier sehr viele mögliche Ursachen: Überanstrengung von Muskeln, Nervenschädigungen, Gehirnerkrankungen (z.B. Epilepsie), Mineralstoffmangel, Stoffwechselstörungen, Steinbildungen (Nieren- oder Gallenkolik), Durchblutungsstörungen oder psychosomatische Erkrankungen. Vor allem übersteigertes Festhalten an bestimmten Werten, Besitz oder anderen Errungenschaften — oder anders betrachtet die Angst vor Verlusten — scheint die Neigung zu Krämpfen zu steigern.

Sofern Krämpfe nicht eindeutig auf Überanstrengung (z.B. Schreibkrampf) oder Magnesiummangel (z.B. Wadenkrampf) zurückzuführen sind, sollte unbedingt ein Arzt oder Heilpraktiker aufgesucht werden, um die Ursache abzuklären. Je nach Befund können dann Heilsteine auch zur Unterstützung der ursächlichen Therapie verwendet werden.

Magnesit hilft insbesondere bei Wadenkrämpfen durch Magnesiummangel sowie bei Folgen von Überanstrengung. Er entspannt die Muskulatur und fördert den Stoffwechsel der Muskeln und des Gewebes.

Da Magnesit auch seelisch entspannend und beruhigend wirkt, hilft er auch bei psychosomatisch sowie in geringerem Umfang auch bei durch Nervenstörungen bedingten Krämpfen.

Malachit lindert vor allem Koliken und Krämpfe innerer Organe (Magenkrämpfe usw.). Er ist daher auch bei Menstruationsbeschwerden und anderen Schmerzen im Unterleib der Heilstein erster Wahl (daher wird er im Alpenraum noch heute Hebammenstein genannt). Malachit hilft, auch seelisch weniger »verkrampft« zu sein, also Hemmungen und Zurückhaltung abzulegen.

Smaragd und **Chrysopras** helfen bei stoffwechselbedingten Krämpfen sowie bei Krämpfen, die durch Gehirnerkrankungen entstehen. Die chinesische Medizin sieht hierin einen Zusammenhang. Für sie entsteht Epilepsie z.B. durch eine Verschleimung des Gehirns. Das erklärt, weshalb Smaragd und Chrysopras schon von Hildegard von Bingen erfolgreich bei Epilepsie verwendet wurde.

Zirkon lindert Krämpfe aller Art, vor allem, wenn sie sehr schmerzhaft und hartnäckig sind. Seelisch hilft Zirkon, Verluste zu überwinden sowie Schmerzen, Trauer, Angst und alles »Festhaltenwollen« loszulassen.

Alle genannten Heilsteine können als Kristall (Smaragd, Zirkon) oder Trommelstein (Chrysopras, Magnesit, Malachit) direkt auf die betroffene Stelle aufgelegt werden. Magnesit, Malachit, Smaragd und Chrysopras können darüber hinaus auch als Edelstein-Essenz innerlich eingenommen (bei Bedarf 5-7 Tropfen) sowie als Kette, Anhänger, gebohrter Trommelstein oder Schmuckstein längere Zeit getragen werden, um die Neigung zu Krämpfen zu verringern. Insbesondere Magnesit-Ketten haben sich hierzu bewährt.

Kreislaufbeschwerden

Kreislaufbeschwerden treten auf, wenn der Fluß des Blutes durch die Blutgefäße ganz oder teilweise gestört ist. Das kann eine Folge von Herzbeschwerden, erhöhtem oder niedrigem Blutdruck (z.B. in der Schwangerschaft), Hormonumstellungen (z.B. in den Wechseljahren), Infektionskrankheiten, einer allgemeinen Schwäche des vegetativen Nervensystems sowie blockierter bzw. mangelhaft arbeitender Blutgefäße sein. Vor allem letzteres spielt hier eine wichtige Rolle, da zum Transport des Blutes nicht nur der Herzschlag beiträgt, sondern auch eine ausreichende Elastizität, Spannung und Mitarbeit der muskulösen Arterien notwendig ist. So transportieren die Arterien das vom Herz ausströmende Blut durch ringförmiges Zusammenziehen ihrer Muskeln aktiv weiter. Von der Gesamtarbeitsleistung beim Bluttransport übernehmen die Gefäße sogar den größeren Teil! Daher formuliert die chinesische Medizin den Zusammenhang zwischen Herz und Kreislauf in sehr deutlichen Worten:

Das Herz ist der Kaiser, der den Ton angibt; der Kreislauf sein oberster Beamter, welcher die Arbeit ausführt – und wehe dem Kaiser, dessen Beamte untätig sind!

Geht man nun der Schwäche des Kreislaufs auf den Grund, findet man Erscheinungen wie Ablagerungen in den Blutgefäßen und Blutgefäßwänden, Verengungen, Erweiterungen oder Entzündungen, die wiederum ihre Ursache im verschlackten Gewebe haben. Daher ist Entschlackung auch zur Vorbeugung gegen Kreislaufbeschwerden dringend notwendig (siehe Kapitel Entgiftung/Entschlackung). Eine tierisch eiweißfreie Diät, vitaminreiche Kost (insbesondere Vitamin C und E), genügend körperliche Bewegung sowie ausreichend Ruhe, Schlaf und Regenerationsphasen sind hierzu notwendige Maßnahmen.

Die meist anfallsartig auftretenden Kreislaufstörungen äußern sich in plötzlichen Schwankungen des Blutdrucks und der Pulsfrequenz, was zu innerer Unruhe, Müdigkeit, Blässe, Schwindel, Ohnmachtsanfällen, kaltem Schweiß, zitternden Gliedmaßen und im Extremfall zum Kreislaufzusammenbruch (Kollaps) führt. Als Sofortmaßnahme sind hier die Lagerung mit erhöhten Beinen sowie Anwendungen von kaltem Wasser notwendig. Die Ursache des Kreislaufkollapses sollte auf jeden Fall ärztlich abgeklärt werden!

Den seelischen Hintergrund für Kreislaufbeschwerden bilden oft Streß und Lebenssituationen, die wir als »anstrengend« empfinden. Widerstände im Leben gegen unsere innersten Wünsche und Absichten scheinen sich in Schwankungen des Blutdrucks wiederzuspiegeln. Das Gefühl des Versagens, völlige Überforderung oder mangelnde Antriebskraft gehen oft mit Kreislaufstörungen einher. Hintergrund ist oft der Verlust von Freude und Begeisterung im Leben. Daher ist hier manchmal eine Kurskorrektur notwendig, um begeisternde Ziele wiederzufinden und erneut anzustreben – Begeisterung ist nach wie vor das beste seelische Kreislauftonikum!

Viele der Heilsteine, die bereits in den Kapiteln Blutdruck, Durchblutungsstörungen oder Herzbeschwerden beschrieben sind, können auch zur Anregung oder Beruhigung des Kreislaufs eingesetzt werden (siehe vor allem das Kapitel Blutdruck). Im folgenden werden daher nur jene Heilsteine beschrieben, die tatsächlich in der Lage sind, den Kreislauf zu stabilisieren, d. h. den o. g. Störungen und Beschwerden dauerhaft entgegenzuwirken.

Granat Pyrop ist der beste Heilstein zur Stabilisierung des Kreislaufs. Er hilft sehr schnell bei Kreislaufstörungen, verhindert bei rechtzeitiger Verwendung den Kollaps und fördert als stoffwechselanregender Stein auch die Reinigung und Vitalität der Blutgefäße. Seelisch hilft Pyrop, Widerstände zu überwinden. Er mobilisiert die notwendige Antriebskraft und gibt Durchhaltevermögen.

Hämatit und **Tigereisen** helfen bei Schwäche, Schwindel und kurzen

Ohnmachtsanfällen, vor allem wenn diese morgens, bei plötzlichem Aufstehen oder in der Schwangerschaft eintreten. Auch auf seelischer Ebene machen beide vital und dynamisch. Vor allem Tigereisen beseitigt Müdigkeit und Kraftlosigkeit im Nu.

Rubin regt den Kreislauf an und hilft bei Müdigkeit, Blässe, Schwindel, kaltem Schweiß und zitternden Gliedmaßen. Auch er verhindert bei bei rechtzeitiger Verwendung den Kreislaufkollaps. Seelisch fördert Rubin Leidenschaft und Begeisterung – nicht nur als kurz aufflackerndes Strohfeuer, sondern als lange anhaltende Glut!

Alle genannten Heilsteine sollten zur Stabilisierung des Kreislaufs über längere Zeit als Kette, Anhänger oder gebohrter Trommelstein so über der Hüfte getragen werden, daß zumindest ein Stein knapp über dem Schambein hängt. Auch Kristalle (Pyrop, Rubin) oder Trommelsteine und Scheiben (Hämatit, Tigereisen) können dort regelmäßig aufgelegt oder aufgeklebt werden. Die innere Einnahme der Edelstein-Essenz ist ebenfalls möglich, sollte jedoch niedrig dosiert werden (2x täglich 2- 4 Tropfen).

Kummer

Kummer entsteht aus Leid und Mühsal, Lebensumständen, die einen unglücklich machen und allem Anschein nach in absehbarer Zeit nicht veränderbar sind. Im Gegensatz zur Trauer (siehe dort), die in der Regel auf ein konkretes Ereignis hin, z.B. auf einen Verlust, den Bruch einer Beziehung, eine Zurückweisung usw., entsteht, entwickelt sich Kummer über eine längere Zeit, mitunter durch eine Aneinanderreihung verschiedener trauriger Erlebnisse. Man könnte Kummer daher auch als »chronische Trauer« bezeichnen. Typisch für Kummer ist auch ein Festhalten an der Vergangenheit, die entweder als die »gute alte Zeit« gilt (»früher war alles besser«) oder in der alles Übel seinen Anfang nahm – man kann heute nichts ändern, da das Elternhaus, der frühere Partner, der Krieg usw. an allem Kummer schuld ist ...

Kummer ist also gekennzeichnet durch Schwierigkeiten, unglückliche Lebensumstände und den Blick in die Vergangenheit – alle drei Komponenten finden sich übrigens schon in der mittelhochdeutschen Herkunft des Wortes »Kummer« wieder: Mhd. »kumber« bedeutet »Mühsal, Gram, Verhaftung«! Im Gegensatz zur Trauer, bei der Erzählen und Ausweinen zu deutlicher Erleichterung führt, wird Kummer durch (oft weitschweifendes Erzählen) eher noch schlimmer. Der Grund dafür liegt darin, daß aufgrund längerer Dauer viele Erklärungen für das eigene Leid entstanden sind, welche die wirklich schmerzhaften Erinnerungen überdecken, und daß einer Veränderung in der Gegenwart wenig Chancen eingeräumt werden – schließlich glaubt man, an den Ursachen der Vergangenheit nichts mehr ändern zu können. Die Zukunft sieht demzufolge »schwarz« aus.

Abhilfe bei Kummer kann erst durch die Erkenntnis geschaffen werden, daß man das eigene Leben hier und jetzt verändern kann! Es kann zwar notwendig sein, schmerzliche und traurige Erlebnisse der Vergangenheit näher zu betrachten, ggf. mit therapeutischer Hilfe, doch das Ziel sollte sein, von Schuldzuweisungen an vergangene Ereignisse abzukehren zur aktiven, selbstverantwortlichen Gestaltung des eigenen Lebens im Hier und Jetzt. Wenn dieser Wandel gelingt, ergeben sich daraus auch hoffnungsvolle Perspektiven für die Zukunft.

Ein solcher Wandel kann natürlich nicht allein durch das Tragen von Heilsteinen geschaffen werden. Aktive Arbeit an sich selbst und evtl. therapeutische Hilfe ist hierfür notwendig. Heilsteine können jedoch gute Begleiter sein, die diese Arbeit in vielen Punkten unterstützen und erleichtern.

Amethyst lindert Kummer und hilft, sich mit traurigen Ereignisse der Vergangenheit neu auseinanderzusetzen. Er erleichtert das Bewußtwerden von Schlüsselereignissen und hilft, Schuldzuweisungen an andere loszulassen. Auf diese Weise unterstützt er den Klärungsprozeß. Amethyst bringt inneren Frieden.

Chrysopras hilft bei Gefühlen der Einsamkeit, Verlassenheit und Hoffnungslosigkeit. Er fördert die Suche nach der eigenen Wahrheit und schenkt Vertrauen und Geborgenheit in sich selbst. Dadurch lindert er sogar Eifersucht und Liebeskummer. Chrysopras ermöglicht, das eigene Leben mit all seinen Schicksalsschlägen von einer »höheren Warte« aus zu sehen, d. h. einen Überblick zu gewinnen, der viele Dinge in einen anderen Zusammenhang rückt und den tieferen Sinn oder die Ursache von schmerzhaften wie freudigen Erlebnissen enthüllt.

Citrin hilft, die eigene Aufmerksamkeit von vergangenen Ereignissen zu lösen und auf die Gegenwart auszurichten. Dadurch gewinnt man stärkere Kontrolle über das Leben im Hier und Jetzt sowie Sicherheit und Selbstvertrauen. Durch diese positiven Veränderungen verlieren viele vergangenen Erlebnisse an Bedeutung, das eigene Interesse und die Verhaftung daran schwindet und damit auch deren Wirksamkeit. Citrin lindert Kummer durch wachsenden Optimismus.

Dumortierit hilft, vieles leichter zu nehmen, weshalb er auch als »Take it easy«-Stein bezeichnet wird. Er ermöglicht, unangenehme vergangene Dinge neu zu betrachten, sich dieser Auseinandersetzung zuversichtlich zu stellen und erleichtert, darüber zu reden. Aus diesem Grund ist er gerade für Gesprächstherapien eine gute Unterstützung. Dumortierit fördert eine positive Lebenseinstellung.

Edelopal bringt die Aufmerksamkeit schnell ins Hier und Jetzt und lenkt sie auf die schönen Seiten des Lebens. Bei Kummer haben sich hier insbesondere **Boulder-Opale** bewährt, die Edelopal-Adern in eisenhaltigem Muttergestein enthalten, welches zu einer zusätzlichen Stärkung beiträgt. Edelopal verändert die Wahrnehmung, so daß das Augenmerk vermehrt auf die eigenen Stärken und Fähigkeiten sowie freudige Ereignisse gelenkt wird. Dadurch entsteht ein neues, schöneres Lebensgefühl.

Alle genannten Heilsteine sollten zur Linderung von Kummer längere Zeit als Kette, Anhänger, gebohrter Trommelstein oder Schmuckstein am Körper getragen oder als Trommelstein bzw. Kristall in der Hosentasche mitgeführt werden.

Leberstärkung

Die Leber ist mit ihren Funktionen Reinigung, Aufbau und Speicherung das Regenerationsorgan unseres Organismus. Sie trägt wesentlich zur Entgiftung und Entschlackung des Organismus bei, sie produziert Eiweißstoffe und Enzyme, die Hilfsstoffe unseres Körpers und bevorratet viele lebenswichtigen Stoffe, wie z. B. rote Blutkörperchen oder den stärkeähnlichen Energiespeicherstoff Glykogen. Eine geschwächte Leber führt zu einem geschwächten Gesamtorganismus mit geringer Widerstandskraft, Infektionsanfälligkeit und anderen Erscheinungen mangelhafter Entgiftung und Regeneration.

Darüber hinaus führt Leberstärkung nicht nur zu einer verbesserten körperlichen Harmonie sondern auch zu seelischer Kraft und Ausgeglichenheit. Gerade Heilsteine können hier positiv einwirken, indem sie als Kristalle, Trommelsteine oder flache Scheiben regelmäßig abends auf die Leber aufgelegt oder bei Bedarf auch längere Zeit aufgeklebt werden. Sie können immer dann auf diese Weise eingesetzt werden, wenn körperliche oder seelische Regeneration notwendig ist.

Chrysopras ist der leberstärkende Heilstein erster Wahl. Er regt alle Leberfunktionen an und fördert auch die Reinigung und Regeneration der Leber selbst. Darüber hinaus hat er sich besonders zur Entgiftung und Entschlackung bewährt.

Epidot fördert die Aufbau und Speicherprozesse der Leber und ist daher in erster Linie ein Erholungs- und Regenerationsstein nach Erkrankungen oder schwierigen, auszehrenden Lebensphasen.

Malachit regt die Leber an und hilft insbesondere bei Übelkeit, die auf Leberfunktionsstörungen zurückzuführen ist. Er wirkt entgiftend und hilft bei Harnstoffwechselerkrankungen (Rheuma).

Smaragd fördert die Heilung und Regeneration bei Lebererkrankungen. Er wirkt entzündungshemmend, reinigend und stärkt die Aufbaufunktionen der Leber.

Zirkon fördert die Entgiftungsfunktionen der Leber sowie die Zellregeneration bei Lebererkrankungen. Er kann insbesondere bei Schmerzen und Leberschwellungen eingesetzt werden.

Lernschwierigkeiten

Lernen ist unsere Fähigkeit, Informationen aufzunehmen, zu sortieren, auszuwerten und anzuwenden. Lernen ist Bestandteil unseres täglichen Lebens (»man lernt nie aus«). Es ist der entscheidende Faktor zum Zugewinn neuer Fähigkeiten und damit zum Verbessern unserer Lebensumstände. Wenn wir bestimmte Dinge nicht verstehen, nicht wirklich begreifen können, wenn wir wichtige Zusammenhänge immer wieder vergessen oder wenn Lernen für uns mühsam und frustrierend ist, fühlen wir uns »dumm« und benachteiligt. Es gibt kaum etwas Schlimmeres, als das Gefühl, etwas Wichtiges nicht zu wissen, zu können oder zu beherrschen. Daher ist Lernfähigkeit der Schlüssel zu Erfolg, Fähigkeit und Selbstwert.

Lernen hängt von unserer Intelligenz, der sog. »Denkfähigkeit« ab. Denken wird auch definiert als »Fähigkeit des Erkennens und Urteilens«, und tatsächlich ist es so, daß unsere Intelligenz in dem Maße zunimmt, in dem wir Ähnlichkeiten, Zusammenhänge und Unterschiede erkennen und beurteilen können. Intelligenz ist *nicht* angeboren und ein Leben lang unveränderbar, sondern durchaus jederzeit steigerbar! Intelligenz hat nichts mit Bildung zu tun. Nicht die Menge angehäuften Wissens macht intelligent, sondern die Fähigkeit, aus einem Erlebnis, einer Wahrnehmung oder einer Information neues Wissen zu gewinnen und dieses neue Wissen anwenden zu können.

Um also intelligenter und damit denkfähiger, lernfähiger und kreativer zu werden, müssen zunächst alle behindernden Faktoren erkannt und beseitigt werden. Dazu können im einzelnen Fall zählen: Ablenkungen, Alkohol, Drogen, Desinteresse, psychischer Druck, Hunger, Konzentrationsstörungen, Mißverständnisse, Müdigkeit, Schmerz, Sorgen, Streß (z. B. durch viele unerledigte Dinge), Überforderung, verselbständigte Gedankenschleifen (Grübeln), Kummer, jede Form emotionaler Tiefs sowie körperliche Erkrankungen. Heilsteine können hierbei eine große Hilfe sein (siehe auch die Kapitel Gedächtnisschwäche, Konzentrationsstörungen, Nervosität, Streß usw.).

Darüber hinaus spielen drei weitere Faktoren eine wichtige Rolle: Selbstüberschätzung, falsche Gewohnheiten und Unterdrückung. Zu »wissen, daß man nichts weiß«, wie Sokrates es formulierte, ist der Beginn des Lernens, die Idee, alles schon zu wissen, oft das größte Hindernis. Weiterhin gibt es leider viele unbrauchbare »Techniken« und Gewohnheiten im Bezug auf das Lernen, wie sie z. B. an Schulen und Universitäten stark gefördert werden. Ein Beispiel ist das bloße »Auswendiglernen«, mit dessen Hilfe bestimmte Informationen Wort für Wort gespeichert, aber nicht verstanden werden. Derart angehäuftes Wissen ist wertlos und führt oft gerade zur

»Verdummung«, wenn stupide Phrasen statt eigener Gedanken vorgebracht werden. Bessere Lerntechniken bringen hier oft ein ungeahntes Potential zum Vorschein und beweisen, daß niemand »doof geboren ist – doof wird man gemacht!«

Letzteres geschieht außerdem sehr wirkungsvoll durch beständige Abwertung. Wer von klein auf zu hören bekommt, er sei dumm, wird es irgendwann glauben, und dadurch tatsächlich »dumm« erscheinen. Er ist es dennoch nicht! Durch Beratungen und Therapien, die eine vergangene oder z.T. noch immer gegenwärtige Unterdrückung dieser Art aufdecken, kann das »Verdummungsprogramm« durchbrochen werden, so daß die natürliche Intelligenz wieder zum Vorschein kommt. Kontakte für sinnvolle Lern- und Studienprogramme finden Sie bei den Adressen im Anhang dieses Buchs.

Auch Heilsteine können hier unterstützend wirken, wobei uns natürlich kein Stein das Denken abnimmt! Doch Steine können helfen, bestimmte einschränkende Faktoren zu überwinden und unsere natürlichen Fähigkeiten wieder zu fördern. Gerade zur Überwindung konkreter Probleme wie Konzentrationsschwierigkeiten, Verwirrung, mangelnder Phantasie oder Erinnerungsfähigkeit können sie jedoch gute Dienste leisten. Denn jeder Mensch ist im Grunde intelligent und damit in der Lage, sich jenes Wissen und jene Erfahrungen zu erschließen, die er braucht.

Chalcedon hilft, gedanklich stets für neue Ideen offen zu bleiben. Dadurch erleichtert er das Verstehen von Lerninhalten sowie die Umsetzung des erlernten Stoffs. Da Chalcedon zudem die sprachliche Ausdrucksfähigkeit fördert, erleichtert er auch die Wiedergabe erlernten Wissens. Das macht ihn gerade bei Prüfungen zum Heilstein erster Wahl.

Chrysoberyll hilft bei Lernschwierigkeiten, wenn Abwertungen und »Verdummungsprogramme« das eigene Potential unterdrücken und Angst vor Versagen vorherrscht. Er hilft, diszipliniert, konsequent und systematisch zu lernen, Schwierigkeiten zu überwinden und ist vor allem dann angesagt, wenn Druck und Streß das Lernvermögen einschränken.

Fluorit löst Verhaftungen an einschränkende Denk- und Lerngewohnheiten auf und fördert eine geistige Ordnung, die es erleichtert, Informationen einzuordnen und auszuwerten. Er beschleunigt das Denken, fördert die Konzentrationsfähigkeit, verbessert das Auffassungsvermögen und ist daher eine hervorragende Lernhilfe, wenn man viel Wissensstoff zu verarbeiten hat.

Lapislazuli fördert die Bereitschaft, immer wieder hinzuzulernen (zu wissen, daß man noch nicht alles weiß), und die Intelligenz, die Fähigkeit Informationen aufzunehmen, auszuwerten und zu verstehen. Er regt unsere Denkfähigkeit in einem Maße an, daß in sehr kurzer Zeit sehr viele Einsichten und Erkenntnisse möglich sind.

Lapislazuli fördert Unterscheidungsvermögen, Ehrlichkeit und Aufrichtigkeit und wird völlig zu Recht von Alters her der »Stein der Weisheit« genannt.

Alle genannten Heilsteine sollten als Lernhilfen entweder in Form von Ketten, Anhängern, gebohrten Trommelsteinen oder Schmucksteinen getragen oder als rohe bzw. geschliffene Steine (Kugeln, Pyramiden, Scheiben usw.) am Arbeitsplatz aufgestellt werden.

Lymphsystem, Anregung

Das Lymphsystem dient der Ableitung von Gewebsflüssigkeit, welche von einem feinen Gefäßnetz aus Lymphkapillaren aufgenommen und über größere Lymphbahnen in den Blutkreislauf zurückgeführt wird. Damit hierbei keine Abfallstoffe, Krankheitserreger oder geschädigte bzw. abgestorbene weiße Blutkörperchen zurück ins Blut gelangen, sind die Lymphbahnen von sog. Lymphknoten unterbrochen. Diese dienen als Filter- und Entgiftungsstationen sowie als »Operationsbasen« des Immunsystems. Das gesamte Lymphsystem ist daher neben der Reinigung und »Entwässerung« des Gewebes auch für die Immunabwehr des Organismus außerordentlich wichtig. Diese Doppelfunktion (Reinigung + Immunabwehr) macht auch deutlich, weshalb Entschlackung und Immunschutz unmittelbar zusammenhängen. Ist unser Gewebe sehr mit eingelagerten Gift- und Schlackenstoffen belastet, mindert dies Qualität und Fließeigenschaften der Lymphe (sie wird dickflüssiger), wodurch wiederum Immunreaktionen verzögert und abgeschwächt werden.

Die Anregung des Lymphsystems hat daher das Ziel, den Abtransport von Flüssigkeit und Schlackenstoffen zu erleichtern, Gewebe und Lymphflüssigkeit zu reinigen und so den Fluß der Lymphe insgesamt zu verbessern. Dadurch werden auch die immunologischen Funktionen des Lymphsystems gestärkt, was z. B. zu einem schnelleren Abschwellen vergrößerter Lymphknoten bei Entzündungen und Infektionen führt. Auf diese Weise können auch viele Überempfindlichkeiten, Nahrungsmittelunverträglichkeiten, Übersäuerung, Allergien, Infektionsanfälligkeiten, Stoffwechsel- und Durchblutungsstörungen, Herz- und Kreislauferkrankungen u. v. m. deutlich gelindert werden. Die Anregung des Lymphsystems ist jedoch insbesondere zur Unterstützung von Entschlackungsprozessen oder bei Erkältungen, Infektionen und Entzündungen sinnvoll.

Chalcedon regt den Fluß der Lymphe und den Abbau von Wassereinlagerungen im Gewebe (Ödemen) an. Er unterstützt dadurch auch Entschlackungsprozesse und beschleunigt das Abschwellen von Lymphknoten bei Infektionen und Entzündungen. Aus diesem Grund hilft Chalcedon auch bei fiebrigen Erkrankungen (siehe die Kapitel

Erkältungskrankheiten, Fieber oder Grippe).

Edelopal regt ebenfalls den Fluß der Lymphe an, fördert jedoch verstärkt die immunologischen Funktionen des Immunsystems. Er ist daher bei geschwollenen Lymphknoten, Infektionen und Entzündungen manchmal besser und vor allem schneller wirksam als Chalcedon.

Moosachat fördert die Reinigung von Gewebe und Lymphe und hilft insbesondere bei sehr hartnäckigen Infektionen und Erkrankungen, wenn z. B. Fieber nur extrem langsam sinkt.

Alle genannten Heilsteine sollten zur Anregung des Lymphsystems über längere Zeit als Kette, Anhänger, gebohrter Trommelstein oder Schmuckstein am Körper getragen oder als Edelstein-Essenz innerlich eingenommen werden (3x täglich 5 Tropfen). Bei Ödemen sollte zusätzlich eine Scheibe, ein Trommel- oder ein Rohstein direkt auf die betroffene Stelle aufgelegt werden. Dies fokussiert die Wirkung in diesen Bereich.

Magenbeschwerden

Magenbeschwerden sind in ihrer Symptomatik oft nur schwer von Erkrankungen der Bauchspeicheldrüse, der Gallenblase und -wege, der Leber oder des Darms zu unterscheiden. Übelkeit und Erbrechen sind nicht automatisch ein Zeichen dafür, daß der Magen betroffen ist! Daher sollte bei diesen Symptomen, vor allem wenn sie länger andauern oder wiederkehrend auftreten, ein Arzt oder Heilpraktiker aufgesucht werden, um die tatsächliche Ursache abzuklären. Die im vorliegenden Kapitel genannten Heilsteine sind daher auch nur dann sicher wirksam, wenn Symptome wie Sodbrennen, Völlegefühl, Appetitlosigkeit oder das »flaue Gefühl« durch Sorgen und Schwierigkeiten eindeutig mit dem Magen zusammenhängen.

So, wie unser Magen mit der Verdauung aufgenommener Nahrung beschäftigt ist, so steht er auch in Zusammenhang mit der »geistigen Verdauung« von Erfahrungen und Informationen. Geistig »Unverdauliches« führt mitunter zu denselben Beschwerden wie körperlich schwer Verdaubares. Bekannt ist hier z. B. der volkstümliche Spruch »wenn Sorgen auf den Magen schlagen«. Heilsteine, die Magenbeschwerden lindern, sind daher meist auch Steine, die seelisch für Sorglosigkeit oder die Bereitschaft und Fähigkeit sorgen, »schwere Brocken« zu verdauen.

Natürlich gilt auch hier, daß der Stein allein auf Dauer nicht sinnvoll helfen kann, wenn wir unser Leben und im Falle des Magens vor allem unsere Ernährungsgewohnheiten nicht ändern. Dies gilt sowohl für die körperliche als auch die seelische Ernährung. Gesunde, biologische Lebensmittel in abwechslungsreicher Kost führen zu anderen Resultaten als Konserven und Fast Food. Ebenso wird der Tag anders sein, wenn wir mit dem Frühstück schon die Katastrophenmeldungen des Tages aus der Zeitung zu uns nehmen, als wenn wir ihn mit einer kurzen Meditation beginnen. Magenbeschwerden sollten uns immer daran erinnern, unsere Ernährung (ganzheitlich) zu überprüfen.

Achat mit Magen-Signatur (siehe Seite 200) hilft bei allen Magenleiden körperlicher wie seelischer Natur. Er stärkt die Magenschleimhaut, lindert Entzündungen und hilft bei Völlegefühl, indem er den Magen sanft, aber nicht übermäßig anregt. Seelisch gibt Achat Stabilität, so daß auch unangenehme Dinge nicht allzuschwer »im Magen liegen«.

Bernstein hilft bei Übelkeit durch Entzündungen (Gastritis) oder Magengeschwüre. Auch er stärkt die Magenschleimhaut, hilft jedoch eher bei Appetitlosigkeit und »flauem Gefühl« im Magen. Seelisch fördert Bernstein Sorglosigkeit, Glück und Fröhlichkeit.

Diaspor hilft sehr schnell bei Sodbrennen und übersäuertem Magen. Er lindert Übelkeit, die typischerweise nach dem Essen auftritt. Diaspor wirkt seelisch beruhigend bei Nervosität, Ängsten und Schuldgefühlen, für die es keinen erkenntlichen Grund gibt.

Magnesit hilft ebenfalls bei Sodbrennen, übersäuertem Magen sowie bei Magenkrämpfen. Er lindert Schluckauf und beruhigt bei Nervosität, Ängstlichkeit und Gereiztheit.

Alle genannten Heilsteine können bei Magenbeschwerden als Kristall (Diaspor), Trommelstein oder Scheibe in der Magengegend aufgelegt sowie (sofern erhältlich) als Kette, Anhänger oder gebohrter Trommelstein getragen bzw. als Edelstein-Essenz innerlich eingenommen werden (3-5x täglich 5-7 Tropfen).

Menstruationsbeschwerden

Die monatliche Regelblutung ist oft mit Schmerzen, Schwäche oder anderen Unannehmlichkeiten verbunden, die durch Heilsteine sehr gut gelindert werden können. Ursache für diese Beschwerden können Hormonstörungen (Unregelmäßigkeiten im Rhythmus der verschiedenen Hormone), Schwierigkeiten beim Ablösen der Gebärmutterschleimhaut, starke Blutungen sowie seelische Hintergründe sein. Dazu zählen eine generelle Abneigung gegen die Menstruation (»unangenehm, lästig, unrein«), Schwierigkeiten mit dem Partner, mit der Sexualität, in der Familie, mit der eigenen Weiblichkeit, religiöse und weltanschauliche Betrachtungen u.v.m. Es können die unterschiedlichsten Hintergründe vorliegen – bis hin zur Wechselwirkung von Mond- und Menstruationszyklen.

Aus diesem Grund sollten seelische Hintergründe von starken oder immer wiederkehrenden Menstruationsbeschwerden mit Therapeutinnen, Hebammen oder erfahrenen Frauen besprochen und geklärt werden; sie sind immer eine individuelle Angelegenheit und bedürfen einer individuellen Lösung. Auch hierbei können die genannten Steine unterstützend helfen.

Achate mit Gebärmutter-Signatur (siehe Seite 198) lindern außergewöhnlich starke Blutungen und bringen gleichzeitig Stärke und Stabilität, wenn die Menstruation mit emotionalen Tiefs einhergeht. Achat unterstützt auch den Wunsch nach Ruhe und Rückzug und hilft, sich den Raum für dieses Bedürfnis zu nehmen. Zur Linderung der Blutungen sollten Achat-Scheiben oder -Trommelsteine mit der passenden Zeichnung im Bereich der Gebärmutter aufgelegt werden.

Lapislazuli verlängert den Menstruationszyklus bei regelmäßig zu früh einsetzender Regelblutung. Dazu sollte er als Kette, Anhänger, gebohrter Trommelstein oder Schmuckstein getragen werden. Seelisch hilft Lapislazuli, Schwierigkeiten mit dem Partner oder in der Familie durch das offene Gespräch zu klären.

Malachit lindert krampfartige Schmerzen, fördert das Einsetzen verspäteter Regelblutungen und reguliert die Stärke der Blutung. Er kann also sowohl dann verwendet werden, wenn die Blutung sehr schwach ist,

aber lange Zeit andauert, als auch bei schnellen, heftigen Blutungen. Malachit wird bei Schmerzen und Krämpfen als Trommelstein im Bereich der Gebärmutter aufgelegt oder als Edelstein-Essenz innerlich eingenommen (bei Bedarf 7-9 Tropfen). Seelisches Thema von Malachit sind Schwierigkeiten mit der Sexualität oder der eigenen Weiblichkeit. Hier kann es sein, daß während des Tragens oder Auflegens von Malachit viele verdrängte Gefühle und unverarbeitete Erfahrungen ans Licht kommen. Diese Themen sollten am besten mit einer Vertrauensperson besprochen werden.

Mondstein hilft, den Menstruationszyklus in Einklang mit dem Mondzyklus zu bringen, so daß der Eisprung bei Vollmond und die Regelblutung bei Neumond stattfindet. Durch diese Übereinstimmung innerer und äußerer Rhythmen wird Spannung abgebaut und die Menstruation oft deutlich erleichtert. Mondstein sollte dazu während mehrerer Mondzyklen als Kette, Anhänger, gebohrter Trommelstein oder Schmuckstein getragen oder als Trommelstein ins Bett gelegt werden. Bitte beachten Sie jedoch, daß Mondstein auf diese Weise auch die Fruchtbarkeit fördert! Seelisch hilft Mondstein, die eigene Weiblichkeit zu akzeptieren und freudig zu leben.

Tigereisen hilft bei Schwäche und Energiemangel während der Menstruation. Dazu wird ein Tigereisen-Dreieck mit der Spitze nach unten auf das Kreuzbein aufgelegt. Zusätzlich kann bei extremer Schwäche noch die Edelstein-Essenz eingenommen werden (5x täglich 5-7 Tropfen). Auch seelisch bringt Tigereisen Kraft, Ausdauer und Standfestigkeit.

Zirkon hilft bei sehr starken Krämpfen und Schmerzen, insbesondere wenn die Regelblutung verspätet einsetzt. Er kann auch bei ausbleibender Menstruation dazu verwendet werden, die Blutung anzuregen. Zirkon wird am besten als doppelendiger Kristall im Bereich der Gebärmutter aufgelegt. Er wirkt sehr stark und sollte daher nur bei Bedarf für ca. eine halbe Stunde aufgelegt werden. Das seelische Thema von Zirkon ist »Loslassen«, auch im Hinblick auf das Überwinden von Verlusten oder Verhaftungen.

Migräne

Migräne sind anfallsweise auftretende, meist einseitige und extrem starke Kopfschmerzen, die oft mit Augenflimmern und Sehstörungen beginnen und von Übelkeit und Erbrechen begleitet sind. Der Schmerz selbst ist häufig pochend, klopfend und bohrend und wird durch Lärm und Licht verstärkt. Darüber hinaus kann es zu starkem Schwitzen, Herzklopfen, Bauchschmerzen und Durchfall sowie Krämpfen, Empfindungsstörungen und Lähmungserscheinungen kommen. Bei Migräne wirken Durchblutungsstörungen durch kurzfristig zusammengezogene und anschließend erweiterte Blutgefäße im Gehirn mit übersensiblen Nerven zusammen. Dadurch ergibt sich der unerträgliche Schmerz mit den genannten Begleiterscheinungen. Ursache können Störfelder durch Erdstrahlen und Elektrosmog (z.B. auch Strahlungen von Radioweckern), Stoffwechselstörungen unter Beteiligung von Leber, Galle, Magen und Bauchspeicheldrüse sowie Lymphstaus oder Hormonstörungen sein.

Auslöser der Migräne-Attacken sind daher oft Nahrungs- und Genußmittel (Rotwein, Schokolade, Käse) sowie Klimaveränderungen oder Hormonumstellungen (z.B. im Menstruationszyklus). Darüber hinaus ist Migräne jedoch auch eine jener Erkrankungen, die gerne dann auftritt, wenn man völlig im Streß, unglücklich, verausgabt und erholungsbedürftig ist, sich jedoch aus Pflichtgefühl oder ähnlichen Gründen nicht den nötigen Freiraum und die nötige Ruhe zugesteht. Migräne tritt dann gerade in dem Moment auf, wo die erste Entspannung möglich ist (Wochenend-Migräne). Neben regelmäßigen Entspannungs- und Meditationsübungen kann vor allem das Einräumen eines persönlichen Freiraums und persönlicher Freizeit langfristig zu einer Verringerung von Migräneanfällen führen. Man muß das Recht auf Ruhe und Erholung dann nicht mehr mit starken Kopfschmerzen bezahlen.

Für akute Migräneanfälle ist **Rhodo-chrosit** der Heilstein erster Wahl. Er wird zur Linderung des Kopfschmerzes für 10-30 Minuten auf die Medulla oblongata aufgelegt, jene Stelle unterhalb des Hinterhauptbeines, wo das Rückenmark durch eine Öffnung im Schädel ins Gehirn übergeht. Die Medulla oblongata kann am unteren Rand des Hinterhauptbeines zwischen den beiden dort ansetzenden Sehnen ertastet werden (druckempfindlicher Punkt). Durch den an dieser Stelle aufgelegten Rhodochrosit läßt der Migränekopfschmerz in kurzer Zeit nach. Seelisch hilft Rhodochrosit, eigene Bedürfnisse anzuerkennen und durchzusetzen. Dazu sollte er als Kette, Anhänger oder gebohrter Trommelstein getragen werden.

Magnesit und **Amethyst** helfen Migräneanfälle zu lindern und bei längerer Verwendung die Neigung zu Anfällen insgesamt zu mindern. Sie werden dazu als Kette, Anhänger oder gebohrter Trommelstein über längere Zeit getragen, wobei mit Ketten in der Regel die besten Erfolge erzielt wurden. Amethyst hilft vor allem bei Migräne, die im Zusammenhang mit klimatischen Veränderungen oder vereinzelt in Zeiten großer Belastungen auftritt, während Magnesit bei ernährungsbedingter sowie regelmäßig wiederkehrender (Wochenend-) Migräne wirksamer ist.

Milchbildung

Muttermilch wird in der weiblichen Brust in 15 bis 20 einzelnen Drüsenläppchen gebildet, die von Fett- und Bindegewebe umgeben sind. Diese Drüsen reifen in der Schwangerschaft durch den Einfluß vermehrt gebildeter Geschlechtshormone heran und werden nach der Geburt durch ein Hormon der Hypophyse zur Milchbildung angeregt. Ein anderes, durch den Saugreiz des Säuglings stimuliertes Hormon unterhält in der Folge dann die weitere Milchbildung.

Bei der Milchbildung sammelt sich die Muttermilch in den einzelnen Drüsenkörpern und fließt dann durch feine Kanäle, die Milchgänge, in die Brustwarzen. Gerade beim Einschießen der Milch zu Beginn des Stillens kann der Durchfluß durch diese Kanälchen noch schwierig sein, was durch kräftiges Ausstreichen und Quarkwickel erleichtert wird.

Zu geringe Milchbildung hat oft mit Streß, Belastungen sowie Umstellungsschwierigkeiten nach der Geburt zu tun. Eine geschützte Atmosphäre (das sichere »Nest«) kann äußerlich diese Schwierigkeiten mindern, Entspannung und Meditation bieten den notwendigen inneren Faktor dazu (vgl. auch das Kapitel Stillen). Die Milchbildung selbst kann mit bestimmten Chalcedonen stimuliert werden, welche auch die nötige Ruhe zum Stillen vermitteln.

Am besten geeignet sind hellblaue, weiße oder rosafarbene **Chalcedone** ohne Bänderung. Diese entstehen aus Kieselsäure, die durch feine Äderchen in Gesteinshohlräume strömt, um dort als Chalcedon auszukristallisieren. Diese Entstehungs-Signatur entspricht der Milchbildung (s. o.)! Daher nimmt es nicht Wunder, daß weiße Chalcedone im Volksmund »Milchsteine« heißen und schon seit Jahrhunderten zur Milchbildung und zum Erleichtern des Milcheinschusses eingesetzt werden. Sie werden dazu als Kette, Anhänger oder gebohrter Trommelstein auf der Brust getragen.

Mittelohrentzündung

Mittelohrentzündungen gehen oft aus Erkältungen oder Grippeerkrankungen hervor, die nicht vollständig auskuriert werden und daher über die Ohrtuben, die Verbindungen zwischen Mittelohr und Rachen, aufsteigen. Dazu kann neben unsachgemäßer Behandlung jener Erkrankungen (Arbeiten statt Bettruhe) auch ein zweiter Faktor beitragen: Bei einem stark verschlackten Gewebe ist es dem Immun- und Lymphsystem oft nicht möglich, der Erreger Herr zu werden und durch Entzündungen und Infektionsherde entstandene Giftstoffe abzutransportieren, so daß sie auf regulärem Weg über die Nieren ausgeschieden werden können. Ursache dafür ist z. B. der Verzehr von Kuhmilchprodukten.

Milchkühe sind heutzutage derart auf Massenproduktion hin gezüchtet, daß ihre enzymarme sowie schadstoff- und medikamentenbelastete Milch von unserem Körper nur mangelhaft verstoffwechselt werden kann und daher zu den o. g. Verschlackungen führt. Wenn ein regulärer Heilungsverlauf dadurch erschwert wird, nimmt der Körper mitunter den Notausgang über das Ohr. Eiter und Giftstoffe werden dann ins Mittelohr hinein abgesondert, bis das Trommelfell platzt und die Flüssigkeit über das Ohr abläuft. Dieser Notausgang ist jedoch sehr gefährlich, da Krankheitserreger über das Innenohr auch ins Gehirn gelangen und lebensgefährliche Hirnhaut- oder Gehirnentzündungen auslösen können.

Daher sollte diesem Mechanismus durch den Verzicht auf Kuhmilchprodukte, regelmäßiges Entschlacken und eine sorgfältige Behandlung von Erkältungen und Grippe (siehe auch die entsprechenden Kapitel), insbesondere durch die früher von Hausärzten regelmäßig verordnete »strenge Bettruhe« vorgebeugt werden. Selbst wenn die Erkältung bereits ausgebrochen ist, kann der notwendige Entschlackungsprozeß z. B. durch Ölziehen vollzogen werden. Beim Ölziehen wird hochwertiges kaltgeschlagenes Sonnenblumenöl über 10 bis 20 Minuten im Mund und zwischen den Zähnen bewegt und anschließend ausgespuckt (keinesfalls schlucken!). Dabei werden dem gesamten Umfeld Gift- und Schlackenstoffe entzogen.

Hat sich jedoch bereits eine Mittelohrentzündung mit Schmerzen, Fieber und vermindertem Hörvermögen entwickelt, muß unbedingt ein Arzt oder Heilpraktiker aufgesucht werden, damit Maßnahmen gegen weitere Komplikationen eingeleitet werden können. Heilsteine können jedoch auf jeden Fall zusätzlich eingesetzt werden, insbesondere auch aufgrund der Tatsache, daß Mittelohrentzündungen sich oft gerade gegen Mitternacht mit heftigen Ohrenschmerzen offenbaren, und man daher nicht unbedingt sofort zum Arzt oder Heilpraktiker gehen kann. Bevor in dieser Zeit nichts getan wird, sollten auf jeden Fall umgehend Zwiebelsäckchen (mit rohen Zwiebelstücken!) auf das Ohr aufgelegt und die u. g. Heilsteine eingesetzt werden.

Heliotrop ist bei Mittelohrentzündungen der Heilstein erster Wahl. Es gibt hierzu bereits spezielle Ohr-Oliven im Handel, die vorsichtig ins äußere Ohr eingeführt werden können. Diese Oliven haben eine kleine Öse an einem Ende, an der ein Faden befestigt wird, mit dem die Heliotrop-Olive später wieder aus dem Ohr herausgezogen werden kann. Ist keine solche Ohr-Olive zur Hand, können auch Trommelsteine oder Scheiben auf das Ohr aufgelegt oder die Edelstein-Essenz innerlich eingenommen werden (zu Beginn alle 15 Minuten 3-5 Tropfen, später jede halbe Stunde, dann jede volle Stunde und zuletzt 3-5x täglich 3-7 Tropfen).

Auch als Salbe kann Heliotrop hier sehr gut helfen. Dazu werden Heliotrop-Essenz und Bachblüten-Notfalltropfen (je 10 Tropfen auf 10g Salbengrundlage) in eine Salbengrundlage aus 1 Teil Bienenwachs und 4-5 Teilen Jojobaöl gegeben. Diese Salbe kann nun um das Ohr herum eingerieben werden. Sie hilft sehr gut und lindert vor allem die Schmerzen schnell.

Sardonyx hilft, abklingende Mittelohrentzündungen vollständig auszukurieren und insbesondere evtl. Folgen wie schlechteres Hören usw. zu heilen. Dazu wird Sardonyx als Trommelstein oder Rohstein auf das Ohr aufgelegt bzw. als Edelstein-Essenz innerlich eingenommen (3-5x täglich 5-7 Tropfen). Zusätzlich ist das Tragen von Ketten, Anhängern oder gebohrten Trommelsteinen eine gute Unterstützung.

Smaragd hilft bei chronischer Mittelohrentzündung, die oft weniger schmerzhaft ist und nur an wechselnder starker Sekretion und beginnender Schwerhörigkeit erkannt wird. Smaragd wird ebenfalls entweder als Kristall oder Trommelstein auf das Ohr aufgelegt bzw. als Edelstein-Essenz innerlich eingenommen (3-5x täglich 5-9 Tropfen) oder als Kette, Anhänger, gebohrter Trommelstein oder Schmuckstein über längere Zeit getragen.

Müdigkeit und Schwäche

Müdigkeit und Schwäche nach einem schweren Arbeitstag oder einer durchwachten Nacht ist sicherlich nicht besonders behandlungsbedürftig, es sei denn durch Erholung und ausreichend Schlaf. Müdigkeit und Schwäche trotz Erholung und Schlaf sollte jedoch auf jeden Fall beachtet werden, hier können körperliche Erkrankungen wie z. B. unentdeckte Entzündungen und Infekte, Eisenmangel, Durchblutungsstörungen, Nervenleiden usw. oder starke seelische Belastungen, Konflikte, Sorgen usw. eine Rolle spielen. Insbesondere bei plötzlichen Müdigkeits- oder Schwächeanfällen ohne ersichtlichen Grund sollte nachgeforscht und ggf. fachkundiger Rat eingeholt werden.

Natürlich schafft bei Müdigkeit und Schwäche in diesen Fällen nur ursächliche Behandlung dauerhafte Abhilfe. Dennoch kann es mitunter notwendig sein, für eine sofortige Rückkehr von Kraft und Vitalität zu sorgen. Heilsteine bieten hier vielerlei Unterstützung, auch wenn in anstrengenden Zeiten einmal viel Arbeit und wenig Schlaf zusammenkommen. Es sollte nur nie die Idee aufkommen, Schlaf und Erholung zu lange durch Steinwirkungen zu »ersetzen«! Kein Stein »gibt« Kraft (auch wenn es der Einfachheit halber so formuliert wird), Steine mobilisieren unsere eigenen Kraftreserven, und auch die können irgendwann verbraucht sein ...

Apatit mobilisiert Energiereserven bei langanhaltenden körperlichen und seelischen Schwächezuständen (Apathie). Er wirkt kräftigend und aufmunternd, besonders wenn übermäßige Aktivität und Antriebslosigkeit schnell wechseln. Apatit fördert zudem einen gesunden Appetit und trägt auf diese Weise zum »Auffüllen« der Energiereserven bei.

Feueropal wirkt in Minutenschnelle belebend und aufmunternd. Er macht dynamisch und aktiv und hilft insbesondere am Morgen, schneller zu starten. Feueropal weckt das Feuer der Begeisterung und ermöglicht, in kurzer Zeit sehr viel zu leisten. Er sollte jedoch auch nur kurz eingesetzt werden, damit die eigenen Reserven nicht zu schnell verbraucht werden.

Granat Pyrop hilft bei Müdigkeit und Schwäche, Kraftreserven zu mobilisieren und regt gleichzeitig Regenerations- und Aufbauprozesse im Körper an. Dadurch sorgt er auch in schwierigen Zeiten für eine langanhaltende Ausdauer. Auch seelisch hilft Pyrop in Krisenzeiten, den Mut nie sinken zu lassen und, auch ohne Hoffnung auf eine schnelle Verbesserung der Situation, trotzdem Tag für Tag das Notwendige zu tun.

Rhodochrosit wirkt schnell belebend und anregend und hilft Müdigkeit und Schwäche in Kürze zu überwinden. Er sollte jedoch nicht zu lange verwendet werden, da Kraftreserven sich unter seinem Einfluß sehr schnell aufbrauchen und sonst ein noch größerer Energiemangel entsteht. Aufgrund seiner schnellen, aber »verbrauchenden« Wirkung wird er auch mitunter der »Doping-Stein« genannt.

Tigereisen gibt durch verstärkten Eisenumsatz bei Müdigkeit und Schwäche neue Kraft. Er wirkt langsam aber dauerhaft aufbauend und sollte nur dann nicht angewandt werden, wenn entzündliche Erkrankungen zur Erschöpfung führen. Ansonsten wird er völlig zu recht als »Tiger im Tank« bezeichnet.

Variscit gilt als Muntermacher und »Hallo wach!«-Stein. Er kann insbesondere dann eingesetzt werden, wenn anstrengendes Lernen, langes konzentriertes Arbeiten oder zuwenig Schlaf zu Müdigkeit führt. Variscit wirkt schnell aber nur vorübergehend. Seine Wirkung läßt schon nach wenigen Stunden wieder nach.

Alle genannten Heilsteine können als Kette, Anhänger oder gebohrter Trommelstein am Körper getragen oder als Edelstein-Essenz innerlich eingenommen werden (3x täglich 5 Tropfen). Lediglich Feueropal und Rhodochrosit sollten bald schon wieder abgesetzt werden, alle anderen Steine können über längere Zeit getragen werden.

Mundbeschwerden

Beschwerden im Mund wie Zungenbeläge und -bläschen, Schleimhautentzündungen, Mundgeruch, Zahnbelag und Zahnfleischbluten hängen in der Regel mit Atemwegserkrankungen, Verdauungs- und Stoffwechselstörungen, verschlacktem Gewebe oder mangelnder Mundhygiene zusammen (vgl. auch das Kapitel Entgiftung/Entschlackung). Die beste Behandlung hierfür ist regelmäßiges Ölziehen. Dazu wird hochwertiges kaltgeschlagenes Sonnenblumenöl über 10 bis 20 Minuten im Mund und zwischen den Zähnen bewegt und anschliessend ausgespuckt (keinesfalls schlucken!). Auf diese Weise werden dem gesamten Umfeld Gift- und Schlackenstoffe entzogen, was schon nach wenigen Anwendungen zu einer deutlichen Verbesserung der o. g. Symptome führt.

Als Heilstein hilft insbesondere **Gagat** bei Belägen, Bläschen, Entzündungen, Mundgeruch oder Zahnfleischbluten. Lediglich bei Pilzinfektionen (siehe dort) wirkt die Kombination Chrysopras und Rauchquarz besser. Seelisch hilft Gagat, Zurückgezogenheit und Verschlossenheit durch Unglück und Leid zu überwinden und sich wieder für Umwelt und Mitmenschen zu öffnen. Auch diese Hintergründe stehen oft mit Beschwerden im Mund im Zusammenhang, da dieser Öffnung und Offenheit ausdrückt (Nahrungsaufnahme, Sprache, Küssen usw.).

Gagat kann zur Behandlung von Mundbeschwerden als Trommelstein in den Mund genommen oder als Edelstein-Essenz innerlich eingenommen werden (3-5x täglich

3-5 Tropfen). Zusätzlich können auch Gagat-Ketten, Anhänger oder gebohrte Trommelsteine getragen werden.

Muskelschwäche

Muskelschwäche kennzeichnet sich durch verminderte Leistungsfähigkeit der Muskulatur, vorschnelle Ermüdung der Muskeln und zunehmende Kraftlosigkeit unter Belastung. Ursachen dafür sind Überanstrengung, Infektionen, schlechte Ernährung oder mangelnde Begeisterung im Leben sowie in selteneren Fällen auch Autoimmunerkrankungen. Um diese auszuschließen, sollte bei andauernder Muskelschwäche eine Untersuchung durch einen Arzt oder Heilpraktiker erfolgen. Auch der oftmals gegebene seelische Hintergrund, verlorengegangene Begeisterung im Leben, sollte ggf. mit therapeutischer Hilfe geklärt werden. Die besten naturheilkundlichen Erfolge konnten bei Muskelschwäche dann erzielt werden, wenn ursprüngliche begeisternde Ziele, von denen man im Laufe der Zeit abgewichen war, wiedergefunden und neu angestrebt wurden. Begeisterung ist immer der Faktor, der am besten hilft, Schwäche zu überwinden und neue Kraft zu finden.

Bei Muskelschwäche hat sich die Kombination von **Granat Pyrop** und **Rhodonit** als hilfreich erwiesen. Pyrop mobilisiert Kraftreserven und fördert den Stoffwechsel,

die Durchblutung und die Regeneration der Muskeln, Rhodonit hilft insbesondere bei Infektionen und Autoimmunerkrankungen, das Immunsystem zu regulieren und zu normalisieren. Seelisch erleichtert Rhodonit zudem, alte Verletzungen und Schmerzen loszulassen, während Pyrop die neue Ausrichtung auf begeisternde Ziele fördert.

Die beiden Steine können dazu als Ketten, Anhänger, gebohrte Trommelsteine oder Schmucksteine getragen sowie als Edelstein-Essenzen innerlich eingenommen werden (3x täglich jeweils 3-5 Tropfen). Als Behandlung können zwei Pyrop-Kristalle oder -Trommelsteine in die Hände genommen und zusätzlich ein Rhodonit im Bereich des Thymus aufgelegt werden. Die beste Behandlungszeit ist der Vormittag. Auch Granatketten mit einem Rhodonit-Anhänger, der im Bereich des Thymus (zwischen Herz und Kehle) hängt, sind hierzu geeignet.

Muskelverletzungen

Muskelverletzungen reichen vom Muskelkater über die Muskelzerrung bis hin zum Muskelfaserriß oder Muskelriß. In allen Fällen kann eine Überanstrengung der Muskeln oder (bei den schwereren Verletzungen) auch eine zusätzliche Gewalteinwirkung auf den gespannten Muskel (Dehnung, Quetschung, Drehung) zugrunde liegen.

Als Muskelkater werden vorübergehende Muskelschmerzen und -verhärtungen bezeichnet, die auf Stoffwechselprodukte der Muskelarbeit unter Sauerstoffmangel (Milchsäurebildung), Entzündungen und Schwellungen vielfacher kleinster Muskelfaserrisse nach Überanstrengung oder ungewohnter Belastung der Muskeln zurückgehen. Zur Behandlung von Muskelkater ist Wärme (heiße Bäder) und Bewegung notwendig.

Bei Muskelzerrungen werden einzelne Muskelfasern überdehnt. Als Symptom entsteht dabei ein lokaler Druck- und Bewegungsschmerz, ggf. mit leichtem Bluterguß. Kommt es dabei zum Muskelfaserriß, treten starke Schmerzen auf. Zur Linderung von Zerrungen haben sich kühle Arnika-Umschläge bewährt.

Beim Muskelriß schließlich reißen viele Muskelfasern, so daß ein größerer Einriß oder eine Zerreißung des Muskels entsteht. Dies führt zu stechenden Schmerzen mit Bluterguß und Schwellung sowie einer deutlichen Funktionseinschränkung des betroffenen Bereichs. Zur Behandlung sind hier Ruhigstellung des Glieds und kühle Arnika-Umschläge erforderlich, ggf. muß der Muskel sogar genäht werden.

Mit Ausnahme des Muskelkaters sollten Muskelverletzungen ärztlich untersucht werden, insbesondere bei Verdacht auf einen Muskelriß! Da es sich in allen Fällen jedoch um Muskelfaserrisse kleineren und größeren Ausmaßes handelt, kann zur

Heilung der Verletzung derselbe Heilstein verwendet werden:

Rhodonit hilft sowohl bei Muskelkater als auch Muskelzerrungen und Muskelrissen. Er lindert die entstehenden Schmerzen, Schwellungen und Blutergüsse und beschleunigt den Heilungsprozeß. Rhodonit wird dazu als Trommelstein oder Scheibe auf den betreffenden Muskel aufgelegt bzw. aufgeklebt oder in den Verband eingebunden. Zusätzlich kann Rhodonit-Essenz innerlich eingenommen werden (zu Beginn stündlich oder öfter, später 3-4x täglich 5-9 Tropfen).

Nackenverspannungen

Nackenverspannungen können durch Fehlhaltungen, verschobene Wirbel, Arbeiten in ungewohnter Position sowie durch unwillkürliches Anspannen der Nackenmuskeln bei Anstrengung, seelischem Druck oder Belastung entstehen. Auch über lange Zeit aufrechterhaltene Konzentration, z.B. bei schnellem Autofahren, kann zu Nackenverspannungen führen. Der seelische Hintergrund wird zudem sehr treffend durch den Spruch »es sitzt mir im Nacken« bezeichnet, womit in erster Linie unerledigte, meist unangenehme und allmählich dringlich werdende Dinge gemeint sind.

Heilsteine, die bei Nackenverspannungen helfen, haben daher nicht nur eine muskelentspannende Wirkung, sondern führen auch auf seelischer Ebene Gelassenheit und Entspannung herbei. Ihre Wirkung geht dabei so tief, daß durch die Entspannung der Umgebung mitunter sogar verschobene Wirbel wieder einrenken oder zumindest viel leichter eingerenkt werden können.

Amethyst lindert Nackenverspannungen, wenn man mit mit handtellergroßen Drusenstücken wie mit einer Bürste, jedoch ohne die Haut zu berühren, ruhige Striche vom Hinterkopf über den Nacken hinab ausgeführt (siehe Abbildung 7). Führt man von der Mittellinie bis zur Seite (unter dem Ohr) vier bis fünf parallele Striche dieser Art beidseitig je drei- bis viermal aus, sind Nackenverspannungen meistens sehr schnell verschwunden. Als Kette getragen lindert Amethyst ebenfalls Nackenverspannungen, zudem hilft er hier auch, seelisch-geistige Ursachen der Verspannung zu erkennen und aufzulösen.

Bernstein, **Magnesit** und **Rauchquarz** helfen insbesondere als Ketten, Nackenverspannungen zu lindern. Sie wirken körperlich und seelisch entspannend und bringen auch bei Streß Gelassenheit und Ruhe.

Magnesit und **Rhodonit** haben sich in Kombination mit Bachblüten-Notfalltropfen als hervorragende Hilfe bei Nackenverspannungen erwiesen. Dazu werden die Edelstein-Essenzen Magnesit und Rhodonit zusammen mit Bachblüten-Notfalltropfen (je 3-5 Tropfen) in ein Glas Wasser gegeben und schluckweise über den Tag verteilt getrunken. Zusätzlich sollte man viel Flüssigkeit zu sich nehmen. Diese Kombination hilft, Ängste und Sorgen loszulassen, und bringt dadurch seelische Entspannung.

Turmalin hilft in Form von Kristallen, insbesondere kleinen, schmalen Stäbchen, Nackenverspannungen zu lindern. Die Kristalle oder Kristallstäbchen werden dazu mit nach unten weisender Spitze längs zum Nacken aufgelegt oder aufgeklebt. Dadurch wird der Energiefluß im Nacken angeregt, was Entspannung und Beweglichkeit fördert. Turmalin, egal welcher Varietät, hilft daher auch bei steifem Nacken sehr gut. Auch seelisch bringt Turmalin Flexibilität und Beweglichkeit.

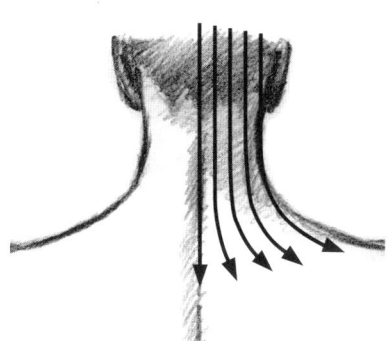

Beidseitig 3-4x wiederholend

Abb. 7: Amethystbehandlung bei Nackenverspannungen.

Narben

Narben bilden sich bei Gewebeverlust durch Verletzungen oder Entzündungen als »Ersatz« aus derbem, weißlichem, faserreichem, zell- und gefäßarmem Bindegewebe. Dieses Narbengewebe besitzt eine weitaus geringere Elastizität und Belastbarkeit als normales Bindegewebe und ist zudem sehr häufig ein Störfaktor für die Durchblutung und Energieversorgung naheliegender Gewebe und Organe, insbesondere bei Narben, die sich quer zur Körperachse oder zu den Gliedmaßen erstrecken. Durch die Unterbrechung von Nervenbahnen können im Bereich von Narben zudem Empfindungsstörungen und Taubheitsgefühle auftreten.

Narben und Störungen durch Narben werden oft als unabänderlich hingenommen. Dem ist nicht so. Selbst bei älteren Narben kann das Narbengewebe z.T. wieder in gut durchblutetes und energetisch besser versorgtes Gewebe umgewandelt werden. Auch eine erneute Innervierung, ja selbst die Heilung durchtrennter Nerven kann mit Hilfe von Heilsteinen bewirkt werden.

Rhodonit hilft hierbei, Narbengewebe in besser versorgtes Gewebe umzuwandeln. Er fördert die Regeneration und Durchblutung sowie die Bildung neuer Zellen. Dazu sollte Rhodonit als Trommelstein oder Scheibe auf die Narbe aufgelegt bzw. aufgeklebt werden. Zur Unterstützung kann er auch als Kette, Anhänger oder gebohrter Trommelstein getragen sowie als Edelstein-

Essenz innerlich eingenommen werden (3x täglich 3-5 Tropfen).

Turmalin kann verwendet werden, um speziell den Energiefluß durch blockierende Narben anzuregen und die Innervierung des Gewebes sowie die Heilung durchtrennter Nerven zu verbessern. Dazu werden Kristalle oder Kristallstäbchen längs zur Körperachse oder den Gliedmaßen aufgelegt bzw. aufgeklebt. Die Spitze der Kristalle oder Stäbchen sollte dabei zur Förderung der Nerven (bei Taubheitsgefühlen usw.) stets vom Kopf weg zu den Händen oder Füßen hin weisen. Bei blockiertem Energiefluß

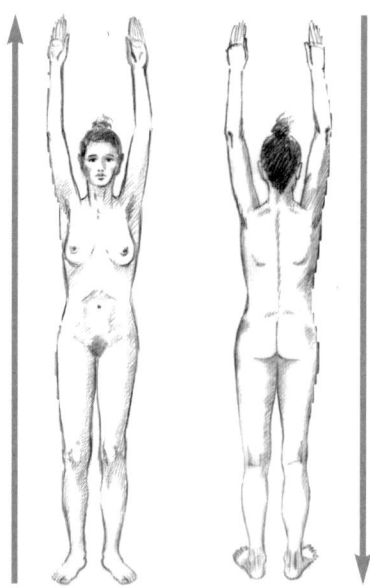

Vorderseite: Rückseite:
Energiefluß nach oben   Energiefluß nach unten

Abb. 8: Energiefluß im Körper

sollte die Spitze auf der Vorderseite des Körpers stets nach oben, auf der Rückseite dagegen nach unten ausgerichtet werden (vgl. Abb. 8). Für diese Behandlungen kann jede Turmalin-Varietät verwendet werden, am besten geeignet sind jedoch Wassermelonen-Turmaline.

Nasenbluten

Nasenbluten entsteht durch Schleimhautrisse in der Nase. Ursache ist zumeist ein Schlag auf die Nase oder zu starkes Schnäuzen, jedoch auch trockene Entzündungen oder Polypen können zu Nasenbluten führen. Als Symptom von Allgemeinerkrankungen kommt Nasenbluten darüber hinaus bei Bluthochdruck, Arterienverkalkung, Blutgerinnungsstörungen, Infektionskrankheiten (z.B. Diphterie, Masern oder Typhus) sowie bei Vitamin-K-Mangel oder Skorbut (Vitamin-C-Mangel) vor. In der Pubertät tritt außerdem mitunter spontanes Nasenbluten auf, dessen genaue Ursache noch ungeklärt ist.

Ist Nasenbluten der Ausdruck einer der o.g. Erkrankungen, so müssen diese natürlich ursächlich behandelt werden, wozu ein Arzt oder Heilpraktiker aufgesucht werden sollte. Die Blutung selber kann jedoch auf jeden Fall durch Hinlegen und kalte Umschläge auf der Nase und im Nacken sowie mit Hilfe der u.g. Heilsteine gestoppt werden.

Für immer wiederkehrendes Nasenbluten ist die **Karneol**-Anwendung nach Hildegard von Bingen zu empfehlen. Dazu wird Karneol als Roh- oder Trommelstein für ca. eine halbe Stunde in erwärmten (ggf. leicht köchelnden) Weißwein gelegt und der Wein anschließend schluckweise über den Tag verteilt getrunken. Die Neigung zu Nasenbluten verschwindet bei dieser Behandlung schon nach kurzer Zeit.

Akutes Nasenbluten, egal welcher Ursache, kann sehr gut mit **Rhodonit** gestoppt werden. Dazu werden Rhodonit-Scheiben oder -Trommelsteine rechts und links an der Nase aufgelegt. Auch die innere Einnahme der Rhodonit-Essenz (5-9 Tropfen) wirkt hier schnell blutstillend.

Nebenhöhlenentzündung

Entzündungen der Nasennebenhöhlen entstehen meistens im Zusammenhang mit Erkältungen, Grippe oder vereiterten Zahnwurzeln im Oberkiefer, manchmal auch durch Verletzungen oder Einschwemmung von Erregern über das Blut. Sie äußern sich durch pulsierende Schmerzen im Bereich der betroffenen Nebenhöhle und in der Stirn (vor allem auch auf Druck und Klopfen sowie insbesondere beim Vornüberbeugen), durch Fieber und behinderte Nasenatmung (oft einseitig). Der Ausfluß der Nase ist zunächst meist gelblich-eitrig, später auch grünlich-gelblich.

Nebenhöhlenentzündungen sollten vorsichtshalber durch einen Arzt oder Heilpraktiker behandelt werden, um weitere Komplikationen wie Entzündungen der Augen, des Sehnervs oder der Gehirnhaut zu vermeiden. Auch der Übergang in eine chronische Nebenhöhlenentzündung, welche zwar meist symptomarm ist, aber zu Schleimhautwucherungen (Nasenpolypen) führen kann, sollte vermieden werden. Neben den u. g. Heilsteinen wirkt auch bei Nebenhöhlenentzündungen das Ölziehen sehr gut. Beim Ölziehen wird hochwertiges kaltgeschlagenes Sonnenblumenöl über 10 bis 20 Minuten im Mund und zwischen den Zähnen bewegt und anschließend ausgespuckt (keinesfalls schlucken!). Auf diese Weise werden dem gesamten Umfeld Gift- und Schlackenstoffe entzogen, was auch bei Nebenhöhlenentzündungen zu einer schnellen Verbesserung führt.

Der seelische Hintergrund von Nebenhöhlenentzündungen ist mitunter in schwierigen Lebenssituationen zu finden, die zu Verwirrung und Orientierungslosigkeit führen. In dem Maße, in dem hierbei die geistige Klarheit abhanden kommt, verstopft oder entzündet sich mitunter auch die Nase. Umgekehrt ist ebenso deutlich erlebbar, wie die Denkfähigkeit oft schon bei Schnupfen usw. vermindert wird.

Der beste Heilstein bei Nebenhöhlenentzündungen ist **Smaragd**. Er lindert die Schleimhautentzündung sehr schnell, bringt stark verstopfte Nasen ins Fließen und erleichtert dadurch die Nasenatmung wieder. Darüber hinaus bringt Smaragd auch Klarheit im Denken und Fühlen, was ebenfalls positiv auf Nase und Nebenhöhlen einwirkt. Smaragd verhindert in der Regel auch das Entstehen einer chronischen Nebenhöhlenentzündung bzw. hilft, diese zu heilen.

Im Zusammenhang mit Erkältungen und Grippe können auch **Heliotrop, Chalcedon** und **Moosachat** zur Linderung der Allgemeinerkrankung und der Nebenhöhlenentzündungen beitragen. Dabei hilft Heliotrop am besten zu Beginn der Entzündung, also beim ersten gelblichen Ausfluß oder den ersten Schmerzen beim Vornüberbeugen. Chalcedon kann verwendet werden, um im weiteren Verlauf der Erkrankung den Reinigungsprozeß über die Lymphe zu unterstützen und Moosachat schließlich wird eingesetzt, wenn die Erkrankung sehr hartnäckig ist und langsam nur abklingt.

Alle genannten Heilsteine können als Kristall (Smaragd) oder Trommelsteine im Bereich der betroffenen Nebenhöhle und auf die Stirn aufgelegt bzw. aufgeklebt werden. Die Wirkung wird außerdem durch das Tragen von Ketten, Anhängern oder gebohrten Trommelsteinen sowie insbesondere die innere Einnahme der Edelstein-Essenzen unterstützt. Von den jeweiligen Essenzen sollten je nach Intensität der Erkrankung 3x täglich (Minimum) bis stündlich (Maximum) ca. 5-7 Tropfen eingenommen werden.

Heliotrop kann bei Nebenhöhlenentzündungen auch als Salbe eingesetzt werden. Dazu werden Heliotrop-Essenz und Bachblüten-Notfalltropfen (je 10 Tropfen auf 10g Salbengrundlage) in eine Salbengrundlage aus 1 Teil Bienenwachs und 4-5 Teilen Jojobaöl gegeben. Diese Salbe kann nun im Bereich der betroffenen Nebenhöhlen eingerieben werden, wo sie sehr gut und schnell hilft.

Nervenbeschwerden

Beschwerden der Nerven können durch Einklemmen (z.B. beim Bandscheibenvorfall), Infektionen, Durchblutungsstörungen, Vergiftungen und Folgen anderer Erkrankungen entstehen. Man unterscheidet wesentliche Beschwerden dabei in Neuralgien, Entzündungen, Degenerationserscheinungen und Verletzungen.

Neuralgien sind anfallsartig auftretende ziehende, schneidende, stechende oder bohrende Schmerzen, welche in Erscheinung treten, obwohl die Nerven keine anatomischen Veränderungen oder Funktionsausfälle zeigen.

Entzündungen (Neuritis) gehen mit Schmerzen, Empfindungsstörungen, Lähmungserscheinungen und anderen Funktionsstörungen einher, je nachdem, welche Nerven direkt betroffen sind.

Degenerationserscheinungen sind oft schmerzfrei, ziehen jedoch deutliche Funktionsstörungen oder -ausfälle nach sich. Sie sind oft verantwortlich für Empfindungsverluste und Lähmungen.

Verletzungen können zu starken Schmerzen (z.B. bei eingeklemmten Nerven), Reizungen oder vollständigen Funktionsausfällen (z.B. bei durchtrennten Nerven) führen.

Bei Nervenbeschwerden sollte auf jeden Fall ein Arzt oder Heilpraktiker aufgesucht werden, um die genaue Ursache abzuklären und entsprechende Maßnahmen zu ergreifen. Auch Heilsteine können dabei eine große Hilfe sein. Verletzte oder entzündete Nerven reagieren unter Umständen noch lange Zeit sehr empfindlich und schmerzhaft auf kleinste Reize. Es ist jedoch ein unbestätigter Mythos, daß Nervenzellen nicht regenerationsfähig seien. Gerade durch den Einfluß von Heilsteinen können sich Nerven sehr gut erholen und sogar bei starken Verletzungen vollständig ausheilen.

Nervenerkrankungen stehen mitunter in direktem Zusammenhang zu seelischen Beschwerden, Konflikten, Problemen, Belastungen und Streß. Es ist daher oft sinnvoll, sich darüber Gedanken zu machen, was einem »auf die Nerven geht« und welche Probleme im Moment belasten und zermürben. An diesen Themen sollte auch geistig gearbeitet werden, ggf. mit therapeutischer Hilfe. Dabei können die im folgenden genannten Heilsteine ebenfalls eine Hilfe sein.

Lavendel-Jade lindert Nervenentzündungen und Neuralgien, die nach früheren Entzündungen immer wieder auftreten. Sie wird dazu als Trommelstein an der schmerzenden Stelle aufgelegt oder als Edelstein-Essenz innerlich eingenommen (3-5x täglich 5-9 Tropfen). Auch längeres Tragen von Ketten, Anhängern oder gebohrten Trommelsteinen kann hier positiv wirken. Seelisch fördert Lavendel-Jade Ausgeglichenheit und inneren Frieden.

Kunzit und **Sugilith** helfen bei Nervenschmerzen aller Art, unabhängig davon, ob es sich um Neuralgien oder Verletzungen handelt. Lediglich bei Entzündungen wirkt Lavendel-Jade besser. Auch Kunzit und Sugilith werden am besten direkt auf die schmerzende Stelle aufgelegt oder als Edelstein-Essenz innerlich eingenommen (3-5x täglich 5-9 Tropfen). Seelisch helfen Kunzit und Sugilith, Spannungen abzubauen und die momentane Stimmung zu verbessern. Dabei hilft Kunzit jedoch in erster Linie, wenn Nachgiebigkeit, Demut und Akzeptanz notwendig sind (z.B. um Unabänderliches ohne Widerstände anzunehmen), während Sugilith darin unterstützt, kompromißlos den eigenen Standpunkt zu wahren oder notwendige Veränderungen durchzuführen.

Turmalin fördert die Regeneration von verletzten und degenerierten Nerven, wobei Verdelith (grüner Turmalin) am besten bei degenerativen Erscheinungen, Rubellit (roter Turmalin) dagegen besser bei Verletzungen wirkt. Ideal ist der Wassermelonen-Turmalin, der einen Rubellit-Kern und eine Verdelith-Hülle enthält. Sollten diese Turmaline nicht zur Hand sein, können notfalls auch alle anderen Varietäten verwendet werden.

Zur Regeneration von Nerven und insbesondere zum Heilen verletzter Nerven werden Turmalin-Kristalle oder -Kristallstäbchen längs zur Körperachse oder den Gliedmaßen aufgelegt bzw. aufgeklebt. Die Spitze der Kristalle oder Stäbchen sollte dabei stets vom Kopf weg zu den Händen oder Füßen hin weisen. Auf diese Weise können Schmerzen gelindert und Empfindungsstörungen, Taubheitsgefühle und mitunter sogar Lähmungserscheinungen geheilt werden. Sind keine Kristalle oder Kristallstäbchen zur Hand, können auch Scheiben oder Trommelsteine aufgelegt, Turmalin-Ketten, Anhänger oder gebohrte Trommelsteine getragen sowie Turmalin-Essenzen innerlich eingenommen werden (mehrmals täglich 3-7 Tropfen). Turmaline sind dynamische, aufbauende und belebende Heilsteine. Sie helfen, Geist, Seele, Verstand und Körper zu einer harmonischen Einheit zu verbinden.

Nervosität

Nervosität ist ein Zustand seelischer Spannung, der sich in Unruhe, Hast, Ungeschicklichkeit, Übers empfindlichkeit, Überreiztheit, Unausgeglichenheit, Überaktivität und Ungeduld äußert. Hinter Nervosität verbergen sich in der Regel Unsicherheit, Druck, Angst, Streß, Überforderung oder ungelöste Konflikte. Situationsbezogene Nervosität (z. B. Lampenfieber) ist dabei oft leichter überwindbar, als längerandauernde Nervosität, deren Ursachen man nicht kennt. Letztere kann vielfach nur mit therapeutischer Hilfe dauerhaft gelöst werden.

Viele Heilsteine wirken beruhigend, lindern Nervosität und fördern Gelassenheit. Sie alle aufzuzählen, wäre zu unübersichtlich, daher sind im folgenden nur sehr gut wirksame, für bestimmte Zusammenhänge typische Heilsteine genannt. Eine gute Ergänzung zu deren Anwendung sind Meditationen, Tai Chi, Yoga oder Autogenes Training.

Aventurin fördert innere Ruhe, Geduld und Entspannung bei Streß und Unsicherheit. Er hilft insbesondere auch bei Überreiztheit, Überempfindlichkeit und seelischer Unausgeglichenheit.

Bernstein bringt Sorglosigkeit und Gelassenheit, stärkt Vertrauen und Selbstbewußtsein und hilft insbesondere, wenn Nervosität zu Magendrücken führt.

Chrysoberyll lindert Nervosität, die zu übereilter Hast und Ungeschicklichkeit führt. Er hilft insbesondere auch bei Ängsten oder wenn man sich völlig überfordert und unter Druck fühlt.

Dumortierit hilft, vieles leichter zu nehmen (»Take it easy«-Stein) und lindert Ängste und Unsicherheit. Er hilft bei starker Belastung, Zwanghaftigkeit sowie bei der Klärung ungelöster Konflikte.

Magnesit hilft bei Nervosität, die mit starker Unruhe und Hektik (Überaktivität) einhergeht. Er entspannt und beruhigt und hilft bei Ängstlichkeit, Überempfindlichkeit und Gereiztheit.

Topas Imperial ist der beste Heilstein bei Lampenfieber. Er macht sicher, selbstbewußt, stärkt den Selbstausdruck und hilft, öffentlichen Auftritten gelassen entgegenzugehen.

Alle genannten Heilsteine können bei Nervosität als Kristall (Chrysoberyll, Topas Imperial), Rohstein (Bernstein, Magnesit) oder Trommelstein in die Hand genommen oder als Kette, Anhänger sowie ggf. als gebohrter Trommelstein am Körper getragen werden. Auch die innere Einnahme der Edelstein-Essenz ist wirksam (3x täglich 3-7 Tropfen).

Nierenstärkung

Die Nieren besitzen als wichtigstes Ausscheidungsorgan zentrale Funktionen für das Wohlergehen des ganzen Organismus. Ihre Aufgabe ist es, den gesamten Wasserhaushalt samt Mineralstoffen, Säuren/Basen, Nährstoffen, Vitaminen und Hormonen im Gleichgewicht zu halten. Sie müssen Giftstoffe und Abfallprodukte (z. B. Harnsäure) ausscheiden, gleichzeitig jedoch Wasser und lebenswichtige Stoffe zurückhalten. Die

Niere ist ein großes Filterorgan, in dem diffizile Ausscheidungs- und Rückgewinnungsprozesse stattfinden. Störungen der Nierenfunktion, z. B. auch als Folge von Schmerzmitteln und anderen starken Medikamenten, führen daher entweder zu großen Verlusten von Wasser, Mineral- und Nährstoffen oder zur Anreicherung von Giften und Abfallstoffen im Körper. Beides kann bei ausbleibender oder falscher Behandlung schwerwiegende Folgen nach sich ziehen oder sogar tödlich enden.

Aus diesem Grund werden Nierenerkrankungen im Rahmen der Heilsteine Hausapotheke nicht besprochen. Schmerzen in der Nierengegend, evtl. noch mit Fieber, Schüttelfrost und Harntrübungen sollten umgehend von einem Arzt oder Heilpraktiker untersucht und behandelt werden. Von eigenmächtigen Behandlungen ohne entsprechende Kenntnisse muß dringend abgeraten werden.

Da die Vitalität der Nieren unmittelbar mit dem Energiepotential des gesamten Organismus in Verbindung steht (die chinesische Medizin ordnet den Nieren die sog. »Erbenergie«, die zentrale Energiereserve des Organismus zu), ist es jedoch sinnvoll, die Nierenfunktionen zu stärken, um ihre Tätigkeit z. B. bei Entschlackungskuren, während Allgemeinerkrankungen (Grippe, Erkältungen, Infektionen) oder bei verminderter bzw. erhöhter Harnausscheidung zu gewährleisten.

Hierbei können Heilsteine gute Dienste leisten, zumal sie auch vorbeugend helfen, seelische Hintergründe von Nierenstörungen zu klären. Es ist individuell sehr verschieden, was einem »an die Nieren gehen« kann, doch es sind oft Auseinandersetzungen mit Kommunikation, Partnerschaft, Lebensunterhalt, Unterdrückung und Opferhaltung sowie Ängste oder verzweifelte Situationen, die zur Schwächung der Nieren führen. Werden solche Zusammenhänge erkannt, kann die Lösung dieser Hintergründe (ggf. mit therapeutischer Hilfe) viele Nierenleiden ersparen. So wie die Nieren körperlich für einen ausgelichenen Wasserhaushalt sorgen, so stehen sie auch in der Gefühls- und Gedankenwelt mit Themen wie Ausgeglichenheit und Harmonie in Verbindung.

Jadeit und **Nephrit** sind altbekannte Nierenheilsteine, die ihren Namen sogar aufgrund ihrer Heilwirkung erhielten (span. »pietra de ijada« = » Lendenstein«; lat. »lapis nephriticus« = »Nierenstein«). Beide stärken gleichermaßen die Nierenfunktionen, wenn sie als Edelstein-Essenz innerlich eingenommen (3x täglich 3-7 Tropfen) sowie als Trommelsteine oder Scheiben beidseitig in der Nierengegend aufgelegt werden (da grüner Jadeit sehr selten und teuer ist, kann hierfür auch die violette **Lavendel-Jade** verwendet werden). Jadeit und Nephrit beugen bei regelmäßiger Anwendung Ablagerungen in den Harnwegen und Nierensteinen vor. Sie helfen auch seelisch, Ausgeglichenheit und Harmonie zu erreichen.

Peridot stärkt die Ausscheidungsfunktion der Nieren. Er regt die Abgabe von Gift- und Abfallstoffen an und fördert den Harnfluß. Peridot wird dazu in Form kleiner Trommelsteinchen in Sonnenblumenöl eingelegt. Von diesem Öl wird entweder täglich ein halber Eßlöffel innerlich eingenommen oder es wird als Salatöl den Speisen zugesetzt. Peridot bringt außerdem jene seelischen Faktoren ans Licht, welche die Nieren schwächen. Er hilft, sich diesen Dingen zu stellen und notwendige Auseinandersetzungen zu führen.

Serpentin fördert ähnlich wie Jadeit und Neprit alle Nierenfunktionen. Auch er wird am besten als Trommelstein oder Scheibe beidseitig in der Nierengegend aufgelegt oder als Edelstein-Essenz innerlich eingenommen (3x täglich 3-7 Tropfen). Auch längeres Tragen von Serpentin-Ketten, -Anhängern, gebohrten Trommelsteinen oder Schmucksteinen kann die Nieren stärken.

Ödeme

Ödeme sind Flüssigkeitsansammlungen im Gewebe, der Haut, den Schleimhäuten sowie in Lymphgefäßen oder Organen (Lunge, Gehirn). Sie entstehen dadurch, daß mehr Flüssigkeit aus dem Blut ins Gewebe austritt, als über die Lymphbahnen ins Blut zurückfließt. Ursachen hierfür können u. a. Abflußstörungen in den Lymphbahnen, Verschlackung im Gewebe, erhöhter Druck in den Venen bei Herzschwäche, Nierenschwäche, Stoffwechselstörungen und Gefäßschädigungen bei Allergien, Entzündungen oder Vergiftungen sein. Vor allem Herz- und Nierenleiden sollten bei Ödemen auf jeden Fall durch einen Arzt oder Heilpraktiker abgeklärt werden!

Neben der ursächlichen Behandlung ist das Anregen des Lymphflusses zur Entwässerung des Gewebes auf jeden Fall eine große Hilfe. Zusätzlich zu Diät und Lymphdrainage (beides sollte mit dem Arzt oder Heilpraktiker abgesprochen sein) kommt hier ein Heilstein zur Unterstützung in Frage:

Gebänderter **Chalcedon** regt den Lymphfluß an und fördert so die Ableitung und Rückführung der Gewebsflüssigkeit in den Blutkreislauf. Er hilft, Verschlackungen im Gewebe und Stauungen in den Lymphbahnen zu lösen und erleichtert so den Abbau von Ödemen. Chalcedon wird dazu als Trommelstein oder Scheibe im Bereich der Flüssigkeitsansammlungen aufgelegt und zusätzlich als Edelstein-Essenz innerlich eingenommen (3-5x täglich 5-9 Tropfen). Auch das Tragen von Chalcedon-Ketten, Anhängern, gebohrten Trommelsteinen oder Schmucksteinen regt den Lymphfluß an.

Ohrenbeschwerden

Neben der bereits gesondert besprochenen Mittelohrentzündung (siehe dort) zählen vor allem Ohrgeräusche (Tinnitus), Hörsturz und erworbene Schwerhörigkeit zu den häufigsten Beschwerden der Ohren.

Ohrgeräusche (Tinnitus), früher zumeist Folgen von Ohrerkrankungen, treten heutzutage vermehrt ohne ersichtlichen Grund auf. Sie äußern sich in beständigem oder immer wiederkehrendem Klingen, Brummen, Rauschen oder Sausen, insbesondere am Abend oder in ruhigem Umfeld, und können sehr lästig und beeinträchtigend sein. Mögliche Ursachen sind Durchblutungsstörungen oder Schädigungen des Hörnervs, auch Zusammenhänge mit Übersäuerung und Vergiftungen wurden beobachtet. Trotzdem tappt sowohl die Schulmedizin als auch die Naturheilkunde bei Ohrgeräuschen weitgehend im Dunkeln. Wahrscheinlich liegen hier seelische Ursachen vor, Dinge, die »einem in den Ohren gellen« oder die man nicht hören will; doch auch diese Zusammenhänge sind sehr spekulativ.

Was die Heilsteine betrifft, gibt es einige, die bei Ohrgeräuschen helfen, doch aufgrund der Unklarheiten hinsichtlich deren Entstehung ist es im Moment noch nicht möglich, genau zu benennen, wann welcher Stein am besten hilft. Hier können nur radiästhetische (strahlenfühlige) oder kinesiologische Tests – oder schlichtes Ausprobieren – Klarheit verschaffen. Als Hilfestellung werden sie in diesem Kapitel daher nach der Häufigkeit geordnet, in der sie sich bisher als wirksam erwiesen haben.

Ähnlich ist es beim Hörsturz, der meist einseitig auftretenden Hörverschlechterung bzw. plötzlichen Taubheit. Zwar ist hier bekannt, daß Durchblutungsstörungen im Innenohr dafür verantwortlich sind, doch auch diese können sehr verschiedene Ursachen haben (Ablagerungen in den Gefäßen, Gefäßkrämpfe, Beschwerden der Halswirbelsäule) und in vielen Fällen läßt sich der eigentliche Hergang des Hörsturzes nicht klären. Dafür sind hier jedoch die Sofortmaßnahmen klar: Viel Flüssigkeitsaufnahme, ggf. Infusionen und sofortige heilkundige Behandlung der Durchblutungsstörungen sind notwendig, damit aus dem vorübergehenden Hörsturz keine dauerhafte Schwerhörigkeit oder Taubheit wird. Aus diesem Grund sollte ein Hörsturz auch umgehend ärztlich behandelt werden. Heilsteine können auf dem Weg zum Arzt oder zusätzlich zur ärztlichen Therapie eingesetzt werden, eigenmächtiges Behandeln ohne entsprechende Kenntnisse sollte jedoch unterbleiben!

Schwerhörigkeit durch allmähliche Hörverschlechterung kann durch Infektionen des Innenohrs, Erkrankungen des Hörnervs (Virusinfektionen z. B. bei Gürtelrose) oder degenerative Prozesse (sog. Altersschwerhörigkeit) entstehen, welche wahrscheinlich auf chronische Mangeldurchblutungen zurückgehen. Auch hierfür können Ablagerungen in den Blutgefäßen verantwortlich sein.

Alle drei Ohrenbeschwerden, Ohrgeräusche, Hörsturz und erworbene Schwerhörigkeit, haben also gemeinsam, daß Durchblutungsstörungen eine wichtige Rolle spielen, die ihrerseits entweder mit Infektionen oder mit Verschlackung des Gewebes und Ablagerungen in den Blutgefäßen einhergehen. Zur Vorbeugung sind daher Entschlackungskuren sehr wichtig (vgl. auch Kapitel Entgiftung/Entschlackung), zur Behandlung dagegen in erster Linie durchblutungsfördernde und entzündungshemmende Heilsteine.

Sardonyx ist bei allen Ohrenbeschwerden der Heilstein erster Wahl. Er hilft in vielen Fällen bei Ohrgeräuschen (Tinnitus) und allmählicher Hörverschlechterung hin zur Schwerhörigkeit. Wird er sofort angewendet, kann er auch bei Hörsturz schnell und wirkungsvoll helfen. Seine umfassende Wirkung begründet sich wahrscheinlich darin, daß Sardonyx den Fluß von Blut und Lymphe anregt und daher gleichermaßen bei Durchblutungsstörungen als auch bei Infektionen wirksam ist. Sardonyx sollte bei plötzlich auftretenden Ohrenbeschwerden als Roh- oder Trommelstein direkt aufs betroffene Ohr gehalten oder gelegt werden. Zusätzlich kann die Edelstein-Essenz innerlich eingenommen werden (zu Beginn 15 Tropfen, anschließend 3-5x täglich 5-7 Tropfen).

Granat Pyrop ist bei Ohrenbeschwerden der Heilstein zweiter Wahl. Er fördert die Durchblutung und Regeneration des Innenohrs und erzielt daher ebenfalls gute Resultate. Pyrop sollte bei Hörsturz als Kristall oder Trommelstein direkt aufs betroffene Ohr gehalten oder gelegt werden. Bei Ohrgeräuschen (Tinnitus) und allmählicher Hörverschlechterung kann er als Kette, Anhänger oder gebohrter Trommelstein am Hals getragen werden. In allen drei Fällen hilft auch die Edelstein-Essenz (3x täglich 3-7 Tropfen).

Heliotrop hilft vor allem bei Ohrgeräuschen (Tinnitus) und Hörverschlechterung, insbesondere wenn Infektionen und Entzündungen vorausgegangen sind oder noch bestehen. Er kann als Ohr-Olive vorsichtig ins äußere Ohr eingeführt oder als Trommelstein bzw. Scheibe auf das Ohr aufgelegt werden. Ohr-Oliven haben eine kleine Öse an einem Ende, an der ein Faden befestigt wird, mit dem die Heliotrop-Olive später wieder aus dem Ohr herausgezogen werden kann.

Rhodonit, Türkis und **Turmalin Schörl** zeigen ebenfalls mitunter Wirkung bei Ohrgeräuschen (Tinnitus) und allmählicher Hörverschlechterung hin zur Schwerhörigkeit. Das mag in einer Verbesserung der Durchblutung und Regeneration (Rhodonit), der Linderung von Übersäuerung und Vergiftung (Türkis) oder einer besseren energetischen Versorgung des Ohrs (Turmalin) begründet sein. Bei allen drei Steinen kann noch nicht genau bezeichnet werden, in welcher speziellen Situation der einzelne verwendet werden soll. Sie helfen nur manchmal, aber mitunter genau dann, wenn Sardonyx, Granat Pyrop oder Heliotrop unwirksam bleiben. Aus diesem Grund werden sie hier auch erwähnt.

Alle drei können entweder als Trommelstein bzw. Scheibe auf das Ohr aufgelegt, als Kette, Anhänger oder gebohrter Trommelstein getragen sowie als Edelstein-Essenz innerlich eingenommen werden (3x täglich 3-9 Tropfen).

Osteoporose

Osteoporose ist eine Verminderung der Knochenmasse und -struktur, die zur Brüchigkeit der Knochen und damit u.U. zu Spontanbrüchen führen kann. Sie ist im Grunde eine Regenerationsstörung mit verminderter Knochenneubildung im Vergleich zum Knochenabbau. Die tatsächliche mineralische Zusammensetzung der Knochen weicht dabei nicht vom Normalzustand ab, die Knochen verlieren jedoch an Substanz.

Dieser Substanzverlust geht in der Regel mit Störungen des Stoffwechsels oder Veränderungen im Hormonhaushalt einher. So begünstigen hormonelle Umstellungen in den Wechseljahren, Keimdrüsenunterfunktionen und Schilddrüsenüberfunktionen die Osteoporose. Auch Calcium- und Vitamin-D-Mangel, bestimmte Medikamente (z.B. Cortison), durch Schlackenstoffe belastetes und daher stoffwechselträges Gewebe

und zu wenig körperliche Bewegung können zur Brüchigkeit der Knochen beitragen. Entschlackung, insbesondere durch tierisch eiweißfreie Diät, Bewegung sowie Calcium- und Vitamin-D-reiche Kost sind daher die maßgeblichen Faktoren, mit denen der Osteoporose entgegengewirkt werden kann.

Als Heilsteine sind bei Osteoporose insbesondere die Calcium-Mineralien **Apatit**, **Calcit** und **Fluorit** wirksam. Alle drei regen den Calcium-Stoffwechsel an und fördern den Knochenaufbau. Heilstein erster Wahl ist dabei das Calciumphosphat Apatit, dessen chemische Zusammensetzung der unserer Knochenfasern ähnelt. Apatit regt, wie auch bei Knochenbrüchen zu sehen ist, insbesondere die Neubildungsprozesse in den Knochen an. Auch Fluorit, ein Calciumfluorid, stimuliert diese Neubildung, während Calcit, ein Calciumcarbonat, in erster Linie die Calciumaufnahme im Darm und die Bereitstellung durch den Stoffwechsel fördert. Die drei Heilsteine ergänzen sich daher sehr gut und können auch gemeinsam als Osteoporose-Kombination verwendet werden.

Dazu werden sie als Kette, Anhänger oder gebohrter Trommelstein über längere Zeit am Körper getragen oder als Edelstein-Essenz innerlich eingenommen (3x täglich jeweils 3-5 Tropfen).

Pilzinfektionen

Infektionen durch Pilze befallen in erster Linie die Haut (incl. Haaren und Nägeln) und Schleimhäute sowie Dickdarm und Lunge. Alle diese Organe können in Kontakt mit den von außen kommenden Pilzsporen treten, eine tatsächliche Ansiedlung und Verbreitung ist Pilzen jedoch nur möglich, wenn sie auf das richtige Milieu, den richtigen »Nährboden« treffen. Bei einem gesunden, unbelasteten Organismus hat kein Pilz eine Chance. Ist dagegen unser Gewebe stark mit Gift- und Schlackenstoffen belastet, versucht der Organismus, diese neben den üblichen Ausscheidungswegen gerade auch über Haut, Schleimhäute, Darm und Lunge auszuscheiden – und schon finden Pilze »ihr« Milieu. Dabei besteht vor allem ein Zusammenhang zwischen Schwermetallen und Pilzinfektionen, die z.T. nicht einmal zu unserem Nachteil sind. Pilze helfen, Schwermetalle zu binden und erleichtern damit dem Organismus deren Verarbeitung. Auf der anderen Seite belasten sie ihn wieder mit ihren eigenen Stoffwechselprodukten – man treibt also »den Teufel mit dem Beelzebub aus« …

Jedoch wird durch diesen Zusammenhang deutlich, daß nicht der Pilz allein zu bekämpfen und auszutreiben ist, solange man nicht erneut Pilzbelastungen durch Schwermetallbelastungen ersetzen will – es gilt, die Verschlackung und Vergiftung des Gewebes zu beseitigen, welche den Pilzbefall

erst möglich macht. Ein durch Entschlacken gereinigtes Gewebe bietet dem Pilz keinen Nährboden mehr, so daß er ganz von alleine verschwindet. Daher sind hier tierisch eiweißfreie Diät, Darmsanierungen und weitere entschlackende Mittel (siehe Kapitel Entgiftung/Entschlackung) die wichtigsten Maßnahmen. Hausmittel, die direkt die Pilzinfektion lindern, wie Teebaumöl (nur äußerlich anwenden, z.B. als 10%ige Salbe) oder die folgenden Heilsteine sind zwar bei starker Beeinträchtigung durchaus berechtigt, stellen jedoch für sich alleine keine dauerhafte Heilung dar!

Als wirksamstes Mittel zur Linderung von Pilzinfektionen hat sich die Kombination **Chrysopras** und **Rauchquarz** erwiesen. Dabei wird zunächst Chrysopras als Edelstein-Essenz innerlich eingenommen (3x täglich 5-7 Tropfen), als Kette, Anhänger oder gebohrter Trommelstein getragen bzw. bei lokalen Infektionen als Trommelstein auf die betroffene Stelle aufgelegt. Zusätzlich wird Rauchquarz nach zwei bis drei Tagen als Kette, Anhänger oder gebohrter Trommelstein umgehängt und von da an ununterbrochen getragen. Diese Behandlung muß über mehrere Wochen durchgeführt werden, zeigt dann jedoch gute Erfolge. Offenbar ist die Verbindung der entgiftenden (Chrysopras) und auflösenden (Rauchquarz) Wirkung der beiden Steine hier eine sinnvolle Ergänzung.

Auch **Achate** mit Signaturen lokaler Pilzinfektionen (vgl. Seite 198) können zur

Linderung von Pilzerkrankungen beitragen, wobei sie in erster Linie helfen, Folgen der Pilzinfektion wie Entzündungen, Durchfall usw. zu mildern. Achate regen den Stoffwechsel an und fördern ebenfalls die Entschlackung und Entgiftung des Gewebes, sind darin aber bei weitem nicht so wirksam wie Chrysopras. Sie werden überwiegend bei lokalen äußeren Pilzinfektionen eingesetzt (z. B. Hautpilz, Nagelpilz usw.) und dazu als Trommelstein oder Scheibe auf die betroffenen Bereiche aufgelegt oder als Edelstein-Essenz gegen Darmpilze eingenommen (3x täglich 3-7 Tropfen).

Bei Schleimhautbefall wirkt auch **Fluorit** sehr gut, da er generell die Reinigung und Regeneration von Schleimhäuten anregt. Er kann gerade dann oft mit Erfolg eingesetzt werden, wenn die Kombination Chrysopras + Rauchquarz keine Wirkung zeigt. Fluorit wird bei Pilzinfektionen als Kette, Anhänger, gebohrter Trommelstein bzw. Schmuckstein getragen oder als Edelstein-Essenz innerlich eingenommen (3x täglich 3-7 Tropfen). Notfalls kann er auch als Trommelstein für einige Zeit in den Mund genommen werden.

Potenzstörungen

Potenzstörungen umfassen mehrere, den Geschlechtsverkehr beeinträchtigende Faktoren: Zum einen die generelle Unfähigkeit zum Geschlechtsverkehr aufgrund von unzureichender oder ausbleibender Erektion (Impotenz), das Ausbleiben von Ejakulation und Orgasmus oder deren verfrühtes Einsetzen. Die Ursachen hierfür können körperlicher wie seelischer Natur sein. Rein körperlich können Potenzstörungen durch angeborene Fehlbildungen oder unfallbedingte Schädigungen von Penis und Hoden sowie durch Störungen der Blutgefäße (arterieller Verschluß), des Stoffwechsels (Diabetes mellitus), der Nerven (Rückenmarkserkrankungen oder -schädigungen) oder des Hormonhaushalts entstehen. Auch allgemeine Schwächezustände, chronische Vergiftungen (z. B. durch Blei, Arsen oder Kohlenwasserstoffe), Nebenwirkungen von Arzneimitteln, Drogen und Alkohol können die Potenz beeinträchtigen. In all diesen Fällen ist natürlich eine ursächliche Behandlung notwendig (falls möglich) bzw. der beeinträchtigende Faktor sollte vermieden werden (also besser keinen »Mut« antrinken ...).

Weitaus häufiger sind Potenzstörungen jedoch seelischer Natur: Leistungsdruck, Erwartungs- und Versagensängste, Abneigung gegen den Partner, sexualfeindliche Erziehung, Schuldgefühle, Angst vor Geschlechtskrankheiten oder Schwangerschaft sowie Streß und Verstimmungen können dazu führen, daß »nichts geht« oder daß es »zu schnell geht« ... In diesen Fällen hilft nur ein offenes Gespräch unter den Partnern, das Mitteilen von Wünschen,

Ängsten und Schwierigkeiten und die gegenseitige Unterstützung durch Offenheit und Vertrauen. Sollte dies nicht möglich sein oder keinen Erfolg zeigen, kann therapeutische Hilfe notwendig sein. Auch Heilsteine können nur helfen, »kleinere Schwierigkeiten« zu überwinden, größere Probleme müssen in ihrer Ursache bewältigt werden.

Feueropal hilft bei Impotenz und ausbleibendem Orgasmus, sollte jedoch nicht bei vorzeitigem Samenerguß verwendet werden! Er fördert die erotische Anziehungskraft, das hemmungslose Ausleben der eigenen Lust und bringt Spaß an der Sexualität. Feueropal macht spontan und impulsiv und vertreibt störende Gedanken, Verstimmungen, Schuldgefühle und andere Hemmnisse schnell aus »Kopf und Bauch« …

Rubin hilft bei allen Potenzstörungen seelischer Natur sowie bei Schwächezuständen. Er regt zu aktiver Sexualität an, bringt neue Leidenschaft in grau gewordenen Alltag und erleichtert, Leistungsdruck, Erwartungs- und Versagensängste loszulassen. Rubin bringt angenehmes Wohlbefinden und Freude an der Sexualität.

Thulit fördert Lust, Sinnlichkeit und Sexualität. Er fördert das Ausleben der eigenen Wünsche und Phantasien und hilft, selbst tiefsitzende Blockaden durch negative Erfahrungen, lustfeindliche Erziehung, Schuldgefühle, Leistungsdruck, Ängste und Verstimmungen zu überwinden. Thulit hilft, ein lockeres, natürliches Verhältnis

zur Sexualität zu gewinnen, und ermöglicht gerade Männern, sich einmal »fallenzulassen«.

Alle genannten Heilsteine sollten bei Potenzstörungen längere Zeit in Form von Ketten, Anhängern, gebohrten Trommelsteinen oder Schmucksteinen getragen werden. Auch das regelmäßige Auflegen von Rohsteinen (Feueropal, Thulit), Kristallen (Rubin) oder Trommelsteinen im Schambereich fördert die Potenz. Die beste Anwendungszeit hierfür ist der frühe Abend (19.00 - 21.00 Uhr). Bekannt und geschätzt ist insbesondere bei Thulit auch der Aufenthalt im Steinkreis bzw. das Auslegen von Trommel- bzw. Rohsteinen rings um das Bett …

Prellungen

Prellungen sind durch stumpfe Gewalteinwirkung (Schlag, Stoß oder Fall) hervorgerufene Gewebequetschungen, welche die Haut, das Unterhautgewebe, die Muskeln, Knochenhaut und die Knochen betreffen können. Sie sind oft mit starken Spannungsschmerzen verbunden und führen zu Blutergüssen. Da Prellungen zu einer Art »Schock« auf Zellebene führen, kann schon das Bewußtmachen des eigentlichen Vorgangs zu einer deutlichen Verbesserung führen.

Dazu stellt man den Vorgang (möglichst unmittelbar nach dem Geschehen) nach und vollzieht jene Bewegung, die zur Prellung führte, an Ort und Stelle noch einmal so genau wie nur möglich nach (natürlich ohne sich erneut zu verletzen). Ist man z.B. hingefallen, begibt man sich noch einmal in die Position, in der man aufgeprallt ist. Unter Umständen wird es notwendig, die entsprechende Bewegung mehrmals zu wiederholen, bis der Schmerz der Prellung kurz zunimmt und dann nachläßt. An diesem Punkt hört man auf. Dieser Bewußtmachungs-Prozeß lenkt unsere Aufmerksamkeit und damit unsere Lebensenergie auf den betroffenen Bereich und beschleunigt so die Heilung.

Anschließend kann die Prellung noch mit kalten Arnika-Umschlägen, durch die innere Einnahme homöopathischer Arnika-Aufbereitungen oder mit Hilfe der u.g. Heilsteine behandelt werden.

Amethyst hilft, verbliebene Schmerzen schnell zu lindern und die durch den Aufprall entstandene Spannung zu lösen. Wird er sofort verwendet, bleiben größere Schwellungen aus und auch Blutergüsse erscheinen nur in kleinerem Umfang.

Prasem hilft im späteren Verlauf, z.B. wenn keine sofortige Behandlung möglich war, Schmerzen zu lindern und fördert das Abklingen von Schwellungen. Er beschleunigt den Regenerationsprozeß des betroffenen Gewebes.

Rhodonit hilft vor allem zur schnellen Rückbildung von Blutergüssen. Er wirkt zudem auch schmerzlindernd und hilft, den Schock schmerzhafter Prellungen aufzulösen. Er zeigt sowohl bei sofortiger Anwendung als auch im späteren Verlauf gute Wirkung.

Alle genannten Heilsteine werden am besten als flache Trommelsteine oder Scheiben auf die betroffene Stelle aufgelegt, ggf. auch mit Pflaster aufgeklebt oder in einen Verband eingebunden. Auch die innere Einnahme der Edelstein-Essenz kann hier hilfreich sein (bei Bedarf 5-9 Tropfen).

Prostatavergrößerung

Die Prostata, auch Vorsteherdrüse genannt, ist eine männliche Geschlechtsdrüse, welche die Harnröhre direkt unterhalb der Harnblase ringförmig umfaßt. Im Bereich der Prostata münden die beiden von den Hoden kommenden Samenleiter in die Harnröhre. Die Funktion der Prostata besteht darin, vor und während der Ejakulation ein alkalisches Sekret abzugeben, welches saure Harnreste neutralisiert und damit die Beweglichkeit der Spermien sichert.

Vergrößerungen der Prostata durch Hormonumstellungen im Alter können große Beschwerden verursachen, indem die Harnröhre zunehmend verengt wird. Dabei kommt es im 1. Stadium zu häufigem Harndrang mit erschwerter Blasenentleerung (Reizstadium), im 2. Stadium kann sich die vergrößerte Blase nicht mehr vollständig entleeren, was zu Restharnbildung mit Gefahr von Infektionen führt, im 3. Stadium schließlich ist die Elastizität der Blase ausgereizt, es kommt zur Überlaufblase, bei der der Harn ständig tröpfelnd abgeht. Besonders gefährlich in diesem Zusammenhang ist auch die Schädigung der Nieren durch Harnrückstau.

Prostatavergrößerungen werden seelisch in vielen Fällen durch sexuelle Unsicherheit begünstigt. Veränderungen in der Partnerschaft, allgemein nachlassende Leistungsfähigkeit sowie die Auseinandersetzung mit Themen wie Lebenssinn und Tod führen in der zweiten Lebenshälfte oft zu einem veränderten Selbstbild, welches auch die Sexualität beeinflußt. Davon bleiben – ganzheitlich betrachtet – auch die Geschlechtsorgane nicht unbeeinflußt, zu denen die (vielleicht lange Zeit unbeachtete) Prostata zählt. Diesen Hintergrund, evtl. auch mit therapeutischer Hilfe, zu klären und auch beim Älterwerden stets eine erfüllte Sexualität leben zu können, scheint das beste vorbeugende Mittel gegen Prostatavergrößerungen zu sein.

Achate mit Augen-Signatur (konzentrischen Ringen) ähneln in ihrer Zeichnung mitunter auch der Prostata mit der hindurchführenden Harnröhre. Diese Achate können bei beginnender Prostatavergrößerung eingesetzt werden, um eine weitere Vergrößerung zu verhindern oder sogar Rückbildungen zu bewirken. Dazu wird der entsprechende Achat als Scheibe oder Trommelstein oberhalb der Peniswurzel aufgelegt.

Zoisit kann in allen Stadien der Prostatavergrößerung eingesetzt werden und zu deren Rückbildung beitragen. Er unterstützt auch die Klärung seelischer Hintergründe, indem er auch bei Veränderungen im Sexualleben den eigenen Selbstwert und das eigene Selbstbewußtsein bewahren hilft. Insbesondere Zoisit-Gestein mit Rubin hilft, sexuelle Unsicherheit zu überwinden. Zoisit mit Rubin kann dazu ebenfalls regelmäßig als Trommelstein oberhalb der Peniswurzel aufgelegt oder als Edelstein-Essenz innerlich eingenommen werden (3x täglich 5-7 Tropfen). Auch das Tragen von Ketten, Anhängern oder gebohrten Trommelsteinen über längere Zeit ist hilfreich.

Regeneration

Regeneration (lat. »regeneratio« = »Wiedergeburt«) ist die Rückkehr zum ursprünglichen, gesunden und harmonischen Zustand oder Befinden. Körperlich stellt Regeneration die Erneuerung oder Neubelebung von Zellen, Geweben und Organen dar, seelisch die Wiederkehr von Kraft und Fähigkeiten sowie die Verbesserung der Stimmungslage. Regeneration ist täglich notwendig, sowohl die Wiederherstellung des durch die Tagesaktivitäten beanspruchten Organismus (wesentliche Regenerationsprozesse hierzu laufen z. B. im Schlaf ab), als auch die seelische Erholung zur Verarbeitung von Sinneseindrücken, Erfahrungen und Informationen (auch hier vollzieht sich im Traum, was im Wachbewußtsein unerledigt blieb). Wird die notwendige Regeneration auch täglich vollzogen (siehe hierzu auch das Kapitel Schlaf), bleiben wir vital, gesund und jung – es entsteht kein »Verschleiß«!

Kommen wir dieser täglichen Regeneration jedoch nicht oder nur ungenügend nach, verlangen Körper und Seele irgendwann nach längeren Pausen und Erholungsphasen. Dies kann im günstigsten Fall der Urlaub sein, im ungünstigsten Fall ist es eine Krankheit. Auf jeden Fall ist dann Ruhe angesagt, Konzentration auf das eigene Wohlbefinden und Schonung von übermäßiger körperlicher und seelischer Anstrengung. Im Fall des Urlaubs kann natürlich auch Sport und Bewegung erholsam sein, solange kein Leistungsdruck dabei ist und die persönlichen Grenzen beachtet werden.

Lebensphasen mit großen Belastungen, schwer zu verarbeitende Konflikte oder schwere körperliche Erkrankungen bzw. Verletzungen erfordern natürlich besondere Zeiten der Regeneration. Auch dies sollte unbedingt beachtet werden. Ein zu frühes Starten in alter Gewohnheit sorgt am Ende einer Erkrankung oft sehr schnell für einen Rückfall. Während oder nach Erkrankungen, seelischen Belastungen sowie bei andauernder Müdigkeit oder Erschöpfung sollte der erhöhte Regenerationsbedarf des Körpers und der Seele unterstützt werden.

Gesunde, vitaminreiche Kost, tägliches Spazierengehen, entspannende Bäder, ausreichend Schlaf und etwas Zeit für persönlichen Freiraum – nur für sich selbst! – sind hierzu besonders wichtig. Dazu können dann auch die folgenden Heilsteine verwendet werden, welche Regenerations- und Erholungsprozesse beschleunigen. Für sich alleine, ohne die vorgenannten Maßnahmen wirken sie jedoch nur kurze Zeit!

Epidot hilft, sich nach großen Anstrengungen und schweren Erkrankungen wieder zu erholen. Er ist insbesondere dann angebracht, wenn man sich völlig ausgelaugt und zur kleinsten Handlung unfähig fühlt. Seelisch hilft Epidot, die eigenen Konzepte einer gesunden und glücklichen Existenz wiederzufinden und vergessene Ziele und Ideale neu zu beleben. Dadurch kehren Mut, Kraft und Zuversicht wieder.

Rutilquarz bringt Hoffnung in schwierigen Lebensphasen, wenn alles dunkel, schwer und eng erscheint. Er hilft, groß zu denken und die aktuelle Situation von einer höheren Warte zu betrachten. Allein diese Veränderung des Standpunkts führt oft zu neuer Kraft und Zuversicht, dem notwendigen (die Not wendenden) Lichtblick im Dunkeln. Auch körperlich fördert Rutilquarz die Erneuerung der Zellen und damit die Regenerationskraft aller Zellen und Organe.

Zoisit fördert die Regeneration von Zellen und Geweben nach Entzündungen und schweren Erkrankungen sowie die täglichen Regenerationsprozesse im Schlaf. Er bringt Erholung auszehrenden, kräfteraubenden Anstrengungen oder bei schweren Belastungen. Am besten geeignet sind hierbei Zoisit-Gesteine, die Rubin enthalten.

Alle genannten Heilsteine können zur Unterstützung von körperlicher Regeneration und seelischer Erholung als Kette, Anhänger oder gebohrter Trommelstein am Körper getragen oder als Edelstein-Essenz innerlich eingenommen werden (3x täglich 5 Tropfen). Sie können bei vielen Heilungsprozessen zu anderen Heilsteinen hinzugegeben werden, um durch eine allgemeine Stärkung der Regenerationskraft deren Wirksamkeit zu erhöhen.

Reisekrankheit

Reisekrankheit ist eine vorübergehende Gesundheitsstörung, die durch schwankende oder drehende Bewegungen (Seekrankheit), Einwirkungen der Fliehkraft (Kurvenfahren), dem Gefühl, ohne Grund zu sein (Luft- bzw. Fliegerkrankheit) oder durch monotones Rütteln (Eisenbahnkrankheit) ausgelöst werden kann. Sie beruht auf einer Reizung des Gleichgewichtsorgans und der vegetativen Zentren im Stammhirn sowie auf seelischer Spannung (Reiseaufregung, Flugangst usw.). Die Reisekrankheit äußert sich in Schwindelgefühlen, Schweißausbruch, Blässe,

Übelkeit und Erbrechen. Vorbeugend können hier beruhigende und brechreizhemmende Mittel wie z.B. Ingwertabletten (ab 2 Stunden vor Reisebeginn stündlich eine Tablette) oder Cocculus C 30 (7 Tropfen oder 5 Globuli – Milchzuckerkügelchen – vor Reisebeginn) gegeben werden. Cocculus ist die homöopathische Aufbereitung der Kockelskörner (Samen eines südostasiatischen Mondsamengewächses). Auch die Bachblüte Scleranthus (Einjähriger Knäuel) ist hier hilfreich.

Als Heilstein hat sich **Dumortierit** bei Reisekrankheit bewährt. Er lindert als Bormineral Übelkeit und Brechreiz und fördert auch seelisch die notwendige Gelassenheit und Entspannung beim Reisen (»Take it easy«-Stein). Dumortierit wird dazu schon einen Tag vor Reisebeginn als Kette, Anhänger, gebohrter Trommelstein oder Schmuckstein getragen, wobei Ketten die besten Resultate erzielen. Zu Reisebeginn kann zusätzlich die Edelstein-Essenz eingenommen werden (5-7 Tropfen).

Rheuma

Rheumatismus, kurz Rheuma genannt, ist eine Bezeichnung für schmerzhafte Veränderungen und/oder Funktionsstörungen der Gelenke (Gelenk-Rheumatismus) bzw. der Sehnen, Muskeln und des Bindegewebes (Weichteil-Rheumatismus). In beiden Fällen handelt es sich um meist chronisch verlaufende Entzündungsprozesse, die mit Autoimmunprozessen, erhöhten Eiweißwerten und Übersäuerung einhergehen. Gelenkrheumatismus entwickelt sich oft schubartig. Er beginnt mit schmerzhaften Entzündungen der Innenschicht in den Gelenkkapseln sowie mit Sehnenscheiden- und Schleimbeutelentzündungen, was zu steifen und geschwollenen Gelenken führt. In der Folge können auch Knorpel- und Knochenzerstörungen mit Bewegungseinschränkungen und Behinderungen entstehen.

Betroffen sind vor allem periphere (»weitab gelegene«) Gelenke an den Händen oder Füßen, bei weiterem Fortschreiten können dann auch andere Gelenke bis hin zur Wirbelsäule befallen werden. Der periphere Beginn deutet jedoch darauf hin, daß der Organismus die krankheitsverursachenden Faktoren weitab von den zentralen lebenswichtigen Organen halten will. Autoimmunprozesse, erhöhte Eiweißwerte und Übersäuerung weisen auch hier auf Verschlackungen des Gewebes hin. Tierisch eiweißfreie Diät und entschlackende Maßnahmen (siehe Kapitel Entgiftung/Entschlackung) sind daher Grundvoraussetzung zur Heilung von Rheuma. Um Übergriffe der rheumatischen Erkrankung auf innere Organe wie Leber, Milz, Lymphknoten und Herz zu vermeiden, sollte Rheuma unbedingt durch einen fachkundigen Arzt oder Heilpraktiker behandelt werden, mit dessen Hilfe auch weitere entsäuernde und reinigende Maßnahmen eingeleitet werden können.

Seelisch steht Rheuma oft mit Frustration und Groll, zurückgehaltenem Ärger oder unterdrückter Wut in Verbindung, was zu Verbitterung (Übersäuerung) führen kann. Über lange Zeit bestehende unerfreuliche Lebenssituationen, die insbesondere mit eingeschränkter Beweglichkeit und Freiheit einhergehen, scheinen die körperlichen Symptome des Rheumatismus zu verstärken. Hier kann es notwendig sein, gerade auch diese Hintergründe, ggf. mit therapeutischer Hilfe, zu lösen.

Zur Behandlung rheumatischer Erkrankungen haben sich interessanterweise genau jene Heilsteine bewährt, die einerseits entschlackende und entgiftende Wirkungen zeigen oder speziell Übersäuerung lindern und andererseits zu Harmonie, Sorglosigkeit und Ausgeglichenheit führen. Sie sollten daher nicht nur beim akuten rheumatischen Schub, sondern besser zur längerfristigen Behandlung eingesetzt werden, um das zugrundeliegende körperliche und seelische »Milieu« des Rheumatismus zu verändern.

Bernstein hilft bei schmerzenden und steifen Gelenken, sowohl den Schmerz als auch die zugrundeliegende Entzündung zu lindern. Er hilft, Folgeschäden zu verringern, und sollte daher als Roh- oder Trommelstein auf schmerzende Bereiche aufgelegt, als Kette, Anhänger oder gebohrter Trommelstein am Körper getragen oder als

Edelstein-Essenz innerlich eingenommen werden (im akuten Fall halbstündlich 3-7 Tropfen, später 3x täglich). Bernstein fördert außerdem ein ruhiges, sonniges Gemüt, bringt Sorglosigkeit und hilft, Frustrationen und Groll loszulassen.

Chrysopras kann ebenfalls als Trommelstein auf betroffene Gelenke aufgelegt und darüber hinaus in der beschwerdefreien Zeit als Kette, Anhänger oder gebohrter Trommelstein getragen sowie als Edelstein-Essenz innerlich eingenommen werden (3x täglich 3-5 Tropfen). Er fördert dadurch die Entschlackung des Gewebes und ist vor allem langfristig dazu geeignet, die Grundlagen der rheumatischen Erkrankung zu beseitigen. Auch seelisch bringt Chrysopras Kummer und unterdrückten Ärger ans Licht und hilft, sich davon zu verabschieden.

Malachit wirkt beim akuten rheumatischen Schub schmerzlindernd, indem er die betroffenen Bereiche schnell entgiftet und entsäuert. Beim Auflegen als Trommelstein oder Scheibe auf die betroffenen Gelenke kann Malachit allerdings zunächst zu kurzen, intensiven Erstverschlimmerungen führen, er verkürzt jedoch die Gesamtdauer der Schmerzen beträchtlich. Malachit ist vor allem zur Behandlung der akuten Erkrankung geeignet und kann sehr gut mit Türkis kombiniert werden. Seelische Hintergründe wie Ärger, Groll und Frustration bringt Malachit oft explosionsartig hervor. Diese spontanen »Entladungen« helfen jedoch, sich gründlich und vollständig Luft zu verschaffen, so daß anschließend eine deutliche Erleichterung und Befreiung spürbar ist.

Türkis wirkt ebenfalls schmerzlindernd und entgiftend. Er läßt rheumatische Beschwerden langsam abklingen und hilft, die Erkrankung langfristig völlig auszuheilen. Türkis neutralisiert Übersäuerung und verändert so nachhaltig das Körpermilieu. Er kann bei akuten Beschwerden als Trommelstein auf betroffene Gelenke aufgelegt und darüber hinaus in der beschwerdefreien Zeit als Kette, Anhänger oder gebohrter Trommelstein getragen sowie als Edelstein-Essenz innerlich eingenommen werden (3x täglich 3-5 Tropfen). Türkis kann gut mit Malachit kombiniert werden, da er im Gegensatz zu jenem stärkere entzündungshemmende Eigenschaften besitzt. Seelisch hilft Türkis insbesondere bei Frustration, Verbitterung und extremen Stimmungsschwankungen. Er fördert Ausgeglichenheit sowie innere und äußere Harmonie.

Rückenschmerzen

Rückenschmerzen können vielfältige Ursachen haben. Wenn sie vorübergehender Natur sind, liegen meist Verspannungen der Rückenmuskulatur vor, denen in der Regel Überanstrengung, fehlerhafte Haltung im Sitzen und mangelnde Bewegung zugrundeliegen. Weiterhin führen Beschwerden der Wirbelsäule (siehe auch Bandscheibenbeschwerden und Hexenschuß), Entzündungen oder Auswirkungen von Erkrankungen innerer Organe sowie viele seelischen Belastungen zu Schmerzen im Rücken. Schuldgefühle manifestieren sich häufig durch Schmerzen in den Schultern, Leistungsdruck und Auseinandersetzungen im oberen Rücken (Brustwirbelbereich), Geldsorgen und Probleme im unteren Rücken (Lendenwirbelbereich) sowie sexuelle Probleme und existentielle Nöte im Bereich des Kreuz- und Steißbeins. Dies sind nur einige Möglichkeiten. Im Prinzip kann jede Belastung mit dem Rücken in Resonanz treten, da dieser für Aufrichtigkeit, Geradlinigkeit und Haltung steht – schließlich ist die Wirbelsäule die maßgebliche Stütze unseres aufrechten Ganges!

Bei der Behandlung von Rückenbeschwerden gilt es also, körperliche und seelische Ursachen gleichermaßen zu beachten. Eine ausschließlich symptomatische Behandlung durch Massagen oder die genannten Heilsteine wird oft nur sehr kurze Linderung bringen, wenn die eigentliche Ursache unbehandelt bleibt. Daher ist bei dauerhaften Rückenschmerzen auf jeden Fall eine Untersuchung durch einen Arzt oder Heilpraktiker zu empfehlen, bei großen seelischen Belastungen kann außerdem therapeutische Hilfe notwendig sein.

Kunzit hilft bei Rückenschmerzen, die auf eingeklemmte Nerven (Bandscheibenvorfall, Ischias) zurückgehen. Kunzit lindert den Schmerz und entspannt den betroffenen Bereich, so daß Massagen oder das Einrenken von Wirbeln oft erst schadlos möglich werden. Seelisch fördert Kunzit Hingabe und Demut, gleichzeitig jedoch Treue zu sich selbst. Genau das entspricht der Wirbelsäule, die gleichzeitig stützen und beweglich bleiben muß. Kunzit wird entweder als Kristall oder Trommelstein direkt auf die schmerzende Stelle aufgelegt oder als Edelstein-Essenz innerlich eingenommen (3x täglich 5-9 Tropfen).

Magnesit hilft bei Verspannungen im oberen Rücken und Nacken, insbesondere wenn man unter Druck steht oder Auseinandersetzungen bevorstehen. Magnesit macht geduldig und erhöht die Belastbarkeit. Er hilft am besten, wenn er als Kette, Anhänger, gebohrter Trommelstein oder Schmuckstein auf dem Rücken getragen oder als Edelstein-Essenz innerlich eingenommen wird (3-5x täglich 5-7 Tropfen).

Rauchquarz hilft bei allen Rückenbeschwerden. Er lockert verspannte Muskulatur, führt zu einer besseren Haltung und erhöht die eigene Belastbarkeit enorm. Rauchquarz hilft, selbst bei großem Streß gelassen zu bleiben und verringert bei längerem Tragen die Neigung, sich »stressen« zu lassen. Auch er kann entweder als Kristall oder Trommelstein direkt auf die schmerzende Stelle aufgelegt, als Kette, Anhänger oder gebohrter Trommelstein getragen sowie als Edelstein-Essenz innerlich eingenommen werden (3x täglich 5-7 Tropfen).

Rubin hilft vor allem bei Beschwerden im unteren Rücken (Lendenbereich, Kreuzbein, Steißbein). Er gibt Mut und Kraft bei existentiellen Sorgen und hilft bei vielen sexuellen Problemen. Dazu wird er am besten als Kristall, Scheibe oder Trommelstein auf dem Kreuzbein aufgelegt bzw. aufgeklebt. Auch über der Hüfte getragene Ketten, Anhänger oder gebohrte Trommelsteine sind hilfreich.

Turmalin Schörl lindert alle Rückenschmerzen und hilft bei Streß und Belastungen aller Art. Er wird am besten als Kristall mit abwärts weisender Spitze auf die schmerzende Stelle gelegt oder aufgeklebt. Sollte kein Kristall zur Hand sein, können auch Trommelsteine oder Scheiben verwendet werden. Bei Schmerzen, die von einem bestimmten Punkt ausgehen, hilft eine spezielle Obsidian-Turmalin-Behandlung sehr gut. Dazu wird ein kleiner Obsidian-Trommelstein (am besten klarer Rauchobsidian)

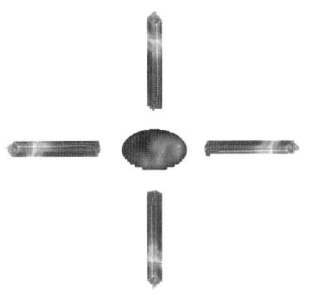

Abb. 9: Schmerzbehandlung mit Turmalin Schörl und Rauchobsidian

direkt auf den schmerzenden Punkt gelegt und mit vier Turmalin-Kristallen oder -Kristallstäbchen umgeben, deren Spitze nach außen weist. Der Obsidian hilft hier, den Schmerz zu lösen, während die Turmaline die überschüssige Energie ableiten.

Schilddrüsenbeschwerden

Die Schilddrüse ist eine Hormondrüse im Hals, die im wesentlichen über zwei jodhaltige Hormone den Energieumsatz des ganzen Organismus, die Intensität des Eiweiß-, Kohlenhydrat- und Fettstoffwechsels sowie Atmung und Kreislauf steuert. Außerdem reguliert sie Wachstum, Knochenbildung und Entwicklung im Kindesalter und beeinflußt bei Erwachsenen sexuelle Bedürfnisse und die seelische Verfassung. Die Funktion der Schilddrüse wird wiederum durch die Hypophyse (die Hirnanhangdrüse) reguliert, welche für eine dem Bedarf angemessene Hormonproduktion sorgt. Störungen der Schilddrüsenfunktion betreffen aufgrund der vielseitigen Wirkung der Schilddrüsenhormone den ganzen Organismus.

So führen Überfunktionen, die durch ein übermäßiges Jodangebot, gutartige Schilddrüsentumore, akute Entzündungen, Fehlregulierung durch die Hypophyse oder die Basedowkrankheit (eine Autoimmunerkrankung) entstehen können, zu gesteigerter Erregbarkeit, Nervosität und innerer

Unruhe bei gleichzeitig lähmender Ermüdung sowie zu Angst, Zittern, erhöhter Körpertemperatur, Schweißausbrüchen, Sehstörungen, Herzrasen, Schlafstörungen, Abneigung gegen Sex, Gewichtsabnahme (trotz Appetit), Durchfall und Kropfbildung.

Unterfunktionen, die durch extremen Jodmangel, Hypophysenstörungen, chronische Entzündungen, bösartige Tumore oder Arzneimittelnebenwirkungen hervorgerufen werden können, äußern sich dagegen in allgemeiner körperlicher Schwäche, Untertemperatur, aufgeschwemmtem Aussehen, Kropfbildung, Übergewicht, trockener, spröder Haut sowie brüchigen Haaren und Nägeln. Hier kommt es zu einer Verlangsamung des Herzschlags, des Stoffwechsels und der seelisch-geistigen Prozesse.

Die Auswirkungen von Über- und Unterfunktionen der Schilddrüse machen deutlich, wie wichtig eine ausgeglichene Hormonproduktion dieser Drüse ist. Die Schilddrüse ist der zentrale Regler unserer Leistungsfähigkeit – quasi das »Gaspedal« des Körpers. Erkrankungen der Schilddrüse sollten daher auch durch einen Arzt oder Heilpraktiker behandelt werden, um die genauen Ursachen abzuklären und behandeln zu können. Allerdings tappt auch die Medizin bei Regulierungsstörungen der Hypophyse oft im Dunkeln – und genau hier gibt es Heilsteine, die sehr gut helfen.

Aquamarin hilft sowohl bei Über- als auch bei Unterfunktionen der Schilddrüse.

Er harmonisiert offenbar die Regulierungsfunktion der Hypophyse, da er durch Auflegen auf die Stirn (z. B. als Kristall oder Trommelstein) ebenso gute Resultate erzielt, als wenn er als Kette, Anhänger, gebohrter Trommelstein oder Schmuckstein um den Hals getragen wird. Auch die innere Einnahme der Edelstein-Essenz ist wirksam (3x täglich 4-6 Tropfen).

Bergkristall gleicht ebenfalls die Schilddrüsenfunktion aus, scheint jedoch direkt auf diese einzuwirken, da er am wirksamsten ist, wenn er als Trommelstein auf den Hals aufgelegt oder als Kette, Anhänger oder gebohrter Trommelstein um den Hals getragen wird.

Bernstein hilft vor allem bei Schilddrüsenunterfunktionen. Er fördert die Jod-Aufnahme im Darm und die Jodverarbeitung in der Schilddrüse. Daher wird er schon von alters her bei Jodmangel-Kropf eingesetzt. Bernstein sollte in Form von Ketten, Anhängern oder gebohrten Trommelsteinen am Hals getragen werden oder als Edelstein-Essenz innerlich eingenommen werden (3x täglich 5-9 Tropfen). Die positive Einwirkung auf die Schilddrüse hat bei Baby-Bernsteinkettchen neben dem Erleichtern des Zahnens auch den Vorteil, daß Wachstum und Entwicklung angeregt werden.

Chalcedon hilft in erster Linie bei Überfunktionen und wirkt selbst bei der Basedowkrankheit lindernd. Dadurch normalisieren sich Körpertemperatur,

Schweißbildung, Sehstörungen, Herzschlag und Zittern wieder und Nervosität und Ängste schwinden. Chalcedon wirkt am besten, wenn er als Kette, Anhänger, gebohrter Trommelstein oder Schmuckstein am Hals getragen oder als Edelstein-Essenz innerlich eingenommen wird (3x täglich 5-7 Tropfen).

Lapislazuli wirkt sowohl bei Über-, als auch bei Unterfunktionen der Schilddrüse ausgleichend. Ähnlich wie bei Aquamarin ist auch hier eine Harmonisierung der Hypophyse denkbar, denn auch Lapislazuli wirkt sowohl durch Auflegen auf die Stirn (als Scheibe oder Trommelstein), als auch durch Tragen am Hals. Dabei wirken Ketten am besten, gefolgt von gebohrten Trommelsteinen und Anhängern. Auch die Edelstein-Essenz kann eingenommen werden (3x täglich 3-7 Tropfen).

Schlafstörungen

Schlafstörungen können sich in einerseits in Einschlaf- und Durchschlafproblemen sowie unerholsamen Schlaf, andererseits in vermehrtem Schlafbedürfnis oder erhöhter Tagesmüdigkeit äußern. Neben körperlichen Erkrankungen (Entzündungen, Tumore, Nervenerkrankungen) können vor allem Schichtarbeit, Umstellungen nach Zeitzonenflügen, energetische Störfelder im Bett oder Schlafzimmer sowie eine ganze Reihe seelischer Belastungen Ursache für Schlafstörungen sein. Körperliche Erkrankungen führen oft zu erhöhtem Schlafbedürfnis, da der Organismus im Schlaf Freiraum und Ruhe zur Regeneration hat, seelische Belastungen bringen dagegen oft Einschlaf- und Durchschlafprobleme mit sich, da man sich geistig nicht vom Tagesgeschehen lösen kann oder will. Solange Schlafstörungen nur gelegentlich und aufgrund klar erkennbarer Gründe (Aufregung vor bestimmten Ereignissen usw.) auftreten, braucht man sich darum keine Sorgen zu machen. Sollten sie aber zur Regel werden oder zunehmen, ist Abhilfe notwendig!

Natürlich gilt es auch hier, zugrundeliegende Krankheiten und seelische Beschwerden ursächlich zu behandeln. Unmittelbares Verbessern des Schlafs durch Meditation (abends den Tag noch einmal durchdenken und geistig abschließen), Entspannungsübungen, Spazierengehen am Abend oder auch mit Hilfe der genannten Heilsteine ist jedoch immer ratsam, da man ausgeruht sowohl körperlichen als auch seelischen Bedürfnissen viel besser gerecht werden kann.

Um den Schlaf zu verbessern, ist wichtig, die natürlichen Schlafzyklen zu beachten. Aus der Traumforschung ist bekannt, daß traumreicher, leichter Schlaf und Tiefschlafphasen in der Nacht mehrmals wechseln. Mit diesen seelischen Phasen gehen zeitgleich auch die körperlichen Regenerationsphasen einher. So werden in den Tiefschlafphasen Gift- und Schlacken-stoffe aus dem Gewebe ausgeschieden und Aufbauprozesse durchgeführt. Wird der Schlaf nun inmitten der Tiefschlafphase unterbrochen, fühlt man sich matt, zer-schlagen und unerholt, dagegen führt eine Unterbrechung am Ende der Tiefschlaf-phase zu leichtem Erwachen, Klarheit und einem Gefühl der Erholung. Nach Möglich-keit sollte die Dauer des Schlafs so gewählt werden, daß man am Ende einer Tiefschlaf-phase erwacht.

Dazu ist es wichtig, die Dauer einer per-sönlichen Schlafphase (und damit auch der persönlichen Regenerationsphase) zu ken-nen. Dies kann durch einfaches Beobachten erfolgen, indem man sich in jenen Momen-ten, in denen man erholt erwacht, die Uhr-zeit merkt und die Zeitdauer seit dem Ein-schlafen errechnet. Man wird ziemlich schnell feststellen, daß die unterschiedli-chen Zeiten erholten Erwachens einen gemeinsamen Teiler haben. Wacht man z. B. nach 5 Stunden 20 Minuten oder genau 8 Stunden erholt auf, beträgt der gemeinsame Teiler 2 Stunden 40 Minuten (2x 2 Std. 40 min = 5 Std. 20 min; 3x 2 Std. 40 min = 8 Std.). Wacht man dagegen nach 5 Stunden oder 7 $\frac{1}{2}$ Stunden erholt auf, beträgt der gemeinsame Teiler 2 $\frac{1}{2}$ Stunden (2x 2 $\frac{1}{2}$ Std. = 5 Std.; 3x 2 $\frac{1}{2}$ Std. = 7 $\frac{1}{2}$ Std.). Dieser gemeinsame Teiler gibt die Zeitdauer einer einzelnen Regenerationsphase im Schlaf an.

In der Regel dauern Regenerationspha-sen zwischen 2 $\frac{1}{2}$ und 3 Stunden, bei sehr guter seelisch-körperlicher Verfassung kön-nen sie etwas kürzer, bei Krankheiten oder während starker seelischer Belastungen dagegen etwas länger werden. Drei dieser Regenerationsphasen benötigt der Körper in der Regel, um die »Altlasten« des Vortags aufzuarbeiten. Daher wird allgemein von einem Durchschnittswert von 8 Stunden für ausreichenden Schlaf ausgegangen. Schla-fen wir eine oder zwei Phasen länger, hat der Körper Zeit, weitere Regenerationsarbei-ten auszuführen. Aus diesem Grund benöti-gen wir bei Krankheiten oft mehr Schlaf bzw. aus diesem Grund führt Ausschlafen (z. B. im Urlaub) zu seelischer und körper-licher Verjüngung! Schlafen wir dagegen weniger als drei dieser Phasen pro Nacht, so unterbleiben wichtige Regenerationspro-zesse. Geschieht dies über längere Zeit, ent-stehen Verschlackungen, Ablagerungen und ein Mangel an Erneuerung – nun erst kommt es wirklich zum Verschleiß! (Ver-schleiß = mangelnde Regeneration! Siehe hierzu auch das Kapitel Regeneration.) Den Schlaf nach den Regenerationsphasen aus-zurichten, ist daher eine sehr wichtige Unterstützung für Körper und Seele und hilft nicht nur bei Schlafstörungen selbst, sondern auch bei einer Vielzahl anderer Beschwerden.

Zusammenfassend läßt sich also sagen: Es ist wichtig, die Dauer der eigenen Rege-nerationsphasen durch Beobachtung zu ermitteln, möglichst drei dieser Phasen pro Nacht zu schlafen und vor allem, den

Wecker so zu stellen, daß man am Ende oder besser gesagt genau zwischen zwei Regenerationsphasen erwacht. Falls man überhaupt noch einen Wecker benötigt, denn je genauer man die eigenen Regenerationsphasen kennt, desto genauer kann man vorhersagen und -bestimmen, wann man erwachen wird. Und auf jeden Fall ist es besser, schon nach zwei Phasen aufzustehen, als erst nach 2 $\frac{1}{2}$. Doch dieser Unterschied ist spürbar!

Dieses Erforschen und Beachten eigener Rhythmen ist wesentlich wichtiger und wirksamer, als viele Schlafmittel chemischer oder naturheilkundlicher Art. Ergänzt mit den genannten Methoden zum besseren Einschlafen (Meditation, Entspannung, Spazierengehen) wird ein gesunder Schlaf entstehen, der auch die folgenden Heilsteine nur noch in Ausnahmefällen notwendig macht. Dennoch sind auch sie manchmal sinnvoll und hilfreich.

Achat hilft als Scheibe unter dem Kopfkissen, den Schlaf zu vertiefen und ihn dadurch ruhiger und erholsamer zu machen. Auch Trauminhalte werden auf diese Weise angenehmer. Zudem hilft Achat, länger zu schlafen, wenn man morgens zu früh erwacht und nicht mehr einschlafen kann.

Amethyst fördert die Schlafqualität, wenn viele unerledigte Dinge zu einem anstrengenden Traumgeschehen führen. Typische Anzeichen hierfür sind ein zunehmendes Schlafbedürfnis bei gleichzeitig abnehmendem Erholungswert des Schlafs. Sinneseindrücke und Informationen, die wir tagsüber im Wachbewußtsein nicht verarbeiten können, werden innerlich »beiseite gestellt« und im Traum aufgearbeitet. Dadurch entstehen die sog. »Entrümpelungsträume«, in denen sich Tagesgeschehnisse mehrfach und mitunter in verschiedenen Variationen wiederholen, bis sie verarbeitet und abgeschlossen sind. Da diese Träume jedoch tatsächlich geistige Arbeit sind, fehlt dem Schlaf in dieser Zeit die zur körperlichen Regeneration notwendige Tiefe. Aus diesem Grund verlängern sich unsere Regenerationsphasen und der Schlaf verliert an Erholungswert.

Durch einen hellen, klaren Amethyst-Kristall oder -Trommelstein unter dem Kopfkissen werden die »Entrümpelungsträume« zunächst angeregt, so daß quasi als Erstverschlimmerung das Traumgeschehen beträchtlich zunimmt. Dadurch können nun jedoch viele unerledigte Dinge verarbeitet werden, so daß die »Entrümpelung des Dachstübchens« nach einigen Tagen abgeschlossen ist. Von da an wird der Schlaf deutlich tiefer, erholsamer und die Regenerationsphasen werden kürzer.

Wird Amethyst zusätzlich tagsüber als Kette, Anhänger oder gebohrter Trommelstein am Körper getragen, steigert sich die Bewußtheit, so daß viele Erlebnisse und Informationen sofort besser verarbeitet werden können. Auf diese Weise wird der Schlaf ebenfalls entlastet und erholsamer.

Aventurin verbessert insbesondere das Einschlafen, indem er hilft, hartnäckige Gedanken, Bilder und aufwühlende Gefühle abzustellen. Er schenkt die nötige Ruhe und Gelassenheit, um friedlich einzuschlummern. Dazu wird Aventurin entweder als Trommelstein unter das Kopfkissen gelegt oder als Kette, Anhänger oder gebohrter Trommelstein am Körper getragen.

Chrysopras hilft bei Durchschlafproblemen und Alpträumen, vor allem auch bei bei Kindern, die nachts völlig verstört erwachen (siehe auch das Kapitel Alpträume). Er befreit von belastenden Bildern und sehr unangenehmen Gefühlen. Er wird dazu entweder als Trommelstein unter das Kopfkissen gelegt oder als Anhänger, Kette, gebohrter Trommelstein oder Schmuckstein am Körper getragen.

Turmalin Schörl verbessert den Schlaf, indem er schnelle Entspannung herbeiführt und sowohl das Einschlafen als auch das Durchschlafen erleichtert. Schörl ist insbesondere auch dann eine Hilfe, wenn Störfelder und Elektrosmog den Schlaf behindern und diese nicht abgeschirmt oder neutralisiert werden können. Er wird dazu entweder als Kristall oder Trommelstein unter das Kopfkissen gelegt oder als Kette, Anhänger oder gebohrter Trommelstein am Körper getragen.

Schmerzen

Verletzungen, Entzündungen, Nervenschädigungen und viele weitere Störungen und Erkrankungen führen zu körperlichen Schmerzen. Dies hat den Sinn, unsere Aufmerksamkeit auf den betroffenen Bereich zu lenken, um weitere Schädigungen zu verhindern oder (mit genügend Nachdruck) Maßnahmen zur Heilung und Verbesserung der Situation einzuleiten. Schmerzen zu lindern und dann nichts weiter zu tun, ist daher in etwa so sinnvoll, wie die aufleuchtende Warnlampe der Bremsen oder die Ölkontroll-Leuchte im Auto herauszuschrauben, um ungestört von den roten Lichtern weiterzufahren ... Wird das Signal der Schmerzen jedoch verstanden und ursächliche Abhilfe, ggf. durch eine Behandlung beim Arzt oder Heilpraktiker, geschaffen, dann ist es jedoch durchaus sinnvoll, für Schmerzlinderung zu sorgen. Am besten allerdings mit Mitteln, die keine weiteren Nebenwirkungen zeigen, wie z. B. den u. g. Heilsteinen.

Für Schmerzen, die durch äußere Verletzungen (Schnitte, Risse, Schürfwunden, Prellungen, Zerrungen, Verrenkungen, Verstauchungen usw.) entstanden sind, bietet sich darüber hinaus eine weitere, sehr gute Sofortmaßnahme an: Dazu stellt man den Vorgang (möglichst unmittelbar nach dem Geschehen) nach und vollzieht jene Bewegung, die zur Verletzung und zum Schmerz führte, an Ort und Stelle noch einmal so genau wie möglich nach (natürlich ohne sich erneut zu verletzen). Ist man z. B. hingefallen, begibt man sich noch einmal in die Position, in der man aufgeprallt ist. Unter Umständen wird es notwendig, die entsprechende Bewegung mehrmals zu wiederholen, bis der Schmerz kurz zunimmt und dann nachläßt. An diesem Punkt hört man auf. Dieser Bewußtmachungs-Prozeß lenkt unsere Aufmerksamkeit und damit unsere Lebensenergie auf den betroffenen Bereich und beschleunigt so die Heilung.

Je nachdem, wo und unter welchen Umständen ein Schmerz auftritt, gibt es viele verschiedene Heilsteine, die hier lindernd wirken. Sie sind in den entsprechenden Kapiteln genannt. An dieser Stelle soll daher nur eine Auswahl von Heilsteinen erwähnt werden, die sehr umfassend bei Schmerzen bestimmter Art verwendet werden können.

Kunzit hilft grundsätzlich bei Nervenschmerzen, unabhängig davon ob diese durch Neuralgien, Einklemmen oder Verletzung entstanden sind. Typische Indikationen für Kunzit sind daher ziehende und ausstrahlende Schmerzen (z. B. bei Ischias).

Malachit lindert Krämpfe und Schmerzen innerer Organe, insbesondere auch der weiblichen Geschlechtsorgane. Er wird daher auch bei Menstruationsbeschwerden und bei der Geburt verwendet. Typische Indikationen für Malachit sind daher krampfartige und ziehende Schmerzen.

Pyritsonnen lindern prinzipiell Schmerzen aller Art, mit Ausnahme verschiedener Kopfschmerzen. Sie bewähren sich insbesondere bei sehr starken Schmerzen wie z. B. bei Hexenschuß oder starken Gelenkbeschwerden.

Rhodonit hilft vor allem bei Schmerzen durch äußere Verletzungen wie Schnittwunden, Schürfwunden, Prellungen, Zerrungen, Verrenkungen, Verstauchungen sowie Schmerzen, die bei der Wundheilung auftauchen. Typische Indikationen für Rhodonit sind brennende, schneidende und ziehende Schmerzen.

Sugilith lindert schwere Nerven- und Zahnschmerzen. Er wirkt etwas langsamer, dafür jedoch stärker als Kunzit. Typische Indikationen für Sugilith sind stechende, bohrende und klopfende Schmerzen.

Turmalin Schörl hilft in Kombination mit Obsidian bei spitzen, stechenden und drückenden Schmerzen, insbesondere gut lokalisierbaren Spannungsschmerzen. Dazu wird ein kleiner Obsidian-Trommelstein

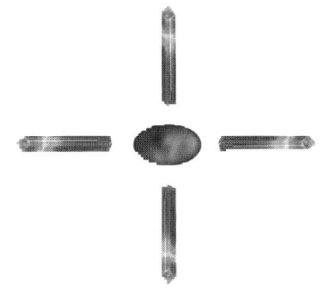

Abb. 10: Schmerzbehandlung mit Turmalin Schörl und Rauchobsidian

(am besten klarer Rauchobsidian) direkt auf den schmerzenden Punkt gelegt und mit vier Turmalin-Kristallen oder -Kristallstäbchen umgeben, deren Spitze nach außen weist. Der Obsidian hilft hier, den Schmerz zu lösen, während die Turmaline die überschüssige Energie ableiten.

Zirkon hilft besonders bei Krämpfen und diffusen, großflächigen Schmerzen. Er wird vor allem bei Schmerzen innerer Organe, wie z. B. extremen Menstruationsschmerzen verwendet. Weiterhin sind dumpfe, bohrende, krampfende und ziehende Schmerzen typische Indikationen für Zirkon.

Alle genannten Heilsteine werden zur Schmerzlinderung als Kristall (Kunzit, Zirkon), Rohstein (Pyritsonnen), Trommelstein (Kunzit, Malachit, Rhodonit, Sugilith) oder Scheibe (Malachit, Rhodonit) auf die schmerzende Stelle aufgelegt oder ggf. aufgeklebt. Pyritsonnen sollten vorsichtshalber nur in einem Baumwollbeutelchen auf den schmerzenden Bereich aufgelegt werden. Der Baumwollbeutel ist notwendig, um direkten Kontakt von Pyrit und Hautschweiß zu verhindern, da durch den Schweiß gelöstes Eisensulfid sonst zu Hautreizungen führen kann.

Schnarchen

Mit Schnarchen werden Atemgeräusche während des Schlafs bezeichnet, die vor allem bei Mundatmung in Rückenlage auftreten. Schnarchgeräusche entstehen durch Schwingungen des erschlafften Gaumensegels und werden durch die in der Rückenlage zurückfallende Zunge begünstigt. Körperliche Ursachen sind vor allem eine behinderte Nasenatmung (Polypen, Erkältungen) sowie insbesondere bei Kindern auch vergrößerte Rachenmandeln. Darüber hinaus steht lautes Schnarchen mit seelischen Spannungen in Verbindung, die bis in den Schlaf hinein wirken. Seitenlage, Streßminderung und Entspannung vor dem Einschlafen sowie die Behandlung von Schnupfen oder anderen Atemwegserkrankungen sind daher die wichtigsten Maßnahmen gegen Schnarchen.

Zur Linderung von Schnarchen können **Heliotrop** und **Smaragd** verwendet werden. Sie helfen bei Schnupfen, vergrößerten Mandeln und anderen Atemwegserkrankungen und wirken spannungslösend. Am besten eignen sich hier Ketten, Anhänger oder gebohrte Trommelsteine, die während des Schlafs getragen werden. Auch die innere Einnahme der Edelstein-Essenz ist wirksam (5-9 Tropfen vor dem Schlafengehen).

Schnittwunden

Kleine Verletzungen durch Schnitte können in wenigen Minuten geheilt werden, indem (notfalls mit dem eigenen Speichel) befeuchtete **Rhodonit-** oder **Mookait-**

Trommelsteine oder -Scheiben direkt auf die blutende Stelle gepreßt werden. Bei glatten, kleineren Schnitten ist die Wunde dann oftmals so schnell verheilt, daß nicht einmal ein Pflaster notwendig wird.

Bei größeren Schnittwunden sollte zunächst die notwendige Erste Hilfe geleistet und ein Verband angelegt werden. Anschließend empfiehlt sich, unmittelbar am Ort des Geschehens den durch die Verletzung entstandenen »Zell-Schock« aufzulösen. Dazu stellt man den Vorgang der Schnittverletzung nach und vollzieht mit dem betreffenden Gegenstand (Messer o. ä.) jene Bewegung, die zur Verletzung führte, noch einmal so genau wie möglich nach, natürlich ohne sich erneut zu verletzen. Man kann z. B. das Messer leicht an die Schnittwunde halten. Unter Umständen wird es notwendig, diese Bewegung mehrmals zu wiederholen, bis der Schmerz kurz zunimmt und dann nachläßt. An diesem Punkt hört man auf. Dieser Bewußtmachungs-Prozeß lenkt unsere Aufmerksamkeit und damit unsere Lebensenergie auf den betroffenen Bereich und beschleunigt so die Heilung.

Ist dieser Prozeß nicht möglich, kann **Obsidian** als Trommelstein in die Hände genommen oder in der Nähe der Wunde aufgelegt werden, um den Schock auf Zellebene zu lösen. Anschließend kann **Rhodonit** oder **Mookait** als Trommelstein oder Scheibe aufgelegt oder als Edelstein-Essenz innerlich eingenommen werden (5-9 Tropfen). Auch das Tragen von Rhodonit- oder Mookait-Ketten, Anhängern oder gebohrten Trommelsteinen unterstützt die Wundheilung.

Schnupfen

Schnupfen ist eine akute oder chronische Entzündung der Nasenscheimhaut, die mit vermehrter Nasensekretion, Niesen, Nasenfluß und behinderter Nasenatmung einhergeht. Er wird vor allem durch Virusinfektionen hervorgerufen (siehe Kapitel Erkältungen). Ansteckung und Kälte sind die äußeren Faktoren, die Schnupfen begünstigen, Lymphstau und Verschlackungen des Gewebes, insbesondere durch Kuhmilchprodukte, die innere Komponente, die die Ausbreitung der Viren erst ermöglicht. Milchkühe sind heutzutage derart auf Massenproduktion hin gezüchtet, daß ihre enzymarme sowie schadstoff- und medikamentenbelastete Milch von unserem Körper nur mangelhaft verstoffwechselt werden kann und daher zu den o. g. Verschlackungen führt. Diese Verschlackungen bremsen jedoch die Aktivitäten des Immunsystems und machen Krankheitserregern den Weg frei.

Zur Vorbeugung gegen Schnupfen gelten daher dieselben Maßnahmen wie bei Erkältungskrankheiten allgemein: Regelmäßiges Bewegen an der frischen Luft (bei jedem Wetter!), Schlafen bei offenem Fenster, Kaltwasser-Anwendungen (zum Abschluß stets kalt duschen) sowie vor allem der

Verzicht auf Kuhmilchprodukte, Darmreinigung und regelmäßiges Entschlacken (siehe Kapitel Entgiftung/Entschlackung). Dazu dient auch das tägliche »Ölziehen«, bei dem hochwertiges kaltgeschlagenes Sonnenblumenöl über 10 bis 20 Minuten im Mund und zwischen den Zähnen bewegt und anschließend ausgespuckt wird (keinesfalls schlucken!).

Zur Behandlung von Schnupfen kommen ebenfalls jene Heilsteine in Betracht, die generell bei Erkältungen wirken, wobei sich zwei davon besonders hervorgetan haben:

Heliotrop hilft am besten bei akutem Schnupfen, insbesondere auch, wenn zusätzliche Bakterieninfektionen zu Eiterbildungen geführt haben. Er wird dazu in Form flacher Trommelsteine oder Scheiben rechts, links und unter der Nase aufgelegt oder in den Mund genommen. Auch die innere Einnahme der Edelstein-Essenz (3x täglich oder nach Bedarf 5-7 Tropfen) ist hilfreich. Heliotrop fördert außerdem die Fähigkeit zur Abgrenzung und ist daher sehr nützlich, wenn man »die Nase voll« hat, weil einem alles zuviel wird.

Smaragd hilft bei chronischem oder verstocktem Schnupfen, der nicht in Fluß kommt, und verhindert das Übergreifen der Nasenschleimhautentzündung auf die Nebenhöhlen, bzw. lindert bereits entstandene Nebenhöhlenentzündungen (siehe dort). Er wird dazu auf der Nasenwurzel und unter der Nase aufgelegt oder ebenfalls in den Mund genommen. Auch hier kann die Edelstein-Essenz innerlich eingenommen werden (3x täglich oder nach Bedarf 5-9 Tropfen). Seelisch bringt Smaragd Klarheit und Orientierung in verworrenen und perspektivlosen Lebenssituationen, die als körperlicher Ausdruck oftmals zu einer verstopften Nase führen können.

Schock

Die Bezeichnung »Schock« umfaßt zwei unterschiedliche Vorgänge: Zum einen den körperlichen Kreislauf-Schock, ein akutes, lebensbedrohliches Kreislaufversagen, das durch Blut- und Flüssigkeitsverlust, Nieren- und Herzversagen, Infektionen, Blutzuckermangel, allergische Reaktionen oder schwere Verletzungen entstehen kann. Anzeichen für einen solchen Schock sind Blässe, kalter Schweiß, Übelkeit, schneller schwacher Puls, zitterndes Frieren, Angst, Unruhe und Verwirrung. Nach Erste-Hilfe-Maßnahmen (Blutstillung o. ä.) muß der Betroffene in Schocklage mit erhöhten Beinen gelagert und sofort der Notarzt gerufen werden! Aufregung sollte hier vermieden und am besten in ruhigem Ton mit dem Betroffenen geredet werden.

Zum zweiten gibt es den psychischen Schock, der durch seelische Erschütterung ohne schwere körperliche Verletzung zu schockähnlichen Symptomen führt. Dabei entstehen ebenfalls Kreislaufstörungen mit

Sauerstoffmangel im Gehirn, Zittern, Ohnmacht, Schweißausbruch sowie Verwirrung, Orientierungsverlust, Erregung oder Erstarrung. Es gelten dieselben Erste-Hilfe-Maßnahmen wie beim körperlichen Schock, doch es gibt darüber hinaus schnelle Möglichkeiten, die Schock-Auswirkungen zu lindern.

Die erste Maßnahme nach Abschluß der Ersten Hilfe ist das Wiederherstellen des Bewußtseins in der Gegenwart. Seelische Erschütterungen führen zu einer Art »Bewußtseins-Stillstand«, d.h. der Betroffene »steckt« noch immer im schockierenden Erlebnis fest. Das Bewußtsein kann nun aus diesem Erlebnis gelöst und auf die Gegenwart gerichtet werden, indem man deutlich »Hier!« sagt und den Betroffenen anschließend fragt: »Welches Wort habe ich zu Dir gesagt?«

Dieses »Hier!« — »Welches Wort habe ich zu Dir gesagt?« muß unter Umständen mehrmals wiederholt werden, bis der Betroffene plötzlich antwortet: »Du hast Hier! gesagt.« In diesem Moment ist er in der Gegenwart angelangt und wieder ansprechbar.

Anschließend kann man zur besseren Erdung mit der Anweisung fortfahren: »Greife nach unten und finde den Boden mit Deiner Hand!« – und wenn er ihn hat: »Drücke ihn!«

Auch dies wird einige Male wiederholt, bis man merkt, daß die Lebensgeister des Betroffenen wiederkehren. Durch dieses »In-die-Gegenwart-holen« und »Erden« kann ein psychischer Schock vollständig aufgelöst werden. Weitere innere Ordnung läßt sich nun bewirken, indem die äußere Ordnung wiederhergestellt wird (z.B. durch das Einsammeln herumliegender Gegenstände nach einem Unfall) und indem man aufmerksam zuhört, wenn der Betroffene den Hergang des für ihn erschütternden Erlebnisses erzählt.

Falls zur Hand bzw. falls die o.g. Hilfeleistungen nicht möglich sind, können auch Heilsteine zur Auflösung von Schockzuständen beitragen. Das erste »In-die-Gegenwart-holen« kann auch durch **Obsidian**-Trommelsteine unterstützt oder bewirkt werden, die man dem Betroffenen in die Hände drückt. Am besten geeignet sind dabei schwarze oder Regenbogen-Obsidiane. Auch hier wird die momentane Erstarrung plötzlich gelöst und die Ansprechbarkeit wieder hergestellt.

In diesem Moment kann dann **Rhodonit** folgen, der zur allmählichen Orientierung in der Gegenwart beiträgt. Er wird entweder ebenfalls in den Händen gehalten oder als Edelstein-Essenz innerlich eingenommen (7-9 Tropfen).

Ein sehr gutes Mittel bei Schock ist schließlich auch die vorbereitete Mischung aus Obsidian- und Rhodonit-Essenz mit Bachblüten-Notfalltropfen. Diese Mischung kann in der Haus- oder Reiseapotheke aufbewahrt und bei Bedarf sofort eingenommen werden (7-9 Tropfen).

Schuppen

Schuppen sind kleie- oder plättchenförmige Hornzellen der Haut, die sich leicht lösen oder abgestoßen werden. Sie entstehen durch Hauttrockenheit, besonders auf dem Kopf, sowie bei Hautkrankheiten mit fehlerhafter Verhornung (Psoriasis, Seborrhö usw.). Hintergrund der Schuppenbildung sind Stoffwechsel- und Ausscheidungsstörungen. Darmreinigung und Entschlackung (siehe Kapitel Entgiftung/Entschlackung) sind daher jene Maßnahmen, die wirklich ursächliche Abhilfe schaffen. Zusätzliche Linderung kann bei Schuppenbildung auf dem Kopf mit folgenden Heilsteinen erreicht werden:

Amethyst hilft als Amethyst-Wasser nach Hildegard von Bingen (siehe Seite 18), Schuppenbildung zu lindern. Dazu werden die Haare nach einer schonenden Haarwäsche mit diesem Wasser gründlich ausgespült und möglichst an der Luft getrocknet.

Antimonit hilft bei starker Schuppenbildung. Dazu wird durch Einlegen von Antimonit in reines Wasser über einen Tag und anschließenden Zusatz von ca. 20 Tropfen Schwefel-Essenz pro Liter Wasser eine Spülung hergestellt, mit der die Kopfhaut einmal täglich massiert wird.

Schürfwunden

Schürfwunden sind meist flächige Verletzungen der Haut durch Reibung auf rauhen Oberflächen (z. B. Sturz auf geschotterten Wegen usw.). Sie sind oft nur mit geringer Blutung, jedoch äußerst unangenehmen brennenden Schmerzen verbunden, da gerade sensible Nervenendigungen in der Haut verletzt werden. Außerdem besteht insbesondere bei verunreinigten Schürfwunden Gefahr von Infektionen und Vereiterungen, da die geringe Blutung oft nicht ausreicht, Schmutz und Erreger fortzuspülen. Schürfwunden sollten daher vor der Wundversorgung mit medizinischen Desinfektionsmitteln gereinigt werden. Bei großflächigen Aufschürfungen sollte außerdem ein Arzt aufgesucht werden!

Auch bei Schürfwunden kann, ähnlich wie u.a. in den Kapiteln Prellungen, Schnittwunden und Verbrennungen beschrieben, das sofortige Bewußtmachen des Vorgangs, der zur Verletzung führte, eine deutliche Verbesserung des Empfindens und schnellere Heilung bewirken.

Dazu stellt man den Vorgang (möglichst unmittelbar nach dem Geschehen) nach und vollzieht jene Bewegung, die zur Schürfwunde führte, an Ort und Stelle noch einmal so genau wie nur möglich nach (natürlich ohne sich erneut zu verletzen). Ist man z.B. hingefallen, begibt man sich noch einmal in die Position, in der man aufgeprallt ist. Unter Umständen wird es notwendig, die entsprechende Bewegung mehrmals zu wiederholen, bis der Schmerz der Verletzung kurz zunimmt und dann nachläßt. An diesem Punkt hört man auf. Dieser Bewußtmachungs-Prozeß lenkt unsere Aufmerksamkeit und damit unsere Lebensenergie auf den betroffenen Bereich und beschleunigt so die Heilung.

Ist dieser Prozeß nicht möglich, kann **Obsidian** als Trommelstein in die Hände genommen oder in der Nähe der Wunde aufgelegt werden, um den Schock auf Zellebene zu lösen. Die Wunde selbst kann mit verdünnten Edelstein-Essenzen (10 Tropfen auf 100 ml reines Wasser) von **Rhodonit** oder **Mookait** ausgespült werden, bevor ein Pflaster oder Verband angebracht wird. Beide Steine können zusätzlich als Trommelstein oder Scheibe in der Nähe der Wunde aufgelegt oder als Edelstein-Essenz auch innerlich eingenommen werden (5-9 Tropfen). Weiterhin unterstützt das Tragen von Rhodonit- oder Mookait-Ketten, Anhängern oder gebohrten Trommelsteinen die Wundheilung.

Schutzbedürfnis

Schutzbedürfnisse entstehen, wenn Konflikte, Auseinandersetzungen, negative Atmosphären, Unterdrückung, Einflußnahme anderer, Fremdbestimmung oder schicksalhafte Erlebnisse als so überwältigend erlebt werden, daß die eigene Kraft zur Bewältigung dieser Situationen nicht ausreichend erscheint. Auch Abgrenzungsschwierigkeiten in großen Menschenmengen sowie technische oder radiästhetische Einflüsse (Elektrosmog, Strahlung – vgl. die Seiten 27ff, 52ff, 107ff, 139ff) führen vermehrt zum Wunsch, sich zu schützen.

Ein solcher Schutz kann zeitweilig notwendig sein, stellt jedoch keine dauerhafte Abhilfe dar. Auch hier ist eine ursächliche Lösung der bestehenden Probleme oder Konflikte wichtiger. Dazu zählt der Zugewinn an eigener Stabilität, das Lösen von Auseinandersetzungen oder äußeren Einflüssen durch die Fähigkeit, den eigenen Standpunkt zu bewahren und offen auszudrücken, oder der Erwerb von Wissen über physikalische und geistige Zusammenhänge, welches bewirkt, daß man die Problembereiche besser kontrollieren kann und sich nicht mehr als Opfer äußerer Umstände erlebt.

Schutzsteine werden aus diesem Grund nun dahingehend unterschieden, ob sie einen abschirmenden Charakter haben, also einen »äußeren Schutz« bilden, oder ob sie stärken, die eigene Stabilität und den Zugewinn eigener Fähigkeiten fördern. Dieser tatsächliche »innere Schutz« entsteht nur aus eigener Kraft und Fähigkeit, muß jedoch unter Umständen durch therapeutische Hilfe oder Schulungen entwickelt werden. Bis er ausgebildet ist, kann mit Hilfsmitteln wie Heilsteinen ein äußerer Schutz bewirkt werden, der jedoch als einzige

Maßnahme auf Dauer eher schwächend wirkt, da man die Steine dann »braucht«, um sich geschützt zu fühlen. Eine solche Abhängigkeit ist jedoch nie das Ziel steinheilkundlicher Anwendungen. Das eigentliche Ziel ist es stets, aller Hilfsmittel, also auch der Heilsteine, nach sinnvoller Verwendung nicht mehr zu bedürfen.

Achat fördert die Entwicklung eigener Fähigkeiten und Stärke. Insbesondere Achate mit ringförmig konzentrischen Zeichnungen (sog. Augenachate) fördern eine innere Zentrierung, die zu größerer Stabilität gegenüber äußeren Einflüssen sowie zur Bewahrung des eigenen Standpunkts in Auseinandersetzungen führt. Achat hilft also, einen inneren Schutz aus eigener Kraft zu bilden.

Obsidian hilft als Spiegel (polierte Scheibe), negative geistige und radiästhetische Einflüsse zurückzuspiegeln. Er wird dazu an Fenstern oder jenen Plätzen im Raum aufgestellt, an denen der entsprechende Einfluß zu spüren ist und in die Himmelsrichtung ausgerichtet, aus der er kommt (nach Gefühl oder radiästhetischer Vermessung). Obsidian sollte dazu nicht am Körper getragen werden, da er sonst sehr aufwühlend wirken kann!

Serpentin wirkt abschirmend in unangenehmen Situationen, Menschenmengen oder bei Aggression und geistigen Angriffen. Er bildet einen äußeren Schutz und sollte daher nicht zu lange getragen werden, da er mitunter »um des lieben Friedens willen« zu nachgiebig und kompromißbereit macht.

Serpentin wird am besten als Kette, Anhänger, gebohrter Trommelstein oder Schmuckstein am Körper getragen sowie bei Bedarf als Trommelstein in die Hand genommen oder auf Solarplexus, Hals und Nieren aufgelegt (je nachdem, wo die äußere Einwirkung zu spüren ist).

Türkis wirkt zunächst ebenfalls abschirmend (äußerer Schutz), löst jedoch auch innere Opferhaltungen auf und fördert Kraft und Mut, das eigene Leben selbst in die Hand zu nehmen (innerer Schutz). Dadurch wirkt er umfassender als Serpentin, sollte jedoch trotzdem nicht zu lange getragen werden, um »Gewöhnungseffekte« zu vermeiden. Türkis wird bei Schutzbedürfnis am besten als Kette, Anhänger, gebohrter Trommelstein oder Schmuckstein auf dem Solarplexus getragen.

Turmalin Schörl hilft, bei negativen äußeren Einflüssen physikalischer wie geistiger Art durchlässig zu werden, also keinen Widerstand dagegen zu setzen, sondern energetische und geistige Wirkungen einfach durch sich hindurchfließen zu lassen (»geistiges Judo«). Dazu löst er Blockaden in den Energiebahnen des Körpers. Schörl bildet also einen »inneren Schutz« durch Unangreifbarkeit und gute Erdung. Er wird dazu entweder als Kette oder Anhänger getragen (bei Kristall-Anhängern Spitze nach unten!) oder als Kristall in der Hosentasche mitgeführt (Spitze ebenfalls möglichst nach unten).

Schwangerschaft

Die Schwangerschaft kann zunächst durch Hormonumstellungen, später auch durch zunehmende körperliche Veränderungen möglicherweise eine Reihe von Belastungen und Beschwerden mit sich bringen, die großteils nicht als »Krankheit« gewertet werden sollten, jedoch mitunter einer Unterstützung oder Linderung bedürfen. Dazu können Heilsteine in vielen Fällen gute Dienste leisten. Um die Vielzahl verschiedener Situationen und Anwendungen im Verlauf der Schwangerschaft übersichtlich zu veranschaulichen, werden sie in Form einer Tabelle dargestellt:

Heilstein	Wirkung/Indikation	Anwendung
Kunzit	Akzeptanz der Schwangerschaft und Mutterrolle	Als Kette, Anhänger oder gebohrter Trommelstein tragen, ggf. als Essenz einnehmen (5 Tropfen).
Bernstein	Bei Sorgen und Existenzängsten	Als Kette, Anhänger oder gebohrter Trommelstein tragen, ggf. als Essenz einnehmen (7 Tropfen).
Chrysokoll	Bei starken emotionalen Krisen	
Dumortierit	Gegen Übelkeit und Erbrechen sowie für Geduld und Leichtigkeit	
Mondstein	Zur Erleichterung der Hormonumstellung	Als Kette, Anhänger oder gebohrter Trommelstein tragen, ggf. als Essenz einnehmen (5 Tropfen).
Granat Pyrop	Zur Erleichterung der Stoffwechselumstellung	Als Kette, Anhänger oder gebohrter Trommelstein tragen.
Achat (Wasserachat oder Gebärmutter-Signatur)	Zur Förderung des Wachstums und Funktion der Gebärmutter sowie zum Schutz des ungeborenen Kinds	Als polierter Stein oder Trommelstein bei sich tragen, ggf. abends auf den Bauch auflegen.
Turmalin rosa (Rubellit)	Für Stabilität und Kontakt zum ungeborenen Kind	Als Kette, Anhänger oder gebohrter Trommelstein tragen.
Hämatit/ Tigereisen	Gegen Trägheit, Müdigkeit und Eisenmangel	Zunächst als Kette, Anhänger oder gebohrter Trommelstein tragen, später zusätzlich als Essenz einnehmen (5 Tropfen).
Rhodochrosit	Kreislaufanregend, gegen Erschöpfung	Kurzzeitig als Kette, Anhänger oder gebohrter Trommelstein tragen.
Chalcedon (gebändert)	Zum Abbau von Wassereinlagerungen (Ödemen)	Als Trommelstein auf betroffene Bereiche auflegen und als Essenz einnehmen (5-7 Tropfen), ggf. auch als Kette, Anhänger oder gebohrter Trommelstein tragen.
Achat (Augenachat oder Lace-Achat)	Beugt Krampfadern vor und hilft den Gefäßen, zu regenerieren.	Als Trommelstein auf betroffene Bereiche auflegen und ggf. auch als Anhänger oder gebohrter Trommelstein tragen.

Sexualität

Eine erfüllte, harmonisch erlebte Sexualität zählt zu den Grundbedürfnissen des Menschen und trägt wesentlich zu einer glücklichen Liebesbeziehung bei. Schließlich gibt es kaum eine Betätigung, die größeres Vergnügen bereitet, wenn die Bedürfnisse und Wünsche beider Partner offen und einfühlsam gelebt werden können.

Leider ist die Sexualität aufgrund vieler Ursachen in unserer Zeit häufiger problembelastet als glückbringend. Lust- und leibfeindliche Erziehung, sinnentleerte Moral (z. B. Verbot von Verhütungsmitteln durch die katholische Kirche), schlechte Erfahrungen, Mißbrauch, Ängste (auch vor ungewollter Schwangerschaft), Kommunikationsprobleme und Konflikte unter den Partnern, Hemmungen, Leistungsdruck und Versagensängste, Zurückhalten der eigenen Phantasien und Wünsche, Schuldgefühle und eigenartige Mythen (»Männer wollen immer nur das Eine« – »Frauen wollen nie« …) verhindern die Freude an der Sexualität und machen sie zum Spielfeld anderer Konflikte. Diese Hintergründe zu klären, durch offene Gespräche mit dem Partner oder therapeutische Hilfe, stellt bei sexuellen Problemen die eigentliche Lösung dar. Viele Heilsteine können hier, je nach Ursache, unterstützend verwendet werden (siehe auch »Die Steinheilkunde«, Neue Erde Verlag, Saarbrücken 1995).

Die in diesem Kapitel genannten Heilsteine dienen jedoch dazu, prinzipiell die Lust und Freude an der Sexualität zu fördern, sexuelle Aktivitäten zu verbessern sowie Genuß und Vergnügen zu steigern. Sie fördern die körperlichen und seelischen Voraussetzungen für eine erfüllte Sexualität.

Feueropal fördert die erotische Anziehungskraft, das hemmungslose Ausleben der eigenen Lust und bringt Spaß an der Sexualität. Feueropal macht spontan und impulsiv und vertreibt störende Gedanken, Verstimmungen, Schuldgefühle und andere Hemmnisse schnell aus »Kopf und Bauch«. Er hilft auch bei Impotenz und ausbleibendem Orgasmus – sollte jedoch nicht bei Neigung zu vorzeitigem Samenerguß verwendet werden!

Granat Pyrop hilft Hemmungen und Tabus zu überwinden, insbesondere wenn ihnen veraltete, sinnlose Moralvorstellungen zugrunde liegen. Er fördert eine aktive, ausgeglichene Sexualität und hilft bei Potenzproblemen, Frigidität sowie bei Ekel und Abscheu gegenüber Sex.

Malachit hilft bei sexuellen Schwierigkeiten aufgrund früherer schlechter Erfahrungen. Er bringt belastende Bilder und Erinnerungen ans Licht und hilft, sie auszusprechen. Dadurch unterstützt er auch therapeutische Prozesse. Malachit nimmt Scheu und Schüchternheit und hilft, eigene Wünsche und Bedürfnisse klar zu äußern oder einfach zu leben.

Rosenquarz fördert Sinnlichkeit, Romantik und Zärtlichkeit und hilft, sexuelle Schwierigkeiten durch Einfühlungsvermögen und Offenheit gegenüber dem Partner zu überwinden. Rosenquarz fördert die Durchblutung der Geschlechtsorgane und steigert so auch das Lustempfinden.

Rubin bringt neue Leidenschaft in grau gewordenen Alltag und erleichtert, Leistungsdruck, Erwartungs- und Versagensängste loszulassen. Er hilft bei Schwächezuständen sowie bei allen Potenzstörungen seelischer Natur. Rubin regt zu aktiver Sexualität an und bringt angenehmes Wohlbefinden und Freude an der Sexualität.

Rutilquarz fördert eine erfüllte Sexualität, wenn Ängste und Schuldgefühle Schwierigkeiten verursachen. Er hilft insbesondere bei sexuellen Problemen durch zu große Anspannung, wie z.B. Potenzproblemen und vorzeitigem Samenerguß.

Serpentin fördert ruhigen, zärtlichen Sex und lindert Streß, Ängste und Nervosität. Er hilft auch Frauen, die durch Verspannung beim Sex keinen Orgasmus erleben können.

Thulit fördert Lust, Sinnlichkeit und Sexualität. Er fördert das Ausleben der eigenen Wünsche und Phantasien und hilft, selbst tiefsitzende Blockaden durch negative Erfahrungen, lustfeindliche Erziehung, Schuldgefühle, Leistungsdruck, Ängste und Verstimmungen zu überwinden. Thulit hilft, ein lockeres, natürliches Verhältnis zur Sexualität zu gewinnen, und ermöglicht gerade Männern, sich einmal »fallenzulassen«.

Alle genannten Heilsteine sollten längere Zeit in Form von Ketten, Anhängern, gebohrten Trommelsteinen oder Schmucksteinen getragen oder als Trommelstein unter das Kopfkissen gelegt werden. Bekannt und geschätzt ist insbesondere bei Thulit auch der Aufenthalt im Steinkreis bzw. das Auslegen von Trommel- bzw. Rohsteinen rings um das Bett ...

Sodbrennen

Sodbrennen entsteht durch den Rückfluß von saurem Mageninhalt in die Speiseröhre und äußert sich als brennende oder kratzende Empfindung bis herauf in den Rachen. Der Grund dafür ist Übersäuerung oder Überfüllung des Magens, insbesondere nach fetten, stark gesüßten oder sauren Speisen. Mitunter kommt Sodbrennen jedoch auch bei vermindertem Säuregehalt des Magensaftes vor, der dann zu Gärungen des Speisebreis führt. Längerfristiges Sodbrennen kann zu Entzündungen der Speiseröhrenschleimhaut führen.

Eine ursächliche Behandlung von Sodbrennen ist durch geeignete Diät möglich. Dabei sollte insbesondere der Verzehr von Fleisch, Wurst, Eiern, Käse und Milch eingeschränkt, sowie der Konsum von Kaffee, Nikotin, Süßigkeiten und Alkohol vermieden werden. Die innere Einnahme von Heilerde sowie der Saft einer halben Zitrone mit einem Glas Wasser lindern Sodbrennen beim akuten Auftreten.

Unter den Heilsteinen haben sich **Diaspor, Magnesit** und **Türkis** zur Linderung von Sodbrennen bewährt, wobei Diaspor die schnellsten und besten Resultate aufweist. Die genannten Steine werden dazu als Kristall (Diaspor) oder Trommelsteine (Magnesit, Türkis) im Magenbereich aufgelegt oder (sofern erhältlich) als Ketten, Anhänger, gebohrte Trommelsteine oder Schmucksteine getragen. Auch die innere Einnahme der Edelstein-Essenz von Magnesit oder Türkis trägt zur Linderung von Sodbrennen bei (5-7 Tropfen). Diaspor ist als Essenz leider noch nicht erhältlich.

Sonnenbrand

Sonnenbrand entsteht durch übermäßiges Einwirken kurzwelliger UV-Strahlung des Sonnenlichts auf die ungeschützte, zu wenig gebräunte Haut. Bei Sonnenbrand, der durch zusätzliche Einwirkung reflektierter Strahlen auf Schnee- und Eisflächen entsteht, spricht man auch vom »Gletscherbrand«. Im Anfangsstadium des Sonnenbrands bildet sich eine entzündliche Hautrötung, die mit brennenden Schmerzen und Spannungsgefühlen einhergeht. Im fortgeschrittenen Stadium entstehen dann schmerzhafte Blasen mit anschließender Hautablösung sowie bei großflächiger Schädigung verbrennungsähnliche Erscheinungen. In diesem Fall sollte unverzüglich ein Arzt aufgesucht werden.

Linderung verschafft bei Sonnenbrand die Bestrahlung mit orangefarbenem Licht, der frische, geleeartige Saft der Aloe-vera-Blätter sowie Johanniskrautöl mit Zusätzen von Immortel und Lavendel. Auch reichliche Flüssigkeitsaufnahme ist notwendig! Die u. g. Heilsteine wirken ebenfalls lindernd und – wichtiger noch – im Falle des Prasem sogar vorbeugend!

Amethyst beschleunigt die Heilung von Sonnenbrand im Anfangsstadium (Hautrötung). Er wird dazu vor allem als Amethyst-Wasser nach Hildegard von Bingen eingesetzt (vgl. Seite 18), mit welchem die betroffenen Hautpartien mehrmals täglich eingerieben werden.

Aventurin hilft vor allem bei fortgeschrittenem Sonnenbrand die Schmerzen zu lindern und die Heilung zu beschleunigen. Er wird dazu als Edelstein-Essenz innerlich eingenommen (5-7x täglich 5-7 Tropfen) oder zur äußeren Behandlung als Steinkreis aus 8 bis 12 Trommelsteinen um den Betroffenen herum gelegt.

Prasem hilft am besten bei Sonnenbrand. Er vermindert die Lichtempfindlichkeit der Haut und beugt dem Sonnenbrand vor, wenn er als Trommelstein wie ein Bonbon in den Mund genommen oder als Kette, Anhänger, gebohrter Trommelstein oder Schmuckstein am Körper getragen wird.

Zur Heilung von Sonnenbrand wird er entweder als Trommelstein oder Scheibe auf die betroffene Hautpartie aufgelegt oder als Edelstein-Essenz innerlich eingenommen (5-7x täglich 5-7 Tropfen).

Sonnenstich

Sonnenstich ist eine Reizung der Gehirnhaut, die durch lange, intensive Sonneneinstrahlung auf den ungeschützten Kopf oder Nacken entsteht. Er äußert sich in starken Kopfschmerzen, gerötetem und heißem Kopf (nicht immer!), Mattigkeit, Schwindel, Schweißausbrüchen, Übelkeit und Erbrechen sowie in Extremfällen auch in Verwirrungszuständen. Bei Sonnenstich muß auf jeden Fall ein Arzt gerufen werden! Zur Ersten Hilfe wird der Betroffene in den Schatten gebracht und mit erhobenem Oberkörper gelagert; die Kleider werden zur Kühlung geöffnet und Stirn und Nacken mit feuchten Tüchern gekühlt. Bis der Arzt eintrifft sowie nach der ärztlichen Versorgung können auch Heilsteine zur Linderung des Sonnenstichs verwendet werden.

Aventurin hilft, Sonnenstich schnell zu lindern, sobald der Betroffene wieder in der Lage ist, sich hinzulegen. Zur Behandlung werden 5-9 Trommelsteine in einem Bogen um den Kopf herum gelegt. Dort bleiben sie einige Zeit liegen, bis sich erste Verbesserungen des Befindens zeigen. Dann werden sie immer wieder ein Stück vom Kopf weggeschoben, so daß sich der Bogen Schritt für Schritt vergrößert (siehe Abb. 11). Dies wird bis zu einer deutlichen Verbesserung, z.B. einem spürbaren Nachlassen der Kopfschmerzen oder einer Verbesserung des Allgemeinbefindens durchgeführt. Diese Behandlung kann bei Bedarf stündlich durchgeführt werden. Zusätzlich kann Aventurin auch als Kette, Anhänger, gebohrter Trommelstein oder Schmuckstein getragen sowie als Edelstein-Essenz eingenommen werden (5-7x täglich 5-7 Tropfen).

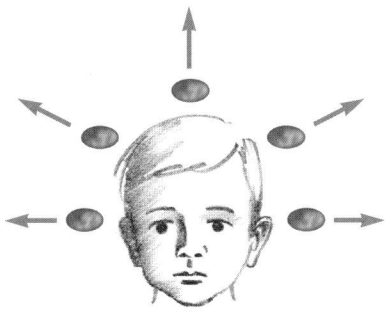

*Abb. 11: Aventurin-Behandlung
bei Sonnenstich*

Prasem hilft bei Sonnenstich, indem ein Trommelstein in den Mund genommen (nur bei klarem Bewußtsein!) oder die Edelstein-Essenz innerlich eingenommen wird (5-7x täglich 5-7 Tropfen). Er kann auch als Trommelstein oder Scheibe auf den Kopf aufgelegt sowie als Kette, Anhänger, gebohrter Trommelstein oder Schmuckstein am Körper getragen werden. Zur Vorbeugung gegen Sonnenstich (z.B.

beim Arbeiten in der Sonne) wird Prasem ebenfalls wie ein Bonbon in den Mund genommen. So unglaublich es klingen mag, doch diese Anwendung hat sich schon in vielen Fällen bewährt (obwohl sie natürlich keinen Hut oder Sonnenschutz auf Dauer ersetzt).

Rauchquarz kann bei Sonnenstich als Kristall oder Trommelstein in die Hände genommen oder auf den Kopf aufgelegt werden. Auch das Tragen von Ketten, Anhängern oder gebohrten Trommelsteinen ist hilfreich.

Stillen

Stillen trägt seinen Namen zu recht. Der Hauptgrund für Beschwerden beim Stillen ist oft mangelnde Stille, das Fehlen von ausreichender Ruhe für die ungestörte Zuwendung der Mutter zum Kind. Gerade zu Beginn des Stillens ist Ruhe hier wichtig, solange noch alles neu und ohne eingespielte Routine ist. Selbst auf die Milchbildung darf der Einfluß von Ruhe und geschützter Atmosphäre nicht unterschätzt werden (siehe auch das Kapitel Milchbildung).

Neben der gesondert besprochenen mangelnden Milchbildung sind vor allem Schmerzen beim ersten Einschießen der Milch sowie Brustentzündungen häufige Beschwerden während der Stillzeit. Schmerzen beim Milcheinschuß entstehen, da die von den einzelnen Milchdrüsen in die Brustwarzen führenden Milchgänge zu Beginn des Stillens noch verengt sind, was den Durchfluß der Milch erschwert. Hier bringen Quarkwickel, kräftiges Ausstreichen sowie die u.g. Heilsteine Erleichterung.

Brustentzündungen entstehen dagegen durch das Eindringen von Krankheitserregern (meist Bakterien) in feine Risse und Schrunden der Brustwarzen. Dem kann durch abhärtendes Massieren (Ziehen und Drücken) der Brustwarzen schon während der Schwangerschaft vorgebeugt werden. Kommt es dennoch zur Entzündung, helfen Stillhütchen, Verschlimmerungen zu vermeiden. Auch hier bringen Quarkwickel Linderung und mit den u.g. Heilsteinen wurden schon hervorragende Heilungserfolge erzielt.

Beschwerden beim Stillen wird oft als seelischer Hintergrund eine gestörte Mutter-Kind-Beziehung zugeschrieben. Dem muß an dieser Stelle deutlich widersprochen werden! Eine solche Behauptung ist nicht nur in den meisten Fällen falsch, sondern kreiert unter Umständen sogar erst eine Belastung – zumindest bei der Mutter (Schuldgefühle). Es stimmt, daß die Brust natürlich mit Nähren und Ernähren zu tun hat, doch in den meisten Fällen geht es hier um die eigene seelische Ernährung! Brustentzündungen z.B. treten häufiger in Situationen auf, in denen man sich zuviel um andere und zuwenig um sich selbst kümmert. Außerdem können gerade nach der Geburt eines Kindes die Belastungen durch die Geburt selbst sowie die enormen Veränderungen im eigenen Leben und dem der Familie mitverantwortlich für Schwierigkeiten beim Stillen sein. Daher sei an dieser Stelle empfohlen, nutzloses Grübeln über vermeintliche Ursachen zu unterlassen (dabei hilft auch der Chalcedon) und sich der möglichst einfachen Lösung des Problems zu widmen.

Chalcedon, insbesondere hellblauer, rosafarbener oder weißer Chalcedon ohne Bänderung ist der beste Heilstein für alle Beschwerden beim Stillen. Er lindert Brustentzündungen, fördert die Milchbildung, erleichtert das Einschießen der Milch in die Milchgänge und gibt auch die notwendige innere Ruhe zum Stillen. Nicht umsonst werden weiße Chalcedone im Volksmund »Milchsteine« genannt und schon seit Jahrhunderten zur Milchbildung und zum Erleichtern des Stillens eingesetzt. Die genannten Chalcedone können dazu als Kette, Anhänger oder gebohrter Trommelstein auf der Brust getragen werden.

Stimmverlust

Stimmverlust oder Stimmlosigkeit (Aphonie) kann eine Folge von Heiserkeit und Überanstrengungen der Stimmbänder, Kehlkopfentzündungen und Störungen der Stimmbandnerven sein. Auch seelische Ursachen, das »Verschlagen der Stimme« bei überraschenden, schockierenden und traumatischen Ereignissen können dabei eine Rolle spielen. Bei Stimmlosigkeit sollte auf jeden Fall ein Facharzt aufgesucht werden, damit die Ursachen abgeklärt und irreparable Folgen wie dauerhafte Stummheit vermieden werden können.

Als Heilstein hat sich **Lapislazuli** bei Stimmlosigkeit als hilfreich erwiesen, wenn diese durch Heiserkeit, Entzündungen, Nervenstörungen oder seelisch durch zurückgehaltenen Zorn sowie die Schwierigkeit, Unangenehmes auszusprechen, bedingt ist. Lapislazuli bringt die Stimme sehr schnell zurück und hilft auch, diese zu erheben und deutlich die eigene Meinung zu sagen, wenn es notwendig ist, gehört zu werden, um Unrecht zu vermeiden oder die Wahrheit ans Licht zu bringen. Er wird dazu als Trommelstein, Scheibe oder Rohstein auf den Hals aufgelegt sowie als Kette, Anhänger, gebohrter Trommelstein oder Schmuckstein getragen.

Lediglich bei freiwilliger Stimmabgabe an der Wahlurne und anschließender mehrjähriger Sprachlosigkeit angesichts der Taten der dabei gewählten sog. »Volksvertreter« hat sich noch kein Heilstein als hilfreich erwiesen. Versuche seit den späten 60er-Jahren mit großen würfeligen Granit-Steinen haben sich als sinnlos erwiesen. Offenbar muß es auch hier noch tieferliegendere Ursachen für den Verlust der eigenen Stimme geben.

Stottern

Stottern ist eine Störung des Redeflusses durch krampfartige Redehemmung sowie mehrfaches Wiederholen von Lauten, Silben und Worten. Zugrunde liegt eine sehr starke Spannung mit zumeist seelischen Ursachen. Vor allem Streß, Anstrengung und Konflikte verstärken das Stottern, während innere Stabilität, Ausgeglichenheit und Entspannung den Redefluß verbessern. Gerade bei Kindern und Jugendlichen tritt Stottern weitaus häufiger auf, wenn sie z. B. vom Elternhaus her mit Leistungsdruck, Erfolgszwang und stark kontrolliertem Sozialverhalten belastet sind. Das ist jedoch beileibe nicht der einzige Grund, in vielen Fällen sind die Ursachen auch eigener Ehrgeiz oder Hemmungen bzw. schlicht und ergreifend unbekannt.

Interessanterweise helfen jedoch gerade jene Heilsteine bei Stottern, die das eigene Wesen, die eigene Art und den eigenen Charakter hervorheben und Fremdbestimmungen entziehen; Steine, die Mut und Selbstsicherheit geben oder – wie es Hildegard von Bingen beim Chalcedon formulierte – die »Festigkeit und Beherztheit verleihen, eine Rede zu halten und geschickt vorzutragen, was man sagen will«. Besser kann man den Zusammenhang zwischen Seelenzustand und Redefluß kaum beschreiben.

Bergkristall stärkt das »Vorhandene«, die eigene Art und Absicht. Er klärt die Gedankenwelt, vermittelt Festigkeit und Ruhe und führt daher auch bei Stottern zu guten Verbesserungen.

Chalcedon als klassischer »Stein der Redner« (Hildegard von Bingen) hilft, sich gut und flüssig auszudrücken, da er seelische Leichtigkeit und Gelassenheit vermittelt. Dadurch ermöglicht er, entspannt zu bleiben, wodurch sich die krampfartigen Redehemmungen lösen.

Chrysoberyll ist der beste Heilstein bei Stottern. Er hilft, selbst in größten Konflikten und Streßsituationen, gerade auch bei Prüfungen, Schulangst, Leistungsdruck und anderen belastenden Faktoren völlig nüchtern, klar und selbstbewußt zu bleiben (»Feldherren-Stein«). Dadurch bringt er auch enorme Verbesserungen und Fortschritte beim Stottern.

Alle genannten Heilsteine werden am besten als Ketten (Bergkristall, Chalcedon), Anhänger (Chrysoberyll) oder gebohrte Trommelsteine (sofern erhältlich) über längere Zeit getragen. Während man etwas vortragen muß, können sie auch als Kristalle (Bergkristall, Chrysoberyll) oder Trommelstein (Chalcedon) in der Hand gehalten werden. Auch die innere Einnahme der Edelstein-Essenz zeigt gute Wirkung (3x täglich 3-7 Tropfen).

Streß

Streß (engl. »Druck«, »Anspannung«) entsteht in der Regel durch zu viele unerledigte

Dinge oder durch Situationen, in denen man sich überfordert und/oder unzufrieden fühlt, wenn z.B. eigene Wünsche aufgrund von Verpflichtungen ständig »auf der Strecke bleiben« (»Eltern-Syndrom«). Darüber hinaus wirken auch verschiedenste äußere Faktoren, die die Lebensqualität beeinträchtigen (z.B. Lärm, Gestank, Gefahr, Konflikte, Krisen, Verluste usw.), streßfördernd.

In erster Linie ist Streß jedoch ein »inneres« Phänomen. Beobachten wir zwei Menschen in ähnlichen Situationen, können wir nämlich oftmals beobachten, daß der eine bereits völlig »gestreßt«, d.h. nervlich strapaziert und kurz vor dem »Durchdrehen« ist, während der andere noch völlig gelassen bleibt. Die Neigung, sich »stressen zu lassen«, hängt also mit unserer Fähigkeit zusammen, der Gegenwart und Zukunft ins Auge zu sehen, sie also so zu akzeptieren, wie sie sind. Das bedeutet nicht, daß uns Gegenwart und Zukunft so gefallen müssen, wie sie vor uns liegen, sondern nur, daß wir sehen und ertragen können, wie die Dinge stehen. Doch je mehr wir mit unserer Aufmerksamkeit noch bei vergangenen, unerledigten Dingen bzw. unerfüllten Wünschen verweilen, desto weniger können wir die Gegenwart so wahrnehmen und ertragen wie sie ist. Und schon kommt Streß auf ...

Bei Streß besteht das Problem, daß wir die auf uns einströmenden Einflüsse und Anforderungen nicht stoppen und kanalisieren können. Wir werden dadurch derart zerstreut und verwirrt, daß alles Denken, Fühlen und Handeln sowie in der Folge auch körperliche Funktionen völlig durcheinanderkommen. Die daraus entstehende Ineffektivität oder Handlungsunfähigkeit macht dann alles noch schlimmer – der »Teufelskreis« dreht sich spiralförmig abwärts ...

Es gilt hier also, alle unerledigten Dinge in den Griff zu bekommen bzw. mehr Freiraum für sich selbst, für Ruhe, Erholung und die Erfüllung eigener Wünsche zu gewinnen. Dazu kann mitunter bereits eine nach Notwendigkeit und zeitlicher Folge geordnete Liste große Hilfe leisten. Indem wir Klarheit gewinnen, was »sofort«, »in Kürze« oder »erst später« zu erledigen ist, verringert sich der Druck unerledigter Dinge gewaltig. Es stürmt nicht mehr »alles« auf einen ein, stattdessen gewinnen wir Freiraum, systematisch eines nach dem anderen zu erledigen. Und indem wir dies konsequent tun, wird der vorübergehend gewonnene Freiraum zum dauerhaften Freiraum – der Streß nimmt ab.

Sie werden feststellen, daß auf diese Weise nicht nur der »innere Streß« nachläßt, sondern auch die äußeren »Sreßfaktoren« an Wirkung verlieren. Natürlich ist es besser, in Ruhe als im Lärm zu arbeiten (also: Radio aus!) oder in klarer Luft statt im Großstadtgestank. Doch die inneren Faktoren, der Druck durch unerledigte Dinge kann um ein vielfaches größer sein, als der »äußere Streß«. Sie können sich in der besten Landschaftsidylle äußerst unwohl fühlen, wenn Sie wissen, daß morgen der Gerichtsvollzieher erscheint; und sie können mit einer inneren meditativen Haltung selbst im größten Großstadttrubel Ihren Spaß haben. Die Lösung für Streß ist also Aufräumen – auf allen Ebenen.

Zusätzlich gibt es jedoch einige Möglichkeiten, Streßempfindungen zu lindern. Ausreichend Schlaf (auch unser Körper leidet unter unerledigten Dingen), tägliches Spazierengehen, Meditationsübungen, Tai Chi, das Sole-Fußbad (Salz-Fußbad) am Abend und viele andere angenehme, zentrierende Aktivitäten helfen, stabiler, ausgeglichener und streßunempfindlicher zu werden. Und beim »akuten Streßanfall« helfen nicht zuletzt auch die im folgenden erwähnten Heilsteine.

Aventurin hilft bei Zerstreuung und Verwirrung, von vergangenen und zukünftigen Ereignissen Abstand zu nehmen und sich ganz der Gegenwart zu widmen. Er fördert Entspannung, Regeneration und Erholung und verringert auf diese Weise auch den Einfluß äußerer Streßfaktoren.

Bronzit hilft, äußerlich rege und aktiv zu werden und doch innerlich Ruhe zu bewahren. Auf diese Weise wird man flink und effektiv, wodurch unerledigte Dinge ohne Druck und Streß schnell abgearbeitet werden. Bronzit stärkt das Nervensystem und hilft, auch Konflikten und Extremsituationen gelassen zu begegnen. Er ist gerade auch dann angebracht, wenn es

trotz großem Ruhe- und Erholungsbedürfnis keinen Freiraum dafür gibt (»Eltern-Syndrom«, s. o.).

Chrysokoll ermöglicht, einen kühlen Kopf zu bewahren, wenn allzuvieles auf einen einstürmt. Er hilft vor allem, wenn Streß anfallsweise auftritt sowie in Situationen mit beständigem Auf und Ab. Vor allem in Konflikten und Auseinandersetzungen hilft Chrysokoll, neutral, ruhig und gefaßt zu bleiben.

Dumortierit hilft, alles leichter und lockerer zu sehen. Er mildert Verbissenheit und Ehrgeiz und gibt auch in großen Schwierigkeiten Mut und Zuversicht. Er wird nicht umsonst oft der »Take it easy«-Stein genannt und insbesondere auch zum Lösen zwanghafter Verhaltensmuster und einem freundlicheren Umgang mit sich selbst eingesetzt.

Magnesit wirkt beruhigend und entspannend, wenn man Gefahr läuft, die »Nerven zu verlieren«. Er lindert Streß, Nervosität, Ängstlichkeit und Gereiztheit und fördert die Geduld.

Rauchquarz ist der »Anti-Streß-Stein« schlechthin. Er läßt Druck und Anspannung abfließen, wenn man zwei Kristalle oder Trommelsteine in die Hände nimmt, und erhöht bei längerem Tragen die eigene Belastbarkeit. Rauchquarz vermittelt Besonnenheit und Ausdauer, so daß notwendige Schritte nach reiflicher Überlegung konsequent vollzogen werden. Auf diese Weise hilft er, wahre Berge unerledigter

Dinge konsequent abzuarbeiten. Außerdem verringert Rauchquarz die Neigung, sich »stressen zu lassen« und macht gegen äußere Streßfaktoren widerstandsfähiger.

Alle genannten Heilsteine wirken am besten streßlindernd, wenn sie über längere Zeit als Kette, Anhänger oder gebohrter Trommelstein getragen werden. In besonders stressigen Situationen können außerdem Trommelsteine, die man als Handschmeichler in die Hände nimmt, gute Dienste leisten.

Taubheitsgefühle

Taubheitgefühle können in bestimmten Körperbereichen durch mangelnde Durchblutung, verletzte Nerven oder eine allgemeine energetische Unterversorgung entstehen. Sie sollten daher zur Sicherheit durch einen Arzt oder Heilpraktiker untersucht werden, um die genauen Ursachen abzuklären und geeignete Maßnahmen einzuleiten. Dabei können jedoch auch Heilsteine sehr gute Dienste leisten.

Bergkristall hilft bei Taubheitsgefühlen durch energetische Unterversorgung, indem naturgewachsene Kristalle so auf den Körper aufgelegt werden, daß ihre Spitzen zur tauben Körperstelle hin zeigen. Auf diese Weise wird der betroffenen Stelle Energie zugeführt und der Stoffwechsel und Energieumsatz der Zellen und Gewebe in diesem Gebiet angeregt.

Granat Pyrop hilft bei lokalen Durchblutungsstörungen und verbessert die Energieverteilung im gesamten Organismus. Dazu wird er einerseits als Kette, Anhänger oder gebohrter Trommelstein über längere Zeit getragen und zusätzlich als Kristall oder Trommelstein regelmäßig auf die betroffenen Bereiche aufgelegt.

Turmaline, insbesondere die rosafarbene Varietät Rubellit oder Wassermelonen-Turmalin, lindern Taubheitsgefühle am besten. Sie regen die Energieversorgung und Durchblutung des betroffenen Bereichs an und helfen sogar, verletzte oder unterbrochene Nerven zu regenerieren. Dazu werden Turmalin-Kristalle oder -Kristallstäbchen längs zur Körperachse oder den Gliedmaßen aufgelegt bzw. aufgeklebt. Die Spitze der Kristalle oder Stäbchen sollte dabei stets vom Kopf weg zum betroffenen Bereich hin weisen. Sind keine Kristalle oder -Kristallstäbchen der o. g. Varietäten zur Hand, können auch andere Turmaline oder statt Kristallen auch Scheiben und Trommelsteine aufgelegt werden. Zusätzlich ist das Tragen von Turmalin-Ketten, Anhängern oder gebohrten Trommelsteinen sowie die innere Einnahme von Turmalin-Essenzen eine gute Unterstützung (3x täglich 3-7 Tropfen).

Trauer

Trauer entsteht durch den Verlust liebge-
wordener Menschen, Lebensumstände (z. B.
Geborgenheit) oder Dinge, den Bruch von
Beziehungen, durch Zurückweisung, uner-
widerte Liebe, Enttäuschungen, Ignoriert-
werden (insbesondere bei Kindern) und das
Gefühl, etwas nicht zu verstehen oder selbst
nicht verstanden zu werden. Im Prinzip
wird man stets dann traurig, wenn man
etwas oder jemanden nicht (mehr) erreichen, berühren, halten oder damit (mit
ihm/ihr) in Verbindung treten kann.

Die schnellste Erleichterung bei Trauer
bringt Weinen, daher sollte es nach Möglichkeit nicht unterdrückt werden. Die beste
Hilfe bei Trauer ist, einem aufmerksamen
Zuhörer (der sich mit Bewertungen zurückhalten sollte) das gesamte eigene Leid zu
erzählen. Auf diese Weise entsteht Bewußtheit darüber, was wirklich schmerzt, und
auch wenn die Umstände sich auf diese
Weise nicht ändern, wird die Trauer doch als
weniger überwältigend erlebt. Sie verändert
sozusagen ihre »Größe« und gibt damit
anderen Lebensbereichen wieder Raum.

Heilsteine können das Überwinden von
Trauer auf vielerlei Weise unterstützen,
indem sie helfen, den Tränen freien Fluß zu
lassen, Unabänderliches zu akzeptieren,
über die Trauer mit anderen zu reden oder
einfach jene Dinge im Leben wiederzuent-
decken, die Freude bereiten. Sie können das
Befinden verändern und uns dazu anregen,
die Kontrolle über das eigene Leben wieder
zu ergreifen.

Amethyst hilft, Trauer durch Verluste,
insbesondere Verluste liebgewonnener Menschen zu überwinden. Er ermöglicht, Ereignisse von einer höheren Warte aus zu sehen,
ihren Sinn zu erkennen und in diesem tieferen Verständnis Trost zu finden.

Edelopal erleichtert bei Trauer, die
Fixierung auf das traurige Erlebnis zu lösen
und das Bewußtsein wieder auf andere
Lebensbereiche zu lenken. Er ermöglicht,
die Schönheit des Lebens wieder zu erkennen und neue Freude darin zu finden.

Dumortierit ermöglicht, über Trauer,
Niedergeschlagenheit und Ängste offen und
ehrlich mit anderen zu reden. Auf diese
Weise bringt er Erleichterung und Trost. Er
hilft, Mut, Zuversicht und Vertrauen wieder-
herzustellen und erneut eine positive
Lebenseinstellung zu gewinnen.

Gagat hilft, Schicksalsschläge zu überwinden und durch tiefe Trauer hindurchzu-
gehen, insbesondere wenn diese auch mit
Schuldgefühlen verbunden ist. Er hilft, wir-
kungsloses Klagen (welches kein ehrliches
Erzählen, sondern zumeist ein Rechtferti-
gen, Schuldzuweisen und Erklären ist) zu
beenden, Unabänderliches zu akzeptieren
und sich wieder dem Leben zu öffnen.

Rhodonit hilft, Trauer zu überwinden,
in der man sich völlig gefangen fühlt. Er
hilft, seelische Schmerzen, das Gefühl
ungerechter Behandlung und jegliche
Opferhaltung loszulassen und anderen von

Herzen zu verzeihen. Dadurch bringt er spontane Stimmungsaufhellungen, erneute Handlungsbereitschaft und hilft aus auswegslos erscheinenden Situationen heraus.

Turmalin Indigolith ermöglicht in erster Linie, ausgiebig zu weinen. Er bringt Tränen in Fluß, auch wenn man jahrelang nicht mehr weinen konnte und schafft so große Erleichterung. Darüber hinaus ermöglicht auch er, sich die Trauer von der Seele zu reden.

Alle genannten Heilsteine können als Kristalle (Amethyst, Turmalin), Rohsteine (Edelopal, Gagat) oder Trommelsteine in der Hand gehalten werden, wenn man traurig ist. Ansonsten empfiehlt es sich, sie als Ketten, Anhänger, gebohrte Trommelsteine oder Schmucksteine über längere Zeit zu tragen.

Übelkeit

Übelkeit ist keine Erkrankung, sondern ein Symptom verschiedenster Erkrankungen oder Funktionsstörungen innerer Organe. Ursachen für Übelkeit können daher u. a. sein: Überfüllung und Reizung des Magens (z. B. durch Alkohol), Magen-Darm-Erkrankungen, fieberhafte Allgemeinerkrankungen (insbesondere bei Kindern), Gallenkoliken, Stoffwechselerkrankungen, verschiedene Entzündungen, Vergiftungen, Nerven- und Gehirnerkrankungen, Reisekrankheit, Sonnenstich oder Migräne; aber auch unangenehme Erlebnisse, Gerüche, Ekel, Sorgen usw. Im Prinzip alle Begebenheiten, von denen man landläufig sagt: »Davon wird mir übel.«

Da Übelkeit ein derart unspezifisches Symptom ist, sollte die jeweilige Ursache auf jeden Fall mit einem Arzt oder Heilpraktiker geklärt werden, wenn nicht Gründe wie übermäßiger Alkoholgenuß oder schlechtes Essen absolut offensichtlich sind. Natürlich geht auch hier die ursächliche Behandlung vor, dennoch ist es durchaus berechtigt, auch bei Übelkeit symptomatische Abhilfe zu schaffen, um nicht unnötig zu leiden.

Dumortierit lindert Übelkeit und Brechreiz fast jeder Ursache. Er wird am besten als Trommelstein oder flache Scheibe auf den Magen gehalten oder als Kette, Anhänger bzw. gebohrter Trommelstein am Körper getragen. Auch die innere Einnahme der Edelstein-Essenz (8-12 Tropfen in 100 ml Wasser) ist hilfreich.

Übergewicht

Die Neigung zu Übergewicht ist insbesondere in den Industrienationen heute sehr weit verbreitet. In seltenen Fällen sind hierfür Drüsenstörungen (z. B. Schilddrüsenunterfunktionen) oder Gehirnkrankheiten (Entzündungen) verantwortlich. Der weitaus häufigere Grund dafür (und damit Gegenstand dieses Kapitels) ist in der Regel schlicht das reichliche Essen, wobei vor allem kalorienreiche Nahrungsmittel und ganz an der Spitze natürlich Süßigkeiten dazu führen, daß man »gut im Futter« steht. Das Hauptaugenmerk hinsichtlich der Ernährung sollte daher nicht nur auf den Hauptmahlzeiten liegen, sondern auf dem »kleinen Hunger« zwischendurch, der werbetechnisch geschickt vermarktet meist mit »etwas Süßem« gestillt wird.

Daher ist das gute alte »FDH« noch immer die beste Variante, um überflüssige Pfunde loszuwerden. Wird Ihnen irgendetwas anderes verkauft (mit der Betonung auf »verkauft«), das die Fettpölsterchen ganz von alleine wegschmelzen soll, ohne daß auf das tägliche Sahnetörtchen verzichtet werden muß, dann lassen Sie die Finger davon. Derartige Mittelchen wirken nicht oder sind gesundheitsschädlich.

Also bleibt die Ernährung. Diese umzustellen, ist oftmals schwer. Nicht aufgrund des Hungers, sondern aufgrund der Gewohnheit. Essen kann außer Nahrungsaufnahme noch eine ganze Reihe Bedeutungen innehaben, von der Geselligkeit bis zum Liebesersatz. Daher sollten bei Veränderungen auch diese Hintergründe beachtet werden: Es ist leichter, die tägliche Schokolade durch einen täglichen Apfel zu ersetzen als durch gar nichts. Seien sie also kreativ: Ersetzen sie ungesunde Gewohnheiten durch gesunde. Stück für Stück. Das ist besser als wochenlange Radikalkuren, deren mühsam erkämpfte Erfolge in der Regel

durch ein paar inkonsequente Tage wieder zunichte gemacht sind.

Doch es gibt nicht nur gesunde und ungesunde Kost, es gibt auch gesunde und ungesunde Zeitpunkte. So wird z.B. reichhaltiges Essen am Abend wesentlich schlechter verdaut und verstoffwechselt als das Frühstück oder Mittagessen. Nicht nur der Schlaf ist durch einen vollen Magen beeinträchtigt, das abendliche Mahl »bleibt einem hängen« – im wahrsten Sinne des Wortes. Daher kennt der Volksmund schon seit langem einen wesentlichen Spruch über die Üppigkeit des Essens: »Morgens wie ein König, mittags wie ein Edelmann und abends wie ein Bettler!« Auch milliardenteure moderne Forschungen konnten dieser Weisheit nichts Wesentliches hinzufügen.

Wird also das Richtige (gesunde, vollwertige Naturkost) zur richtigen Zeit (s.o.) gegessen und werden die »kleinen Sünden« zwischendurch durch kleine Wohltaten ersetzt, steht eigentlich einer maßvollen Gewichtsabnahme nur wenig noch im Wege. Daß diese nicht unbedingt bei der Figur einer Barbie-Puppe endet, liegt in der Natur der Gene: Eine solche Figur ist für 97% der Bevölkerung einfach nicht vorgesehen. Machen Sie sich nichts daraus – ein Teddybär lädt sowieso viel mehr zum Knuddeln ein …

Lediglich drei wesentliche Faktoren können trotz besten Ernährungsregeln nach wie vor die Neigung zu Übergewicht fördern: Zum ersten im Fett eingelagerte Giftstoffe (z. B. Schwermetalle), mit denen der Körper sich nicht erneut belasten möchte. Hier ist eine gezielte Entgiftung durch spezielle Diät und Ausleitungsverfahren notwendig, die nur unter Aufsicht eines Arztes oder Heilpraktikers erfolgen sollte.

Zum zweiten kann das Fettpolster auch einen seelischen Schutz darstellen. Man wird »dünnhäutiger«, wenn man abnimmt, d. h. empfindlicher, angreifbarer und verletzlicher. Daher kann es notwendig sein, auch hier zu überprüfen, ob es Gründe gibt, die ein Schutzbedürfnis erzeugen. Wird hierfür Schutz, Sicherheit und Stabilität auf seelischer Ebene gewonnen, erübrigt sich oft die körperliche »Pufferzone« (siehe hierzu auch das Kapitel Schutzbedürfnis).

Zum dritten kann mangelnde »Erdung« zu einer Erhöhung des Gewichts führen, um durch »mehr Masse« wieder fest auf dem Boden zu stehen. Auch hier gilt es, Gedanken und Gefühle auf den Boden der Tatsachen zu bringen sowie Realismus und Tatkraft zu entwickeln, um sich wieder als »bodenständig« zu empfinden. Dann kann der »Ballast« weichen.

Heilsteine können nun in diesem Prozeß der »Gewichtsreorganisation« mehrfach eine Hilfe sein: Sie können helfen, die festgefahrenen Gewohnheiten zu verändern. Dazu ist z. B. **Fluorit** sinnvoll. Ersetzen Sie einfach die Sahnetörtchen im Kühlschrank durch Fluorite ... Doch nun ohne Scherz, er hilft tatsächlich, Eßgewohnheiten zu ändern, sollte dafür jedoch als Kette, Anhänger, gebohrter Trommelstein oder Schmuckstein über längere Zeit getragen werden.

Andere Heilsteine regen den Stoffwechsel an, so daß weniger Fettpölsterchen gebildet werden. Hierzu kann z. B. **Magnesit** dienen, der zudem auch hilft, sich so anzunehmen, wie man ist. Das bringt Veränderungen oft viel leichter in Gang als der tägliche Frust, die hochgesteckten Ziele doch nie zu erreichen. Er wirkt außerdem beruhigend und ausgleichend, mindert Schutzbedürfnisse und hilft so, bestimmte seelische Ursachen für Übergewicht aufzulösen. Auch Magnesit sollte als Kette, Anhänger, gebohrter Trommelstein oder Schmuckstein über längere Zeit getragen werden.

Schließlich hilft bei allen Ernährungsfragen nur Bewußtheit. Man sollte am Abend schon wissen, was man am Tag alles gegessen hat. Hierbei hilft **Sodalith**, der zusätzlich dazu dient, sich den geistigen Raum für ein Leben nach eigenen Wünschen zu nehmen. Auch dies mindert oft die Notwendigkeit, sich körperlich auszudehnen. Wie zuvor sind auch hier Ketten, Anhänger, gebohrte Trommelsteine oder Schmucksteine angesagt.

Und zu guter Letzt darf hier auch das **Versteinerte Holz** nicht fehlen. Dieses hilft bei Übergewicht, wenn es an Erdung mangelt, d. h. Gedanken und Gefühle oft weit über dem Boden der Realität schweben.

Versteinertes Holz bringt beide Beinen fest auf die Erde: Stabil, genügsam und in sich ruhend. Hierzu dienen Scheiben, auf die man sich setzt, Ketten, Anhänger oder gebohrte Trommelsteine, die man trägt oder Rohsteine rings um das Bett.

Übersäuerung

Übersäuerung ist eine Folge von unausgewogener Ernährung oder von Stoffwechselstörungen. Die Verarbeitung aufgenommener Nahrung sowie innere Stoffwechselprozesse des Organismus führen zur Bildung von Säuren und Basen in den Körperflüssigkeiten. Solange dies in ausgeglichenem Maße stattfindet, neutralisieren sich beide Komponenten, sollte sich das Säure-Basen-Gleichgewicht jedoch zu einer Seite hin verschieben, besitzt der Körper Puffermechanismen (z. B. Phosphatverbindungen und andere Mineralsalze), um überschüssige Säuren oder Basen zu binden. Ein annähernd neutrales Niveau ist insbesondere für das Blut wichtig, welches nur bei leicht alkalischer (basischer) Reaktion seine Funktionen optimal erfüllen kann.

Bei beständiger Übersäuerung setzt der Körper zur Neutralisierung der Säure auch Mineralsalze aus Depots in den Knochen und Zähnen ein, welche dadurch langfristig geschädigt werden. Zudem entstehen aus der Verbindung von Säuren und Mineralsalzen wiederum Schlackenstoffe, deren Ausscheidung über die Nieren nicht immer ausreichend ist. Daher werden diese dahin »verschoben«, wo sie zunächst am wenigsten Schaden anrichten, nämlich ins Bindegewebe, welches ohnehin gerne als »Zwischenlager« und »Mülldeponie« verwendet wird (siehe auch das Kapitel Entgiftung /Entschlackung). Daß dies jedoch auf Dauer nicht ohne Folgen bleibt, versteht sich von selbst. Zunächst wird »nur« das Bindegewebe durch die Ansammlung von Säuren und Schlacken in seinen Stoffwechselfunktionen beeinträchtigt, doch bald schon folgen die Haut (Unreinheit, Schuppenbildung, Ekzeme, Hauterkrankungen), der Darm (Durchfall, Verstopfung), die Atemwege (Infektionsanfälligkeit), die Blutgefäße (Ablagerungen, Brüchigkeit, Durchblutungsstörungen), weitere innere Organe und auch das seelische Befinden. Emotionale Tiefs und Verstimmungen bis hin zu Depressionen werden durch Übersäuerung begünstigt. Auch die meisten sog. »Zivilisationskrankheiten« stehen mit Übersäuerung in Verbindung.

Übersäuerung tritt gerade in den Industrienationen verstärkt auf. Ursachen hierfür sind die reichhaltige Ernährung mit tierischer Nahrung (insbesondere Eiweiß und Fette), der übermäßige Konsum von Kaffee, Alkohol, Nikotin und Süßigkeiten (die vier »Sünden« bei Übersäuerung), aber auch der enorme Leistungsdruck unserer Gesellschaft. Hektische Aktivität, unrhythmischer Lebensstil, Streß, fehlender Schlaf, Ärger,

Umweltbelastungen – all das macht »sauer« – seelisch wie körperlich. Muße, Ruhe, Meditation, Entspannung – dies wären Faktoren, die helfen, Säuren abzubauen. Daher sollten wir ihnen unbedingt mehr Raum geben!

Entsäuernde Diät, Schlaf und Regeneration sind daher die Sofortmaßnahmen bei Übersäuerung. Ohne diese ist auch der Einsatz von Heilsteinen sinnlos! Insbesondere die Diät sollte dabei mit einem kundigen Arzt oder Heilpraktiker abgesprochen werden, der in dringenden Fällen auch weitere Maßnahmen zur Entsäuerung durchführen kann. Doch auch in der Folge sollten gesunde Ernährung zur Regel sowie Kaffee, Alkohol, Nikotin und Süßigkeiten zur Ausnahme werden!

Als Heilsteine können **Türkis** und **Variscit** verwendet werden, um Entsäuerung zu fördern. Beide regen als Aluminiumphosphate die Säurebindung im Blut durch Phosphatpuffer an, fördern darüber hinaus jedoch auch die Reinigung des Gewebes und die Ausscheidung der Säuren. Auch seelisch wirken beide ausgleichend und streßabbauend. Türkis und Variscit werden am besten als Kette, Anhänger, gebohrter Trommelstein oder Schmuckstein über längere Zeit am Körper getragen oder als Edelstein-Essenz innerlich eingenommen (3x täglich 5-7 Tropfen).

Verbrennungen

Verbrennungen sind schmerzhafte Gewebeschädigungen durch örtliche Einwirkung von Hitze über 50° C. Flammen, heiße Gase, Dämpfe, Flüssigkeiten, erhitzte Gegenstände, aber auch Stromeinwirkungen und Strahlung (UV-Licht, Röntgen- und radioaktive Strahlung) können zu Verbrennungen führen. Diese werden je nach Tiefe und Schädigung in vier Grade eingeteilt:

Die Verbrennung ersten Grades kennzeichnet sich durch schmerzhaft gerötete Haut und Schwellung, welche sich nach einigen Tagen zurückbildet.

Bei der Verbrennung zweiten Grades entstehen Brandblasen, die bei stärkerem Ausmaß zu Narbenbildungen führen können. Diese Blasen sollten auf keinen Fall geöffnet werden, da sonst die Gefahr von Infektionen und Narbenbildungen zunimmt.

Bei Verbrennungen dritten Grades ist die gesamte Haut zerstört. Diese Bereiche sind schmerzfrei, da hier auch die Nervenendigungen zerstört sind. Verbrennungen dritten Grades verheilen nur sehr langsam von den Rändern her unter deutlicher Narbenbildung. Daher werden hier zur Heilung in der Regel Hauttransplantationen durchgeführt.

Bei Verbrennungen vierten Grades ist auch das tiefere Gewebe zerstört, was eine Heilung meist unmöglich macht und dauerhafte Schädigungen nach sich zieht.

Als erste Sofortmaßnahme sollte die betroffene Körperstelle bei Verbrennungen unter fließendes kaltes Wasser gehalten werden, bis der starke Schmerz nachläßt (bei heißen Flüssigkeiten unbedingt sofort die flüssigkeitsgetränkte Kleidung entfernen). Anschließend wird der verletzte Bereich mit einem sterilen Brandwunden-Verbandtuch abgedeckt und ein Arzt aufgesucht (bzw. bei starken Verbrennungen der Notarzt alarmiert). Bei großflächigen Verbrennungen sollte reichlich getrunken werden (ca. ein Liter Wasser mit 3g Kochsalz o. ä.), um den Flüssigkeitsverlust über die Wunde auszugleichen und einem Verbrennungsschock vorzubeugen.

Sofern die Durchführung möglich ist, ist auch bei Verbrennungen das Bewußtmachen des Unfallvorgangs eine gute Hilfe zur Beschleunigung der Heilung. Dazu vollzieht man (möglichst bald nach dem Geschehen) den Vorgang, der zur Verbrennung führte, an Ort und Stelle noch einmal so genau wie nur möglich nach. Hat man z. B. die Hand an der Herdplatte verbrannt, wird die Bewegung (natürlich bei abgekühlter Platte oder nur bis in die Nähe) genau so wiederholt, wie es zuvor geschehen ist. Unter Umständen ist es dabei notwendig, diese Bewegung mehrmals hintereinander nachzuvollziehen, bis der Schmerz der Verbrennung kurz zunimmt und dann nachläßt. An diesem Punkt hört man auf. Dieser Bewußtmachungs-Prozeß lenkt unsere Aufmerksamkeit und damit unsere Lebensenergie auf den betroffenen Bereich und beschleunigt so die Heilung.

Bei Verbrennungen ersten Grades oder bei nur kleinräumigen Verbrennungen zweiten Grades (kleine Brandblasen) können viele Hausmittel wie Bestrahlung mit orangefarbenem Licht, der frische, geleeartige Saft der Aloe-vera-Blätter, Johanniskrautöl oder ätherisches Öl vom wilden Berglavendel (nur bei geschlossenen Brandblasen!) die Heilung beschleunigen.

Als Heilsteine helfen in erster Linie **Turmalin Indigolith** (blauer Turmalin) und Rhodonit, wobei bei Verbrennungen zweiten Grades zunächst Indigolith eingesetzt werden sollte, der die narbenfreie Rückbildung der Brandblasen fördert. Er wird dazu als Edelstein-Essenz innerlich eingenommen (zu Beginn alle 15 Minuten 5-7 Tropfen, später stündlich 3-7 Tropfen, ab dem 2. Tag 3x täglich 3-7 Tropfen) und nach Möglickeit verdünnt in kaltem Wasser (20 Tropfen auf 1 Liter Wasser) auch äußerlich aufgebracht (die verbrannte Stelle darin baden). Auch bei größeren Verbrennungen kann die Wunde vor dem Anlegen des Verbandes zuletzt noch mit Indigolith-Wasser ausgespült werden.

Rhodonit wird dann als Folge-Stein oder bei Verbrennungen ersten Grades verwendet, um die Wunde völlig ausheilen zu lassen. Auch er wird wie Turmalin innerlich und äußerlich zugleich verwendet. Bei ganz kleinen Verbrennungen genügt es auch, einen (notfalls mit dem eigenen Speichel) befeuchteten Trommelstein auf die verletzte Stelle zu halten.

Vergeßlichkeit

Der für hartnäckige Fälle von Vergeßlichkeit hilfreiche Heilstein ist dem Autor während der Arbeit an der Heilsteine Hausapotheke unglücklicherweise entfallen und konnte bis zur Drucklegung des Buchs leider nicht mehr ermittelt werden. Bitte verwenden Sie daher einstweilen die in den Kapiteln Gedächtnisschwäche und Lernschwierigkeiten genannten Steine.

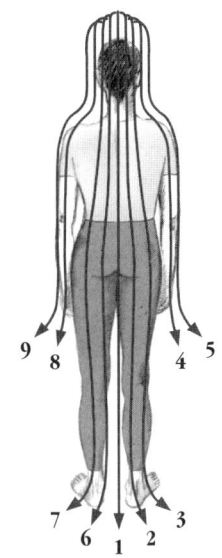

Verspannungen

Muskelverspannungen können durch Fehlhaltungen, Schmerzen, Entzündungen, schwere (und insbesondere ungewohnte) Arbeit sowie durch unwillkürliches Anspannen bei geistiger Anstrengung, seelischem Druck oder Belastung entstehen. Auch über lange Zeit aufrechterhaltene Konzentration, z. B. bei schnellem Autofahren, kann zu Verspannungen führen. Der seelische Hintergrund wird zudem sehr treffend dadurch gekennzeichnet, daß eine Situation, ein bevorstehendes Ereignis oder eine eigene Absicht »spannend«, »angespannt«, »unter Spannung« oder gar »überspannt« ist. All diese seelisch-geistigen Ereignisse können auch zu körperlicher Spannung und Verspannung führen.

Heilsteine, die bei Verspannungen helfen, haben daher nicht nur eine muskelentspannende Wirkung, sondern führen auch

Abb. 12: Amethyst-Behandlung zur Linderung von Verspannungen

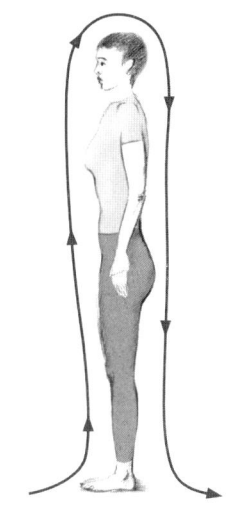

Abb. 13: Ausgleichsbewegung zur Stabilisierung des Blutdrucks

169

auf seelischer Ebene Gelassenheit und Entspannung herbei. Ihre Wirkung geht dabei so tief, daß durch die Entspannung der Umgebung mitunter sogar verschobene Wirbel wieder einrenken oder zumindest viel leichter eingerenkt werden können.

Amethyst lindert Verspannungen, wenn man mit mit handtellergroßen Drusenstücken wie mit einer Bürste, jedoch ohne die Haut zu berühren, ruhige Striche von der Stirn über Kopf, Nacken, Rücken und Beine bzw. Arme zum Boden hin ausführt (siehe Abbildung 12). Bereiche, die dabei als »besonders verspannt« erkenntlich werden, können auf diese Weise mehrmals behandelt werden. Sollte bei der Behandlung auch der Blutdruck absinken und Schwindel o. ä. auftreten, kann er durch eine Ausgleichsbewegung über den Körper wieder stabilisiert werden (über die zentrale Körperachse, vorne vom Boden aufwärts, über den Kopf und hinten abwärts bis zum Boden – siehe Abbildung 13). Auch als Kette getragen lindert Amethyst Verspannungen und hilft dabei außerdem, seelisch-geistige Ursachen der Verspannung zu erkennen und aufzulösen.

Magnesit wirkt entspannend auf die gesamte Muskulatur und kann daher entweder als Trommelstein auf betroffene Bereiche aufgelegt, als Edelstein-Essenz innerlich eingenommen (3x täglich 3-7 Tropfen) oder als Kette, Anhänger, gebohrter Trommelstein oder Schmuckstein am Körper getragen werden. Magnesit hilft,

Ängste und Sorgen loszulassen und bringt dadurch auch seelische Entspannung.

Rauchquarz entspannt den ganzen Körper, wenn man zwei Kristalle oder Trommelsteine in die Hände nimmt und sich einige Minuten Ruhe gönnt. Er kann außerdem auch als Kristall oder Trommelstein auf stark verspannte Bereiche aufgelegt werden, wobei Kristalle mit der Spitze stets nach unten (zu den Füßen oder Händen hin) weisen sollten. Rauchquarz hilft, auch bei Belastungen entspannt zu bleiben, und verringert die Neigung, sich »stressen zu lassen«. Er kann dazu auch als Kette, Anhänger oder gebohrter Trommelstein am Körper getragen werden.

Turmalin hilft in Form von Kristallen, insbesondere kleinen, schmalen Stäbchen, Verspannungen zu lindern. Die Kristalle oder Kristallstäbchen werden dazu mit nach unten weisender Spitze längs zur Körperachse oder den Gliedmaßen aufgelegt bzw. aufgeklebt. Dadurch wird der Energiefluß in den betreffenden Bereichen angeregt, was Entspannung und Beweglichkeit fördert. Turmalin, egal welcher Varietät, hilft auch als Kette, Anhänger, gebohrter Trommelstein oder Schmuckstein sehr gut bei steifen Gliedern und Gelenken. Auch seelisch bringt Turmalin Flexibilität und Beweglichkeit.

Verstauchung

Verstauchungen entstehen durch das plötzliche gewaltsame Überschreiten der normalen Bewegungsgrenze eines Gelenks (z. B. durch das Umknicken eines Fußes). Dabei überdehnen oder reißen die Gelenkbänder und mitunter wird sogar die Gelenkkapsel verletzt. In der Regel entsteht eine Schwellung mit starken Schmerzen und Bluterguß.

Auch hier ist als schmerzlindernde Sofortmaßnahme das Bewußtmachen des Unfallvorgangs hilfteich. Dazu wird möglicht unmittelbar nach dem Geschehen der Unfallvorgang nachgestellt und die Bewegung, die zur Überdehnung des Gelenks führte, noch einmal so genau wie möglich nachvollzogen (natürlich ohne sich erneut zu verletzen). Ist z. B. der Fuß umgeknickt, wird der letzte Schritt davor noch einmal an Ort und Stelle (verlangsamt) nachgemacht. Unter Umständen muß diese Bewegung mehrmals wiederholt werden, bis der Schmerz im verstauchten Gelenk kurz zunimmt und dann nachläßt. An diesem Punkt hört man auf. Dieser Bewußtmachungs-Prozeß lenkt unsere Aufmerksamkeit und damit unsere Lebensenergie auf den betroffenen Bereich und beschleunigt so die Heilung.

Anschließend kann durch kühlende Arnika-Umschläge und die innere Einnahme homöopathischer Arnica-Aufbereitungen (D3, D4) sowie der Bachblüten-Notfalltropfen die Schwellung gelindert

werden. Zur Sicherheit sollte jedoch auf jeden Fall ein Arzt aufgesucht werden, damit abgeklärt werden kann, ob die Bänder nur überdehnt oder gerissen bzw. ob die Gelenkkapsel unverletzt ist.

Als Heilsteine können **Obsidian** und **Rhodonit** bei Verstauchungen eingesetzt werden. Obsidian ist dabei der Soforthilfe-Stein, der den Schmerz und Schock auf Zellebene löst. Er wird dazu als Trommelstein auf das betroffene Gelenk gehalten und ist insbesondere dann wichtig, wenn z. B. der o. g. Bewußtwerdungs-Prozeß nicht durchführbar ist.

Rhodonit folgt dann zur weiteren Heilung der Verstauchung und ggf. zum Abbau von Blutergüssen. Er wird dazu ebenfalls als Trommelstein oder Scheibe auf das betroffene Gelenk aufgelegt bzw. in den Stützverband mit eingebunden. Auch eine Kette kann um das Gelenk gelegt oder die Edelstein-Essenz innerlich eingenommen werden (zunächst stündlich, später 3x täglich 5-9 Tropfen).

Verstopfung

Verstopfung bezeichnet die verzögerte und durch Verhärtung des Stuhls meist erschwerte Darmentleerung. Sie kann vorübergehend durch stopfende Nahrungsmittel (z. B. Bananen), veränderte Lebensgewohnheiten (z. B. auf Reisen) oder starke Flüssigkeitsverluste hervorgerufen werden.

Als dauerhafte Erscheinung liegt der Verstopfung meist Bewegungsmangel, regelmäßig unterdrückter Stuhlgang und ballaststoffarme Kost zugrunde. Auch seelische Hintergründe wie (scheinbar) unlösbare Probleme, Entscheidungsschwierigkeiten und allgemein »ausweglose« Situationen können Verstopfung begünstigen. Verstopfung geht oft mit Appetitlosigkeit und Völlegefühl einher und wird dann gefährlich, wenn ein völliger Darmverschluß entsteht. Beim Auftreten von Blässe, Koliken, Übelkeit, aufgetriebenem Leib und einer schnellen Verschlechterung des Allgemeinbefindens muß daher umgehend ein Arzt aufgesucht werden!

Ansonsten kann Verstopfung durch reichliches Trinken, Einlauf und ggf. Rhizinusöl behandelt werden. Auf Dauer ist jedoch eine Darmsanierung (durch Diät und Colon-Hydrotherapie), ballaststoffreiche Ernährung und regelmäßige Bewegung (z. B. tägliches Spazierengehen) zu empfehlen. Auch das Lösen der genannten Probleme, ggf. mit therapeutischer Hilfe, ist natürlich wichtig. Zusätzlich bieten auch die genannten Heilsteine eine gute Unterstützung.

Die Kombination von orangefarbenem und grünem **Calcit** mit **Bernstein** (z. B. als Kette, Anhänger oder gebohrte Trommelsteine) fördert die Darmtätigkeit und hilft bei Verstopfung. Zusätzlich kann hier als vierter Stein noch **Rutilquarz** hinzugefügt werden, wenn Verstopfung und Durchfall in ständigem Wechsel auftreten.

Rosa Moosachat hilft bei hartnäckiger chronischer Verstopfung, insbesondere wenn die Darmtätigkeit durch jahrelanges Einnehmen von Abführmitteln bereits jede Eigeninitiative verloren hat. Hier bringt rosa Moosachat aufgrund seiner reinigenden, lymphanregenden und entschlackenden Eigenschaften mitunter beinahe kleine Wunder. Er wird dazu entweder für ca. einen Tag in Wasser gelegt, welches anschließend schluckweise über den Tag verteilt getrunken wird, als Trommelstein auf den Bauch aufgelegt bzw. aufgeklebt oder als Kette, Anhänger und gebohrter Trommelstein getragen.

Turmalin Schörl (schwarzer Turmalin) hilft sehr gut bei Verstopfung auf Reisen (veränderte Lebensgewohnheiten) oder durch stopfende Nahrungsmittel. Er regt die Darmtätigkeit an und verhilft hier sehr schnell wieder zu normalem Stuhlgang. Dazu wird er am besten als Kristall mit der Spitze nach unten auf der linken Bauchseite (im Bereich des absteigenden Dickdarms) aufgelegt oder ebenfalls mit der Spitze nach unten in der linken Hosentasche mitgeführt.

Sind mehrere Kristalle oder Kristallstäbchen zur Hand können diese mit der Spitze im Uhrzeigersinn ausgerichtet (dem Verlauf des Dickdarms folgend) auf den Bauch aufgelegt werden. Die Kristallspitzen sollten also auf der rechten Bauchseite aufsteigend, oben auf dem Bauch nach links und auf der linken Bauchseite absteigend orientiert sein. Weniger aufwendig, aber ebenfalls wirksam ist das Tragen von Ketten, Anhängern und gebohrten Steinen sowie die innere Einnahme der Edelstein-Essenz (3x täglich 3-7 Tropfen).

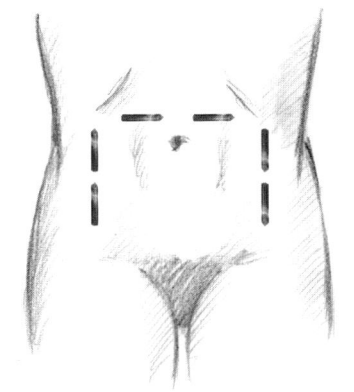

Abb. 14: Auflegen von Turmalinkristallen oder -stäbchen bei Verstopfung

Wadenkrämpfe

Wadenkrämpfe sind schmerzhafte, meist einseitig auftretende Krämpfe der Wadenmuskeln mit gleichzeitiger Abwärtsbeugung des Fußes. Sie können durch Magnesiummangel (z. B. bei nächtlichem Auftreten oder in der Schwangerschaft), seltener Calcium- oder Kaliummangel, Übersäuerung, starke Flüssigkeitsverluste (z. B. bei Durchfall), Überanstrengung und lokale Durchblutungsstörungen (z. B. bei Schwimmen in kaltem Wasser) entstehen. Zur Abhilfe gegen die Krampfneigung in

den Waden sind in jedem Fall warme Bäder, Massagen (für Durchblutung und Stoffwechsel) und magnesiumhaltige Heilsteine sinnvoll.

Magnesit erzielt als Magnesiumcarbonat bei Wadenkrämpfen die besten Resultate. Er kann zur Linderung des Krampfs auf die Wade gehalten werden und zur allgemeinen Verbesserung des Magnesium-Stoffwechsels als Kette, Anhänger, gebohrter Trommelstein oder Schmuckstein am Körper getragen werden. Magnesit hilft nicht nur speziell bei jenen Wadenkrämpfen, die durch Magnsiummangel entstehen, sondern wirkt allgemein entspannend, stoffwechsel- und in geringem Umfang durchblutungsfördernd.

Warzen

Warzen sind durch Viren hervorgerufene gutartige Hauttumore mit vermehrter Hornbildung. Sie können ansteckend sein, wenn eine Neigung zur Warzenbildung vorhanden ist. Flache Warzen sind weiche, rundliche Knötchen, die oft sehr zahlreich auftreten, aber wenig Beschwerden verursachen. Dornwarzen dagegen wachsen insbesondere unter Schwielen wie ein Stachel in die Tiefe und sind bei Druck sehr schmerzhaft.

Zur Behandlung von Warzen gibt es eine ganze Reihe von Hausrezepten: Äußerliches Aufbringen von Eigenurin (über mehrere Wochen), Auftupfen von ätherischem Öl des roten Thymians oder Teebaumöl, das Aufkleben einer Knoblauchzehe mit Pflaster direkt auf die Warzen sowie das Einstreichen der Warzen mit dem Saft einer frisch halbierten Zwiebel bei abnehmendem Mond im Krebs, Skorpion oder den Fischen. Diese Zwiebel muß anschließend so tief vergraben werden, daß sie nicht mehr austreiben kann, sondern verfault. In dem Maß, in dem die Zwiebel verfault, fallen dann die Warzen ab.

Unter den Heilsteinen haben sich **Amethyst** (vor allem als Wasser nach Hildegard von Bingen, vgl. Seite 18), **Heliotrop** und **Peridot** als zur Warzenentfernung geeignet erwiesen, wobei mit Peridot die besten Erfolge erzielt wurden. Die betreffenden Steine werden entweder als Kristall (Amethyst), Scheibe (Heliotrop), Rohstein (Peridot) oder Trommelstein auf die Warze aufgelegt bzw. aufgeklebt sowie als Edelstein-Essenz bzw. Wasser (bei Amethyst) äußerlich aufgetupft.

Auch eine Warzensalbe aus Peridot-Essenz und Teebaumöl (je 10 Tropfen auf 10 g Salbengrundlage) in einer Grundlage aus 1 Teil Bienenwachs mit 4-5 Teilen Jojobaöl hat sich bewährt.

Wechseljahre, Beschwerden

Die Wechseljahre, auch Klimakterium genannt, sind bei Frauen ein Zeitraum von etwa 10 bis 15 Jahren, in denen die Hormonproduktion der Eierstöcke zurückgeht. Daher tritt hier, durchschnittlich um das 52. Lebensjahr, auch die Menopause ein, jener Zeitpunkt, zu dem die Regelblutung endgültig ausbleibt. Durch die hormonellen Veränderungen beim Rückgang der Östrogenbildung können in dieser Zeit nun bestimmte Beschwerden auftreten, die individuell verschieden als mehr oder weniger beeinträchtigend erlebt werden.

Zu diesen Beschwerden zählen unregelmäßige Menstruationsblutungen (vor der Menopause), Hitzewallungen mit Hautrötung, Schweißausbrüchen und anschliessendem Frösteln, Herzrhythmusstörungen, Schwindelgefühl und Kribbeln der oberen Gliedmaßen (Durchblutungsstörungen). Weiterhin können Schlaflosigkeit, Nervosität, erhöhte Reizbarkeit, verminderte Leistungsfähigkeit, Angstzustände und depressive Erscheinungen auftreten. In weiterer Folge kommt es mitunter zu Stoffwechselstörungen, Gewichtszunahme, Blutdruckerhöhung und Osteoporose (siehe dort).

Alle diese Beschwerden sind umso ausgeprägter, je schneller und tiefer der Östrogenspiegel sinkt. Aus diesem Grund werden schulmedizinisch meistens Östrogene verabreicht. Naturheilkundlich werden dagegen die Auswirkungen der hormonellen Umstellung durch eine bewußte, natürliche Lebensweise aufgefangen: Ausgewogene Ernährung, Vermeiden von Alkohol, Nikotin und Koffein, regelmäßige körperliche

Betätigung, Gymnastik, Schwimmen, Wechselduschen und Wechselbäder können die o.g. Beschwerden ausgleichen.

Steinheilkundlich kann durch das Tragen von **Mondstein** eine zusätzliche Hilfe geleistet werden. Mondstein verlangsamt und harmonisiert den Rückgang der Östrogenbildung, so daß die Umstellung wesentlich beschwerdefreier verläuft. Er wird dazu als Kette, Anhänger, gebohrter Trommelstein oder Schmuckstein über lange Zeit getragen (Ketten zeigen hier die besten Resultate).

Bei akuten Beschwerden wie Hitzewallungen, Schwindelgefühl, Reizbarkeit und Schlaflosigkeit hilft zusätzlich **blauer Chalcedon** sehr gut. Er wird ebenfalls als Kette, Anhänger, gebohrter Trommelstein oder Schmuckstein getragen oder als Edelstein-Essenz innerlich eingenommen (3-5x täglich 5-7 Tropfen).

Wetterfühligkeit

Wetterfühligkeit ist eine gesteigerte Reaktionsbereitschaft auf klimatische Veränderungen, die vor allem bei labilem Kreislauf, Rheuma, früheren Kopfverletzungen, Narben oder seelischen Belastungen ausgeprägte Symptome hervorrufen können. Veränderungen von Luftdruck, Luftfeuchtigkeit und Temperatur (vor allem Föhnwetter), aber auch elektrische Ladungen der Atmosphäre (vor Gewittern oder bei der Begegnung verschiedener Wetterfronten) führen bei Wetterfühligkeit zu Konzentrationsstörungen, Stimmungsschwankungen, Angstzuständen, Unwohlsein, Müdigkeit, Schlafstörungen, Kopfschmerzen und Schmerzen in Narben oder alten Verletzungen. Offenbar fällt es hier schwer, die inneren Regulationsmechanismen des Körpers auf die äußeren atmosphärischen Veränderungen einzustellen.

Achat hilft bei Wetterfühligkeit vor allem durch die Stabilisierung des Kreislaufs und die Stärkung der seelischen Belastbarkeit. Auf diese Weise hilft er bei Konzentrationsstörungen, Unwohlsein, Schlafstörungen, Kopfschmerzen und Angstzuständen.

Gebänderter Chalcedon ist der beste Heilstein bei Wetterfühligkeit. Durch seine anregende Wirkung auf die Körperflüssigkeiten und die Beruhigung der Nerven hilft er, viele wetterbedingten Einflüsse aufzufangen. Er lindert insbesondere Schmerzen aller Art, Müdigkeit, allgemeines Unwohlsein und Konzentrationsstörungen.

Versteinertes Holz wirkt ähnlich wie Achat durch eine allgemeine körperliche und seelische Stabilisierung sowie die Beruhigung der Nerven. Es hilft bei Konzentrationsstörungen, Stimmungsschwankungen, allgemeinem Unwohlsein, Schlafstörungen und Angstzuständen.

Alle genannten Heilsteine sollten zur Linderung von Wetterfühligkeit als Ketten, Anhänger, gebohrte Trommelsteine oder Schmucksteine am Körper getragen sowie bei starken Beschwerden als Edelstein-Essenzen innerlich eingenommen werden (bei Bedarf 5-9 Tropfen).

Wundheilung

Die Wundheilung bei Schnitten, Rissen, Aufschürfungen und anderen Verletzungen, aber auch nach Operationen kann durch Heilsteine deutlich beschleunigt und verbessert werden, so daß z.B. keine oder nur eine wesentlich geringere Narbenbildung erfolgt. Natürlich setzt eine Behandlung mit Heilsteinen vor allem bei größeren Verletzungen voraus, daß ggf. alle Erste-Hilfe-Maßnahmen getroffen wurden und eine ärztliche Untersuchung stattgefunden hat, bei der notwendige Maßnahmen (z.B. das Nähen größerer Wunden) durchgeführt wurden.

Als wichtigste Hilfeleistung dient bei Wunden und Verletzungen nach der Erstversorgung das Bewußtmachen des eigentlichen Unfallhergangs. Dazu vollzieht man diesen möglichst bald und möglichst an Ort und Stelle noch einmal nach (natürlich ohne sich erneut zu verletzen). Hat man z.B. die Hand verletzt, wird jene Bewegung, die zur Verletzung führte, noch einmal genau so wiederholt wie zuvor. Unter Umständen ist es dabei notwendig, sie mehrmals hintereinander auszuführen, bis der Schmerz der Verletzung kurz zunimmt und dann nachläßt. An diesem Punkt hört man auf. Dieser Bewußtmachungs-Prozeß lenkt unsere Aufmerksamkeit und damit unsere Lebensenergie auf den betroffenen Bereich und beschleunigt so die Wundheilung.

Ist dieser Prozeß nicht möglich, kann **Obsidian** als Trommelstein in die Hände genommen oder in der Nähe der Wunde aufgelegt werden, um den Schock auf Zellebene zu lösen. Anschließend kann **Rhodonit** oder **Mookait** als Trommelstein oder Scheibe aufgelegt oder als Edelstein-Essenz innerlich eingenommen werden (5-9 Tropfen). Auch das Tragen von Rhodonit- oder Mookait-Ketten, Anhängern oder gebohrten Trommelsteinen unterstützt die Wundheilung.

Zähneknirschen

Zähneknirschen im Schlaf entsteht durch seelische Spannungen (Belastungen, Konflikte, Sorgen), die sich in den Schlaf und ins Traumgeschehen hinein fortsetzen. Während der unterbewußten Beschäftigung damit kommt es zu starken Spannungen in der Kiefermuskulatur, zum Zusammenbeißen und Aneinanderreiben der Zähne. Es ist, als müßte man einen »sehr schweren Brocken zerkauen«. Folgen des Zähneknirschens können neben dem Verschleiß der Zähne selbst auch Zahnschmerzen (Entzündungen im Wurzelbereich durch den Druck) und in der Folge Neuralgien

(Nervenschmerzen) sein. Aus diesem Grund sollte Zähneknirschen nicht einfach hingenommen, sondern behandelt werden. Das Lösen der seelischen Spannungen, Belastungen, Konflikte und Sorgen steht dabei im Vordergrund, wobei diese Hintergründe oft völlig unbewußt sind, was therapeutische Hilfe notwendig macht.

Heilsteine können bei Zähneknirschen helfen, die nächtlichen Spannungen zu lindern sowie die Ursachen dafür bewußt zu machen und aufzulösen.

Gagat hilft, wenn Zähneknirschen in sehr schwierigen Lebenslagen auftritt, durch die man sich »hindurchbeißen« muß. Er entspannt die Kiefermuskulatur und hilft darüber hinaus auch bei Entzündungen, die als Folge des Zähneknirschens entstehen.

Kunzit und **Sugilith** helfen, seelische Spannungen abzubauen, indem sie erleichtern, Unabänderliches zu akzeptieren (Kunzit) oder trotz Schwierigkeiten und Widerständen beharrlich und entspannt zugleich zu bleiben (Sugilith). Beide helfen bei Nervenschmerzen, die als Folge des Zähneknirschens auftreten.

Magnesit entspannt die Kiefermuskulatur und verringert dadurch nächtliches Zähneknirschen. Auch seelisch wirkt Magnesit beruhigend und entspannend. Er erhöht die seelische Belastbarkeit und macht geduldig.

Alle genannten Heilsteine sollten bei nächtlichem Zähneknirschen zunächst am Abend als Trommelstein in den Mund genommen und beim Schlafengehen dann unter das Kopfkissen gelegt werden. Bei Schmerzen ist auch das Tragen als Kette, Anhänger oder gebohrter Trommelstein sowie die innere Einnahme der Edelstein-Essenz vor dem Schlafengehen (5-9 Tropfen) wirksam.

Zahnen

»Sie kommen mit Schmerzen und sie gehen mit Schmerzen« sagt der Volksmund zum Thema Zähne. Während wir bei letzterem zumindest noch die Chance haben, aktiv etwas dafür zu tun, daß der Orakelspruch nicht eintrifft, ist der Verlauf des Zahnens, des Durchbrechens der Zähne im Baby- und Kleinkindalter doch diesem Einfluß weitgehend entzogen. Das Zahnen wird oft von Schmerzen, vorübergehendem Lymphstau, allgemeinem Unbehagen (dadurch auch Schlafunterbrechungen), erhöhter Temperatur (oft mit deutlich geröteter und heißer Backe) sowie Durchfall begleitet. Traditionelles Hausmittel zur Linderung dieser Beschwerden sind abgerundete Stücke der Iriswurzel (aufgrund des Geruchs auch Veilchenwurzel genannt), auf der die Kinder kauen können und die eine leicht betäubende Wirkung zeigen.

In der Steinheilkunde wird hierfür **Bernstein** verwendet, der als »Beißstein« (großer gebohrter Trommelstein) oder als

Baby-Bernsteinkettchen (ca. 30 cm langes Kettchen) umgehängt wird. Bernstein lindert Schmerzen und Unbehagen und leitet die Hitze des Zahndurchbruchs ab.

Noch besser wirken Bernstein-Chalcedon-Kettchen, da der hinzugefügte **Chalcedon** den evtl. vorhandenen Lymphstau löst und durch kühleres Empfinden schneller noch Erleichterung verschafft.

Da Bernstein ein versteinertes Harz ist, das Informationen und Atmosphären sehr gut speichert, sollte das Bernsteinkettchen einige Zeit von der Mutter getragen werden, bevor es dem Kind umgehängt wird. Dadurch überträgt sich die mütterliche »Schwingung«, was die positive Wirkung verstärkt.

Zahnerkrankungen

Die häufigste Zahnerkrankung ist Karies, eine Erweichung der Zähne, die unter Braunfärbung zum allmählichen Zerfall führt. Der genaue Vorgang hierbei ist medizinisch noch nicht geklärt, fest steht nur, daß er mit dem Vorhandensein von Bakterien und Kohlenhydraten (insbesondere Zucker) im Mund zusammenhängt. Daher ist natürlich in erster Linie Zähneputzen angesagt und bei bestehenden Löchern in den Zähnen auf jeden Fall der Gang zum Zahnarzt!

Für gesunde Zähne scheint jedoch auch ein »innerer Faktor« zu bestehen, denn mitunter haben Menschen trotz regelmäßigem Zähneputzen immer wieder Karies, während andere trotz nachlässiger Zahnhygiene unversehrte Zähne besitzen. Seelisch hängen die Zähne mit unserer Fähigkeit zusammen, uns »durchzubeißen«, d. h. uns durchzusetzen, Schwierigkeiten zu überwinden, schwere Entscheidungen zu treffen, das eigene Leben selbst zu regeln. Fremdbestimmung und Unterdrückung, der man sich nicht erwehren kann, steht oft in Verbindung mit dem Zustand der Zähne. Daher kann therapeutische Hilfe bei Konflikten dieser Art indirekt auch einen positiven Einfluß auf die Zähne haben.

Als Heilstein unterstützt **Apatit** die Festigkeit und Gesundheit der Zähne. Er ähnelt als fluorhaltiges Calciumphosphat der chemischen Zusammensetzung der Zähne und scheint dadurch einen günstigen Einfluß zu besitzen. Außerdem fördert Apatit Motivation und Antrieb, das eigene Leben selbst in die Hand zu nehmen und gemäß eigenen Zielen und Wünschen zu gestalten. Er wird am besten als Kette, Anhänger oder gebohrter Trommelstein am Hals getragen.

Zahnfleischerkrankungen

Zahnfleischbluten und Zahnfleischentzündungen sind meistens auf Stoffwechselstörungen durch verschlacktes Gewebe, Vitaminmangel (insbesondere Vitamin C) oder hormonelle Umstellungen (Pubertät,

Wechseljahre) zurückzuführen, sofern nicht tatsächlich Verletzungen oder mangelnde Zahnhygiene die Ursache sind (vgl. auch das Kapitel Entgiftung/Entschlackung). Auch der aus Entzündungen hervorgehende Zahnfleischschwund (die Parodontose) wurzelt daher letztendlich in einer mangelnden Versorgung und Entgiftung des Zahnfleischs. Vor allem bei stärkeren Beschwerden oder galoppierendem Schwund sollte hier auf jeden Fall der Zahnarzt aufgesucht werden, bevor die Zähne zu wackeln beginnen oder gar ausfallen.

Ansonsten ist die beste Behandlung bei Zahnfleischerkrankungen das regelmäßige Ölziehen. Dazu wird hochwertiges kaltgeschlagenes Sonnenblumenöl über 10 bis 20 Minuten im Mund und zwischen den Zähnen bewegt und anschließend ausgespuckt (keinesfalls schlucken!). Auf diese Weise werden dem gesamten Umfeld Gift- und Schlackenstoffe entzogen, was schon nach wenigen Anwendungen zu einer deutlichen Verbesserung der o. g. Symptome führt.

Als Heilsteine helfen insbesondere **Gagat, Bernstein** und **Rhodonit** bei Zahnfleischbluten, Entzündungen und Paradontose. Sie werden dabei als Trommelsteine in den Mund genommen oder als Edelstein-Essenzen innerlich eingenommen (3-5x täglich 3-5 Tropfen). Zusätzlich können sie auch als Ketten, Anhänger oder gebohrte Trommelsteine getragen werden.

Zahnschmerzen

Zahnschmerzen entstehen, wenn die kariöse Zahnerweichung tiefer in den Zahn vordringt und sich dem Nerv nähert oder wenn die Zahnnerven durch Entzündungen im Zahnwurzelbereich in Mitleidenschaft gezogen werden. Die übelsten Zahnschmerzen entstehen dabei, wenn der Nerv im Zahn selbst abstirbt. Dabei bilden sich Gase, die auf den verbliebenen, nach wie vor sensiblen Rest des Nervs drücken, und dadurch wirklich höllische Folgen auslösen. Sinn und Zweck von Zahnschmerzen ist vermutlich, daß man plötzlich gerne zum Zahnarzt geht (die persönliche Schmerzschwelle mag hier unterschiedlich sein), denn dorthin sollte man sich auch unverzüglich begeben!

Lediglich um nicht auf dem Weg zum Zahnarzt oder im Wartezimmer vor Schmerz wahnsinnig zu werden, sollten schmerzstillende Hausmittel wie Gewürznelken (in den Mund legen – zeigen betäubende Wirkung), Teebaumöl oder die folgenden Heilsteine vor der Zahnbehandlung verwendet werden. Wesentlich sinnvoller sind sie hinterher, um nachklingende Schmerzen schneller zu stillen.

Kunzit und **Sugilith** wirken vor allem bei Schmerzen durch Karies und Nervenschmerzen sehr gut. Kunzit wirkt dabei etwas schneller (im Zeitraum von Minuten), ist jedoch auch schneller »verbraucht«, Sugilith wirkt langsamer (das

Einsetzen der Wirkung kann bis zu einer Stunde dauern), ist jedoch wesentlich stärker und in der Wirkung länger andauernd. Beide werden entweder als Trommelstein in den Mund genommen oder außen aufgelegt. Zusätzlich kann bei starken Schmerzen auch die Edelstein-Essenz innerlich eingenommen werden (bei Bedarf 5-9 Tropfen).

Bei Entzündungen im Zahnwurzelbereich ist jedoch **Lavendel-Jade** zu bevorzugen. Sie besitzt neben der schmerzstillenden auch entzündungshemmende Eigenschaften. In der Kombination mit Teebaumöl wirkt sie sehr schnell und gründlich. Zur Anwendung wird dabei das Zahnfleisch selbst oder die Backe im Bereich der Entzündung mit Teebaumöl eingerieben und die Lavendel-Jade als Trommelstein oder flache Scheibe aufgelegt. Auch das Ausspülen des Mundes mit der Edelstein-Essenz (10 Tropfen in 100ml Wasser) wirkt sehr gut.

Zerrungen

Mit dem Begriff »Zerrung« werden Verletzungen von Muskeln, Sehnen und Bändern zusammengefaßt, die durch gewaltsames Überdehnen entstehen. Dazu zählt die Muskelzerrung, bei der einzelne Muskelfasern durch ruckartige Überdehnung des gespannten Muskels zerreißen (siehe Kapitel Muskelverletzungen) und die Verstauchung,

bei der Sehnen und Bänder an den Gelenken überdehnt werden, wodurch es ebenfalls zu Rissen kommen kann (siehe Kapitel Verstauchungen).

Bei Muskelzerrungen entsteht ein lokaler Druck- und Bewegungsschmerz, ggf. mit leichtem Bluterguß, bei Verstauchungen eine Schwellung mit starken Schmerzen und Bluterguß. Zur Linderung haben sich in beiden Fällen kühlende Arnika-Umschläge sowie die innere Einnahme von homöopathischen Arnica-Aufbereitungen (D3, D4) und Bachblüten-Notfalltropfen bewährt.

Als schmerzlindernde Sofortmaßnahme ist weiterhin das Bewußtmachen des Unfallvorgangs hilfreich. Dazu wird möglichst unmittelbar nach dem Geschehen der Unfallvorgang nachgestellt und die Bewegung, die zur Überdehnung des Muskels oder Gelenks führte, noch einmal so genau wie möglich nachvollzogen (natürlich ohne sich erneut zu verletzen). Ist man z.B. auf die Hand gestürzt, wird diese Bewegung noch einmal an Ort und Stelle (verlangsamt) nachgemacht. Unter Umständen muß man sie mehrmals wiederholen, bis der Zerrungsschmerz kurz zunimmt und dann nachläßt. An diesem Punkt hört man auf. Dieser Bewußtmachungs-Prozeß lenkt unsere Aufmerksamkeit und damit unsere Lebensenergie auf den betroffenen Bereich und beschleunigt so die Heilung.

Anschließend sollte zur Sicherheit jedoch auf jeden Fall ein Arzt aufgesucht werden, damit abgeklärt werden kann, um was für eine Verletzung es sich tatsächlich handelt. Bei Muskel- oder Bänderrissen kann unter Umständen eine Operation notwendig werden.

Als Heilsteine können **Obsidian,** Magnesit und Rhodonit bei Zerrungen eingesetzt werden. Obsidian ist dabei der Soforthilfe-Stein, der den Schmerz und Schock auf Zellebene löst. Er wird dazu als Trommelstein auf das betroffene Gelenk gehalten und ist insbesondere dann wichtig, wenn z. B. der o. g. Bewußtwerdungs-Prozeß nicht durchgeführt werden kann.

Wenn eine Zerrung zu einer Verkrampfung ganzer Muskel- und Sehnenbereiche führt, kann zusätzlich **Magnesit** verwendet werden, der den gesamten Bereich entspannt. Er wird als Trommelstein auf den betroffenen Bereich gehalten oder als Edelstein-Essenz innerlich eingenommen (5-7 Tropfen).

Schließlich folgt **Rhodonit** dann zur weiteren Heilung der Zerrung und ggf. zum Abbau von Blutergüssen. Er wird dazu ebenfalls als Trommelstein oder Scheibe auf das betroffene Gelenk aufgelegt bzw. in den Stützverband mit eingebunden. Auch eine Kette kann um das Gelenk gelegt sowie die Edelstein-Essenz innerlich eingenommen werden (zunächst stündlich, später 3x täglich 5-9 Tropfen).

Teil 3

Die Heilsteine Hausapotheke

Die Zusammenstellung der Hausapotheke

Der Sinn einer Hausapotheke liegt im schnellen Zugriff auf das notwendige Hilfsmittel in dem Moment, in dem es gebraucht wird. Das gilt ganz besonders auch für eine Heilsteine Hausapotheke, da die Verfügbarkeit bestimmter Mineralien und Edelsteine naturgemäß starken Schwankungen unterliegt. Bis ein spezieller Heilstein besorgt ist, können Tage, Wochen, mitunter sogar Monate vergehen – eine viel zu lange Zeit für den akuten Fall. Ein sinnvolles Sortiment für alle Fälle ist daher stets von großem Wert.

Beim Zusammenstellen eines solchen Sortiments sollte jedoch zweierlei beachtet werden: Zum einen die Auswahl der einzelnen Steinsorten, die sich so ergänzen sollten, daß mit möglichst wenig Steinen ein möglichst breites Spektrum an Wirkungen und Indikationen abgedeckt wird. Natürlich orientiert sich diese Auswahl in erster Linie an den persönlichen Bedürfnissen, als mögliche Grundsortimente werden im folgenden jedoch drei Varianten vorgestellt: Die Reiseapotheke (22 Heilsteine), die kleine Hausapotheke (44 Heilsteine) und die große Hausapotheke (88 Heilsteine).

Zum zweiten sollte neben der Auswahl der einzelnen Steinsorten auch darauf geachtet werden, aus der Vielfalt verschiedener Formen in erster Linie solche auszusuchen, die möglichst vielseitig eingesetzt werden können. Ideal sind z.B. gebohrte Kristalle, Roh- oder Trommelsteine, da sie gleichermaßen als Handschmeichler verwendet, auf bestimmte Körperstellen aufgelegt oder über längere Zeit getragen werden können. Insbesondere bei der Reiseapotheke ist dies wichtig, da hier natürlich auch an Platz und Gewicht gespart werden muß. Für bestimmte Zwecke und Behandlungen gibt es allerdings keine Wahl: So können z.B. manche Amethyst-Behandlungen nur mit Drusenstücken durchgeführt werden. Da diese jedoch auch zur Reinigung von Heilsteinen eingesetzt werden (vgl. Seite 20), sollte ein Amethyst-Drusenstück in keiner Hausapotheke fehlen.

Die verschiedenen Formen von Heilsteinen werden im Kapitel »Formen und Signaturen« dargestellt (Seite 192ff). Welche Formen bei den einzelnen Heilsteinen erhältlich bzw. gebräuchlich sind, ist im Kapitel »Heilsteine von A bis Z« angegeben (Seite 197ff).

Die Reiseapotheke

Die Reiseapotheke enthält 22 Heilsteine, welche die wichtigsten Indikationen wie Erkältungen, Fieber, Kopfschmerzen, Kreislaufbeschwerden, Menstruationsbeschwerden, Verletzungen, Wundheilung, Zahnschmerzen usw. abdecken. Die hierfür ausgewählten Steine finden darüber hinaus auch speziell bei typischen Reiseproblemen Anwendung, wie z. B. bei Reisekrankheit, Übelkeit, Erbrechen, Durchfall, Verstopfung, Insektenstiche, Sonnenbrand, Verspannungen usw. Es empfiehlt sich für eine platzsparende Reiseapotheke, Heilsteine zu verwenden, die sowohl aufgelegt und aufgeklebt, an Seiden- oder Lederbändern getragen oder zur Herstellung von Edelstein-Wasser verwendet werden können. Damit ist mit je einem Stein eine ganze Reihe möglicher Anwendungsweisen abgedeckt.

Die Reiseapotheke

Heilstein	Empfohlene Formen
Amethyst	Drusenstück, (gebohrter) Trommelstein, Edelstein-Essenz
Apatit	Kristall oder (gebohrter) Trommelstein
Aventurin	(gebohrter) Trommelstein
Bernstein	Kette oder (gebohrter) Trommelstein
Chalcedon blau gebändert	(gebohrter) Trommelstein
Chrysopras	(gebohrter) Trommelstein
Dumortierit	(gebohrter) Trommelstein, Edelstein-Essenz
Granat Pyrop	(gebohrter) Trommelstein
Heliotrop	(gebohrter) Trommelstein, Edelstein-Essenz
Kunzit	Kristall oder (gebohrter) Trommelstein
Lavendel-Jade	(gebohrter) Trommelstein
Magnesit	(gebohrter) Trommelstein
Malachit	(gebohrter) Trommelstein
Obsidian (Rauchobsidian)	Rohstein oder (gebohrter) Trommelstein

Heilstein	Empfohlene Formen
Prasem	(gebohrter) Trommelstein
Rhodochrosit	Scheibe oder (gebohrter) Trommelstein
Rhodonit	(gebohrter) Trommelstein, Edelstein-Essenz
Sardonyx	(gebohrter) Trommelstein
Smaragd	(gebohrter) Trommelstein, Edelstein-Essenz
Türkis	Rohstein oder (gebohrter) Trommelstein
Turmalin Indigolith (blauer T.)	Kristall, (gebohrter) Trommelstein, Edelstein-Essenz
Turmalin Schörl (schwarzer T.)	4 kleine Kristalle, (gebohrter) Trommelstein

Die genauen Indikationen der einzelnen Heilsteine finden Sie im Kapitel »Heilsteine von A bis Z« (Seite 197ff). Bei speziellem Bedarf kann die Reiseapotheke noch um folgende Steine ergänzt werden: Apophyllit (als Kristall oder Kristallgruppe gegen Asthmaanfälle), Aquamarin (als gebohrter Kristall oder Trommelstein sowie als Essenz bei Allergien, insbesondere Heuschnupfen), blauer oder rosafarbener Chalcedon ohne Bänderung (als gebohrter Trommelstein zur Förderung der Milchbildung beim Stillen – dies kann gerade auf Reisen wichtig werden), Hämatit/Tigereisen (als gebohrter Trommelstein oder Schmuckstein bei Eisenmangel) und Mondstein (speziell für Hochzeitsreisen ...).

Die kleine Hausapotheke

Die kleine Hausapotheke enthält 44 Heilsteine, mit welchen alle häufig auftretenden Erkrankungen und Beschwerden behandelt werden können. Sie enthält u. a. Steine zur Behandlung von Akne, Allergien, Asthma, Durchblutungsstörungen, Entzündungen, Fieber, Gelenkbeschwerden, Herzbeschwerden, Husten, Kopfschmerzen, Kreislaufbeschwerden, Menstruationsbeschwerden, Migräne, Nervenbeschwerden, Rheuma, Rückenschmerzen, Schlafstörungen, Streß, Übergewicht, Verspannungen, Warzen usw. Die »kleine Hausapotheke« beinhaltet die komplette »Reiseapotheke«.

Die im folgenden empfohlenen Formen der einzelnen Heilsteine stellen nur eine gängige Auswahl dar. Weitere mögliche Formen sind im Kapitel »Heilsteine von A - Z« angegeben. Eine Übersicht über alle Formen und Signaturen finden Sie im folgenden gleichnamigen Kapitel.

Die kleine Hausapotheke

Heilstein	Empfohlene Formen
Achat (am besten Augensignatur)	Scheibe, (gebohrter) Trommelstein, Edelstein-Essenz
Amethyst	Drusenstück, (gebohrter) Trommelstein, Edelstein-Essenz, Kette
Apatit	Kristall, (gebohrter) Trommelstein, Edelstein-Essenz
Apophyllit	Kristall, Kristallgruppe
Aquamarin	Kristall, (gebohrter) Trommelstein, Edelstein-Essenz
Aragonit gebändert	Scheibe, (gebohrter) Trommelstein
Aventurin	Kette, (gebohrter) Trommelstein, Edelstein-Essenz
Bergkristall	Abzieher-Kristall, (gebohrter) Trommelstein
Bernstein	Rohstein, Kette, (gebohrter) Trommelstein, Edelstein-Essenz
Biotit-Linse	Rohstein, evtl. gebohrt
Chalcedon blau gebändert	Scheibe, (gebohrter) Trommelstein, Kette, Edelstein-Essenz
Chrysopras	Scheibe, (gebohrter) Trommelstein, Edelstein-Essenz
Dumortierit	Kette, (gebohrter) Trommelstein, Edelstein-Essenz

Heilstein	Empfohlene Formen
Edelopal	Rohstein, (gebohrter) Trommelstein, Schmuckstein, Essenz
Epidot	Kette, (gebohrter) Trommelstein, Edelstein-Essenz
Fluorit	Rohstein, (gebohrter) Trommelstein, Kette, geschliffene Formen
Gagat	Rohstein, (gebohrter) Trommelstein, Kette, Edelstein-Essenz
Granat Pyrop	Kristall, (gebohrter) Trommelstein, Kette
Hämatit	Kette, (gebohrter) Trommelstein, Edelstein-Essenz
Heliotrop	Scheibe, (gebohrter) Trommelstein, Kette, Edelstein-Essenz
Kunzit	Kristall, (gebohrter) Trommelstein
Lapislazuli	Rohstein, (gebohrter) Trommelstein, Kette, Edelstein-Essenz
Lavendel-Jade	(gebohrter) Trommelstein
Magnesit	Rohstein, (gebohrter) Trommelstein, Kette, Edelstein-Essenz
Malachit	Scheibe, (gebohrter) Trommelstein, Kette
Mondstein	Kette, (gebohrter) Trommelstein
Moosachat	Kette, Anhänger, (gebohrter) Trommelstein, Essenz
Nephrit	(gebohrter) Trommelstein
Obsidian (Rauchobsidian)	Rohstein, (gebohrter) Trommelstein
Obsidian (Schneeflockenobsidian)	Cabochon, (gebohrter) Trommelstein, Kette, Edelstein-Essenz
Peridot	Kette, (gebohrter) Trommelstein, Edelstein-Essenz
Prasem	Kette, (gebohrter) Trommelstein, Edelstein-Essenz
Pyritsonne	Rohstein
Rauchquarz	Kristall, (gebohrter) Trommelstein, Kette
Rhodochrosit	Scheibe, Anhänger, (gebohrter) Trommelstein, Kette, Essenz
Rhodonit	Scheibe, Anhänger, (gebohrter) Trommelstein, Kette, Essenz
Sardonyx	Rohstein, (gebohrter) Trommelstein, Edelstein-Essenz
Smaragd	Kristall, (gebohrter) Trommelstein, Kette, Edelstein-Essenz
Sugilith	Schmuckstein, (gebohrter) Trommelstein, Edelstein-Essenz
Topas Imperial	Kristall, Anhänger, (gebohrter) Trommelstein, Edelstein-Essenz
Türkis	Rohstein, (gebohrter) Trommelstein, Edelstein-Essenz
Turmalin Indigolith (blauer T.)	Kristall, (gebohrter) Trommelstein, Edelstein-Essenz
Turmalin Schörl (schwarzer T.)	4 kleine Kristalle, (gebohrter) Trommelstein, Kette, Essenz
Zoisit	Kette, (gebohrter) Trommelstein, Edelstein-Essenz

Die große Hausapotheke

Die große Hausapotheke enthält alle 88 im vorliegenden Buch besprochenen Heilsteine. Mit diesen können alle 132 genannten Erkrankungen, Beschwerden und psychischen Probleme behandelt werden. Diese Auswahl umfaßt das zentrale Spektrum der in der Steinheilkunde verwendeten Heilsteine, welche nur in speziellen Fällen noch durch weitere Steine ergänzt werden müssen.

Die im folgenden empfohlenen Formen der einzelnen Heilsteine orientieren sich an der Häufigkeit ihrer Verwendung in der Steinheilkunde.

Weitere mögliche Formen sind im Kapitel »Heilsteine von A - Z« angegeben. Eine Übersicht über Formen und Signaturen finden Sie außerdem im folgenden gleichnamigen Kapitel.

Die große Hausapotheke

Heilstein	Empfohlene Formen
Achat	Scheibe, Anhänger, (gebohrter) Trommelstein, Edelstein-Essenz
Achat (Augensignatur)	Scheibe, Anhänger, (gebohrter) Trommelstein
Achat (Blasensignatur)	Scheibe, Anhänger, (gebohrter) Trommelstein
Achat (Darmsignatur)	Scheibe, Anhänger, (gebohrter) Trommelstein
Achat (Entzündungssignatur)	Scheibe, Anhänger, (gebohrter) Trommelstein
Achat (Gebärmuttersignatur)	Scheibe, Anhänger, (gebohrter) Trommelstein
Achat (Gefäßsignatur, Lace-Achat)	Scheibe, Anhänger, (gebohrter) Trommelstein
Achat (Hautsignatur)	Scheibe, Anhänger, (gebohrter) Trommelstein
Achat (Magensignatur)	Scheibe, Anhänger, (gebohrter) Trommelstein
Achat (Wasserachat)	Rohstein, Trommelstein, anpolierte Geode
Amethyst	Drusenstück, (gebohrter) Trommelstein, Kette, Edelstein-Essenz
Antimonit	Kristall, Kristallgruppe (zum Ansetzen in Wasser)
Apatit	Kristall, (gebohrter) Trommelstein, Kette, Edelstein-Essenz
Apophyllit	Kristall, Kristallgruppe
Aquamarin	Kristall, (gebohrter) Trommelstein, Kette, Edelstein-Essenz
Aragonit gebändert	Scheibe, Anhänger, (gebohrter) Trommelstein
Aventurin	Kette, Anhänger, (gebohrter) Trommelstein, Edelstein-Essenz

Heilstein	Empfohlene Formen
Bergkristall	Abzieher-Kristall, (gebohrter) Trommelstein, Kette, Essenz
Bergkristall (Herkimer-Diamonds)	3 kleine Doppelender
Bernstein	Rohstein, Kette, (gebohrter) Trommelstein, Edelstein-Essenz
Biotit-Linse	Rohstein, evtl. gebohrt
Bronzit	Anhänger, (gebohrter) Trommelstein, Edelstein-Essenz
Calcit	Rohstein, (gebohrter) Trommelstein, Anhänger, Essenz
Chalcedon blau gebändert	Scheibe, (gebohrter) Trommelstein, Kette, Edelstein-Essenz
Chalcedon blau ohne Bänderung	Kette, Anhänger, (gebohrter) Trommelstein
Chalcedon rosa	Rohstein, Anhänger, (gebohrter) Trommelstein, Essenz
Chalcedon-Rosette	Rohstein
Chrysoberyll	Kristall, Anhänger, Schmuckstein (Cabochon usw.), Essenz
Chrysokoll	Kette, Anhänger, (gebohrter) Trommelstein, Edelstein-Essenz
Chrysopras	Scheibe, Anhänger, Kette, (gebohrter) Trommelstein, Essenz
Citrin	Kristall, Anhänger, (gebohrter) Trommelstein, Edelstein-Essenz
Diamant	Rohstein, Schmuckstein, Edelstein-Essenz
Diaspor	Rohstein, Kristall
Dumortierit	Kette, Anhänger, (gebohrter) Trommelstein, Edelstein-Essenz
Edelopal	Rohstein, (gebohrter) Trommelstein, Schmuckstein, Essenz
Epidot	Kette, Anhänger, (gebohrter) Trommelstein, Edelstein-Essenz
Feueropal	Rohstein, (gebohrter) Trommelstein, Kette, Essenz
Fluorit	Rohstein, (gebohrter) Trommelstein, Kette, geschliffene Formen
Gagat	Rohstein, (gebohrter) Trommelstein, Kette, Edelstein-Essenz
Granat Pyrop	Kristall, (gebohrter) Trommelstein, Anhänger, Kette, Essenz
Hämatit	Rohstein, Anhänger, (gebohrter) Trommelstein, Kette, Essenz
Heliotrop	Scheibe, Anhänger, (gebohrter) Trommelstein, Kette, Ohr-Olive, Essenz
Karneol	Rohstein, (gebohrter) Trommelstein, Anhänger, Essenz
Kunzit	Kristall, Anhänger, (gebohrter) Trommelstein, Kette, Essenz
Landschaftsjaspis	Kette, Anhänger, (gebohrter) Trommelstein, Edelstein-Essenz
Lapislazuli	Rohstein, Scheibe, Anhänger, (gebohrter) Trommelstein, Kette, Essenz
Lavendel-Jade	Anhänger, (gebohrter) Trommelstein, Edelstein-Essenz
Magnesit	Rohstein, (gebohrter) Trommelstein, Kette, Edelstein-Essenz
Malachit	Scheibe, Anhänger, (gebohrter) Trommelstein, Kette, Essenz
Mondstein	Kette, Anhänger, (gebohrter) Trommelstein, Schmuckstein, Essenz
Mookait	Rohstein, Anhänger, (gebohrter) Trommelstein, Essenz
Moosachat	Kette, Anhänger, (gebohrter) Trommelstein, Essenz
Moosachat rosa	Anhänger, (gebohrter) Trommelstein
Nephrit	Anhänger, (gebohrter) Trommelstein, Edelstein-Essenz
Obsidian (Rauch-)	Rohstein, (gebohrter) Trommelstein

Heilstein	Empfohlene Formen
Obsidian (Regenbogen-)	Scheibe, Anhänger, (gebohrter) Trommelstein, polierter Stein
Obsidian (Schneeflocken-)	Cabochon, (gebohrter) Trommelstein, Kette, Edelstein-Essenz
Obsidian (schwarz)	Spiegel (polierte Scheibe), Anhänger, (gebohrter) Trommelstein, Essenz
Peridot	Kette, Anhänger, (gebohrter) Trommelstein, Edelstein-Essenz
Prasem	Kette, Anhänger, (gebohrter) Trommelstein, Edelstein-Essenz
Pyritsonne	Rohstein
Rauchquarz	Kristall, Anhänger, (gebohrter) Trommelstein, Kette, Essenz
Rhodochrosit	Scheibe, Anhänger, (gebohrter) Trommelstein, Kette, Essenz
Rhodonit	Scheibe, Anhänger, (gebohrter) Trommelstein, Kette, Essenz
Rosenquarz	Rohstein, Anhänger, (gebohrter) Trommelstein, Kette, Essenz
Rubin	Kristall, Querschnitt, Anhänger, (gebohrter) Trommelstein, Essenz
Rutilquarz	Kristall, Anhänger, (gebohrter) Trommelstein, Edelstein-Essenz
Sarder	Anhänger, (gebohrter) Trommelstein, Edelstein-Essenz
Sardonyx	Rohstein, Anhänger, (gebohrter) Trommelstein, Essenz
Serpentin	Kette, Anhänger, (gebohrter) Trommelstein, Edelstein-Essenz
Smaragd	Kristall, Schmuckstein, (gebohrter) Trommelstein, Kette, Essenz
Sodalith	Kette, Anhänger, (gebohrter) Trommelstein, Edelstein-Essenz
Sugilith	Schmuckstein, Anhänger, (gebohrter) Trommelstein, Essenz
Thulit	Rohstein, (gebohrter) Trommelstein, Anhänger, Essenz
Tigerauge	Kette, Anhänger, (gebohrter) Trommelstein
Tigereisen	Kette, Scheibe, Anhänger, (gebohrter) Trommelstein, Schmuckstein (Dreieck), Essenz
Topas Imperial	Kristall, Anhänger, (gebohrter) Trommelstein, Kette, Essenz
Türkis	Rohstein, Anhänger, (gebohrter) Trommelstein, Essenz
Turmalin Dravit	Kristall, Scheibe, Anhänger, (gebohrter) Trommelstein, Essenz
Turmalin Indigolith (blauer T.)	Kristall, Scheibe, Anhänger, (gebohrter) Trommelstein, Essenz
Turmalin Rubellit (roter T.)	Kristall, Scheibe, Anhänger, (gebohrter) Trommelstein, Essenz
Turmalin Schörl (schwarzer T.)	4-6 kleine Kristalle, Scheibe, Anhänger, (gebohrter) Trommelstein, Kette, Essenz
Turmalin Verdelith (grüner T.)	Kristall, Anhänger, (gebohrter) Trommelstein, Edelstein-Essenz
Turmalin (Wassermelonenturmalin)	Kristall, Scheibe, Anhänger, (gebohrter) Trommelstein, Essenz
Variscit	Scheibe, Anhänger, (gebohrter) Trommelstein, Edelstein-Essenz
Versteinertes Holz	Rohstein, Scheibe, Anhänger, (gebohrter) Trommelstein, Essenz
Zirkon	Kristall, Schmuckstein, Edelstein-Essenz
Zoisit	Kette, Anhänger, (gebohrter) Trommelstein, Edelstein-Essenz

Formen und Signaturen

Aufgrund der Art des jeweiligen Vorkommens, der typischen Erscheinungsweise, des Werts und der speziellen Verarbeitungseigenschaften gibt es nicht jeden Heilstein in jeder Form. Die hier aufgeführten Formen und Signaturen von Heilsteinen sind als Übersicht über die in der Heilsteine Hausapotheke erwähnten Möglichkeiten gedacht. In welchen Formen die einzelnen Heilsteine tatsächlich erhältlich sind, entnehmen Sie bitte dem folgenden Kapitel »Heilsteine von A-Z«.

Mit »**Form**« wird in der Heilsteine Hausapotheke die Erscheinungsweise eines Heilsteins bezeichnet, unabhängig davon, ob diese auf natürliches Wachstum (Kristall, Druse, Rohstein usw.) oder menschliche Verarbeitung (Trommelstein, Scheibe, Kette usw.) zurückzuführen ist. Der Einfachheit halber werden auch Edelstein-Essenzen unter diesem Begriff geführt.

Der Begriff »**Signatur**« dagegen beschreibt die Ähnlichkeit einer Erscheinungsform oder Zeichnung des jeweiligen Heilsteins mit anatomischen Strukturen des Menschen. Als Signaturen werden ausschließlich naturgewachsene Merkmale gewertet, die einen Wirkungszusammenhang zwischen Heilstein und menschlichem

Organismus nahelegen. Durch Verarbeitung geschaffene Formen (z.B. Herzen usw.) stellen keine Signatur dar. Signaturen spielen in erster Linie bei Achaten (siehe Seite 198ff) und Chalcedon-Rosetten (Seite 204) eine wichtige Rolle, können darüberhinaus jedoch bei vielen Heilsteinen spezielle Wirkungen anzeigen:

So gibt es z.B. Bernstein mit Hautsignatur, rosa Chalcedon mit Schleimhautsignatur, Hämatit mit Nieren- und Darmsignatur, Heliotrop mit Eiter-Signatur, Magnesit und Malachit mit Gehirnsignatur, Rhodochrosit mit Gefäßsignatur oder Rhodonit mit Gewebssignatur – um nur einige zu nennen. Immer, wenn ein bestimmter Heilstein Sie in seinem Aussehen an etwas Bestimmtes erinnert, besteht vermutlich auch eine Beziehung zwischen dem Stein und dem ähnlich aussehenden Gewebe oder Organ. Offenbar ist es kein Zufall, wenn die Natur dieselbe Form mehrmals hervorbringt. Mehr zu den Hintergründen dieser Signaturenlehre und zum Aussehen der Heilsteine finden Sie im »Lexikon der Heilsteine« (Im Osterholz Verlag, Ludwigsburg 1997).

In der Steinheilkunde werden Heilsteine nun in folgenden Formen eingesetzt:

Rohsteine sind Mineralien und Gesteine in Form derber Bruchstücke oder bestimmter Aggregate. Hierzu zählen z.B. Biotit-Linsen, Chalcedon-Rosetten (siehe Seite 204), körnige Diamant-Aggregate, Fluorit-Spaltoktaeder (siehe Seite 208), Pyritsonnen (siehe Seite 216), derber Rosenquarz, dichter Thulit (siehe Seite 220) oder Türkis-Knollen (vgl. »Lexikon der Heilsteine« S. 46-49).

Kristalle sind naturgewachsene Mineralien, deren Form von geraden Flächen und Kanten begrenzt ist. Für bestimmte Behandlungen (z.B. Fieber senken mit Bergkristall-Abziehern) sind mitunter Kristalle mit speziellen Flächenkombinationen notwendig.

Kristallgruppen bestehen aus mehreren miteinander verwachsenen Einzelkristallen. Sie kommen z.B. beim Apophyllit zur Anwendung.

Drusen sind mit Kristallen gefüllte Gesteinshohlräume. Drusenstücke sind

Abb. 15: Rohsteine

Derbes Aggregat

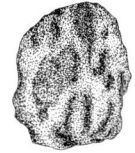
Dichtes Aggregat

Körniges Aggregat

Knolle

Linse

Rosette

Sonne

Spaltoktaeder

Abb. 16: Typische Kristallformen

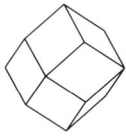
Kubischer Kristall
(Granat Pyrop)

Hexagonaler Kristall
(Aquamarin)

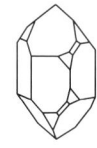
Trigonaler Kristall
(Bergkristall)

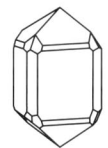
Tetragonaler Kristall
(Zirkon)

Abb. 17: Spezielle Bergkristall-Formen

Abb. 18: Kristallgruppe

Abzieher-Kristall   Herkimer-Diamond   (Apophyllit)

Abb. 19: Druse und Drusenstück

Abb. 20: Geode

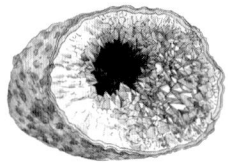

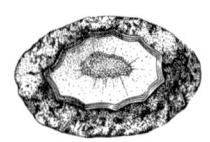

Druse (Amethyst)   Drusenstück (Amethyst)   (Achat)

Bruchstücke einer solchen »Kristall-Aus-kleidung« des Hohlraums. Als Drusenstück wird vor allem Amethyst eingesetzt.

Geoden sind kleine, nur wenige Zentimeter große Drusen. Achat wird mitunter als Geode eingesetzt, insbesondere ungeöffnete wasserhaltige Geoden (Wasserachat).

Scheiben sind beidseitig geschnittene und ggf. polierte Steinplatten. Insbesondere Achate werden in dieser Form verwendet, welche die Signatur des Steins deutlich macht. Spiegel sind auf Hochglanz polierte Scheiben. Sie werden derzeit nur bei Obsidian eingesetzt.

Querschnitte sind dünne, quer aus Kristallen herausgeschnittene Scheiben, deren äußere Form noch den ursprünglichen Umriß des Kristalls zeigt. Vor allem

Turmaline werden oft als Querschnitt verwendet.

Trommelsteine sind unregelmäßig geformte, in Schleiftrommeln rundpolierte Steine (sog. »Handschmeichler«), die an Flußkiesel erinnern. Sie stellen die häufigste Anwendungsform in der Steinheilkunde dar. Mit einer Querbohrung zum Auffädeln auf ein Seiden- oder Lederband versehen, werden sie gebohrte Trommelsteine, mit einer eingeklebten Metallöse oder -schlaufe Barockanhänger genannt.

Geschliffene Formen gibt es bei Heilsteinen inzwischen in Hülle und Fülle. Neben den »Klassikern« Kugel, Ei und Pyramide entstehen beständig neue, auch sog. »freie«, unregelmäßige Formen. Im Prinzip kann jede Form eines Heilsteins

194

Abb. 21: Scheibe

Abb. 22: Querschnitte

(Achat)

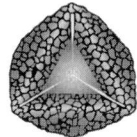

(Turmalin)

(Turmalin)

Abb. 23: Trommelsteine

Abb. 24: Geschliffene Formen

Kugel

Ei

Pyramide

verwendet werden, da die »inneren Qualitäten« des Steins (Entstehung, Struktur, Mineralstoffe, Farbe) von der äußeren Form zwar variiert, jedoch im wesentlichen nicht verändert wird. Mehr zur Wirkung bestimmter Formen erfahren Sie im »Lexikon der Heilsteine« Seite 89-104.

Anhänger sind Rohsteine, Kristalle, Trommelsteine oder Schmucksteine, die mit einer Fassung, einer Metallöse oder einer Metallschlaufe versehen wurden und daher an einer Kette oder einem Band getragen werden können.

Ketten sind aufgefädelte Rohsteine, Trommelsteinchen, Kugeln oder Steine anderer Formen. In der Steinheilkunde sind insbesondere Splitter- und Kugelketten in Gebrauch.

Ohr-Oliven sind kleine, länglich-oval geschliffene Heilsteine (z.B. Heliotrop), die ins äußere Ohr gesteckt werden können. Sie sind mit einer kleinen Metallöse versehen, an der ein Band befestigt wird, mit dessen Hilfe die Ohr-Olive nach der Anwendung wieder aus dem Ohr entfernt werden kann.

Schmucksteine sind speziell zur Schmuckverarbeitung oder zum Tragen geschliffene Steine. Die Palette möglicher Formen und Verarbeitungsweisen hat sich hierzu in den letzten Jahren beträchtlich erweitert (siehe »Lexikon der Heilsteine«, S. 99-102). Häufig verwendet werden in der Steinheilkunde in erster Linie Cabochons (mugelig geschliffene Steine), facettierte (flächenreich geschliffene) Steine, Donuts (runde Steinscheiben mit Loch), Disks

Abb. 25: Anhänger

Barock- Kristall- Anhänger
anhänger Anhänger mit Fassung

Abb. 26: Ketten

Splitterkette Kugelkette

Abb. 27: Ohr-Olive

Abb. 28: Schmucksteine

   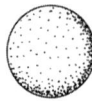

Cabochon   facettierte Steine   Donut   Disk   Dreieck

(runde, leicht gewölbte Steinscheiben) und gelegentlich geschliffene Dreiecke.

Zur Herstellung von Edelstein-Essenzen sowie für Zubereitungen in Wasser (Antimonit), Wein (Karneol) oder Öl (Peridot) werden in der Regel Rohsteine und Kristalle, mitunter auch Trommelsteine verwendet (vgl. S. 22). Edelstein-Essenzen können der Einfachheit halber auch zur Herstellung von Salben eingesetzt werden (siehe S. 21).

Alle zuvor besprochenen Formen finden Sie noch einmal in einer Übersicht auf der hinteren Umschlagklappe. Diese können Sie ausgefaltet lassen, während Sie im Teil 2 »Heilen mit Steinen« oder im folgenden Kapitel »Heilsteine von A - Z« etwas nachschlagen. Auf diese Weise ist das Aussehen einer bestimmten Form immer sofort »im Blick«.

Heilsteine von A bis Z

Im folgenden werden nun alle 88 in der Heilsteine Hausapotheke besprochenen Heilsteine in Wort und Bild dargestellt. Der Übersichtlichkeit halber werden die Texte dabei stets in zwei Bereiche gegliedert:

Formen: Der erste Abschnitt gibt eine Übersicht über die Formen, in denen der betreffende Heilstein erhältlich und in der Steinheilkunde gebräuchlich ist. Diese Aufzählung hat keinen Anspruch auf Vollständigkeit, gibt jedoch eine wesentliche Orientierung für die Auswahl der Formen bei der Zusammenstellung einer individuellen Hausapotheke.

Indikationen: Der zweite Abschnitt verweist auf alle Kapitel im Teil 2 »Heilen mit Steinen«, in denen der jeweilige Heilstein besprochen ist. Bitte wählen Sie keinen Heilstein allein aufgrund dieser Angaben zur Behandlung von Krankheiten und Beschwerden aus, sondern schlagen Sie bitte auf jeden Fall im genannten Kapitel nach, welcher Stein in welchem Fall auf welche Weise verwendet werden sollte. Nur so ist eine optimale Auswahl und Anwendung gewährleistet

Weitere Hinweise zu den Wirkungen dieser Heilsteine finden Sie in dem Handbuch »Die Steinheilkunde« (Neue Erde Verlag, Saarbrücken 1995). Übersichtlich geliedert in spirituelle, seelische, mentale und körperliche Bereiche bietet dieses Buch umfassende Beschreibungen jedes einzelnen Steins. Lediglich Bronzit, Diaspor, Gagat, rosa Moosachat und Sarder fehlen dort, da deren Bedeutung in der Steinheilkunde erst in jüngerer Zeit (neu) erforscht wurde.

Mineralogische Darstellungen der besprochenen Heilsteine finden Sie im »Lexikon der Heilsteine« (Im Osterholz Verlag, Ludwigsburg 1997), welches die Entstehung, natürliche Erscheinungsweise und Zusammensetzung jedes Heilsteins beschreibt. Darüberhinaus finden Sie auch dort Angaben zu den Heilwirkungen der Steine sowie Hinweise auf Fälschungen und mögliche Verwechslungen.

Verwenden Sie diese beiden Bücher bitte zum Nachschlagen, wenn Sie weitere vertiefende Informationen zu einem Heilstein suchen. Die folgenden Darstellungen dienen in erster Linie zum Auffinden bestimmter Heilsteine im vorliegenden Buch und zum Zusammenstellen einer Heilsteine Hausapotheke.

Achat

Formen: Scheibe, Kette, Anhänger, (gebohrter) Trommelstein, Schmuckstein (Donut usw.), Edelstein-Essenz. Da Essenzen aus Achaten mit spezifischer Signatur derzeit noch nicht erhältlich sind, können spezielle Achate in Wasser angesetzt werden (z.B. Achate mit Gefäßsignatur bei Hämorrhoiden und Krampfadern).

Indikationen (allgemein): Alpträume, Blähungen, Blasenbildung, Magenbeschwerden, Schlafstörungen, Schutzbedürfnis, Schwangerschaft, Wetterfühligkeit.

Spezielle Signaturen:

Achat mit Augensignatur zeigt runde, konzentrische Kreise oder Zeichnungen, die wie ein komplettes Auge aussehen. Er wird bei Augenermüdung, Bindehautentzündung, Krampfadern, Prostatavergrößerung, Schutzbedürfnis und Schwangerschaft eingesetzt.

Achat mit Blasensignatur zeigt eine Zeichnung, die dem an Bändern aufgehängten Hohlorgan Blase entspricht. Er wird bei Blasenbeschwerden eingesetzt.

Achat mit Darmsignatur zeigt eine gleichmäßig geschwungene Bänderung oder erinnert in seinem Aussehen an Gedärme (z.B. mexikanischer Feuerachat). Er wird bei Blähungen, Durchfall und Verstopfung verwendet.

Achat mit Entzündungssignatur zeigt eine natürliche (!) rosa Färbungen, welche meistens in graue oder braune Farbtöne eingebettet ist. Er kann generell bei Entzündungen verwendet werden, insbesondere, wenn er zusätzlich die Signatur des betroffenen Organs zeigt. Achtung: Verwenden Sie hierfür keine sog. »Aprikosenachate«! Bei diesen handelt es sich um künstlich erhitzte graue Achate, welche aufgrund des Brennvorgangs eher entzündungsanregend wirken.

Achat mit Gebärmuttersignatur zeigt eine Zeichnung, die an die Form und Struktur der Gebärmutter erinnert. Er wird bei Menstruationsbeschwerden, Schwangerschaftsschutzstein und zur Rückbildung der Gebärmutter nach der Geburt verwendet.

Achat mit Gefäßsignatur zeigt entweder ähnlich wie der o.g. Augenachat konzentrische Kreise, welche an den Querschnitt von Blutgefäßen erinnern, oder Zeichnungen, die dem Verlauf von Blutgefäßen im Gewebe entsprechen. Er wird bei Hämorrhoiden und Krampfadern, gerade auch in der Schwangerschaft eingesetzt.

Achat mit Hautsignatur zeigt entweder parallele Bänderungen, die an die Struktur der Haut mit Oberhaut, Lederhaut und Unterhaut-Gewebe erinnern oder Zeichnungen, die typischen Hauterscheinungen wie Ausschlägen, Entzündungen, Narben oder Verunreinigungen entsprechen. Er wird bei Hauterkrankungen sowie insbesondere bei Blasenbildung und Pilzinfektionen eingesetzt.

➽

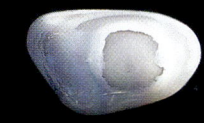

Achat-Scheibe, Brasilien, und Trommelstein,
Botswana, mit Augensignatur

Achat-Geode, Brasilien mit Blasensignatur   Achat anpoliert mit Darmsignatur
(Feuerachat, Mexiko)

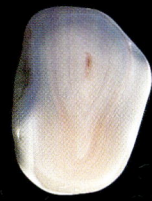

Achat-Trommelstein, Botswana,   Achat-Scheibe, Brasilien,
mit Entzündungssignatur   mit Gebärmuttersignatur

Achat-Trommelsteine, Botswana,   Achat-Trommelstein mit Gefäßsignatur
mit verschiedenen Hautsignaturen   (Lace-Achat, Mexiko)

Achat mit Magensignatur zeigt eine Zeichnung, die dem geschwungenen Hohlorgan Magen entspricht. Besonders geeignet sind dabei gelb-braune Achate, ggf. mit Bergkristall-Kern. Sie werden bei Magenbeschwerden eingesetzt.

Wasserachate sind wassergefüllte Achatgeoden, welche noch die Flüssigkeit aus der Zeit der Achatbildung enthalten. Diese Signatur erinnert an die fruchtwassergefüllte Gebärmutter in der Schwangerschaft und wird daher als Schwangerschaftsschutzstein verwendet.

Amethyst

Formen: Kristall, Drusenstück, Scheibe, (gebohrter) Trommelstein, Kette, Anhänger, Schmuckstein, Edelstein-Essenz, Wasser nach Hildegard von Bingen.

Indikationen: Abszeß, Akne, Augenermüdung, Blasenbildung, Blutdruck (hoher), Durchfall, Geburt, Hautpflege, Insektenstiche, Juckreiz, Kopfschmerzen, Kummer, Migräne, Nackenverspannung, Prellungen, Schlafstörungen, Schuppen, Sonnenbrand, Trauer, Verspannungen, Warzen.

Antimonit

Formen: Wird als Kristall oder Kristallgruppe in Wasser angesetzt.

Indikationen: Schuppenbildung.

Apatit

Formen: Kristall, (gebohrter) Trommelstein, Kette, Anhänger, Edelstein-Essenz.

Indikationen: Gelenkbeschwerden, Kniebeschwerden, Knochenbrüche, Müdigkeit und Schwäche, Osteoporose, Zahnerkrankungen.

Apophyllit

Formen: Kristall, Kristallgruppe.

Indikationen: Asthma, Bronchitis.

Aquamarin

Formen: Kristall, Kristallgruppe, (gebohrter) Trommelstein, Kette, Anhänger, Schmuckstein, Edelstein-Essenz.

Indikationen: Allergie, Augenermüdung, Blasenbeschwerden, Geburt, Heiserkeit, Heuschnupfen, Husten, Schilddrüsenbeschwerden.

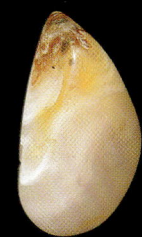

Wasserachat,
Brasilien

Achat-Scheibe, Brasilien, mit Magensignatur

Amethyst-Kristall,
Mexiko

Amethyst-Drusenstück, Uruguay

Antimonit-Kristallgruppe, Rumänien   *Apatit-Kristall und Trommelstein, Mexiko*

Aquamarin-Kristall,
Pakistan

Apophyllit-Kristallgruppe, Indien

Aragonit, gebändert

Formen: Scheibe, (gebohrter) Trommelstein, Edelstein-Essenz.

Indikationen: Bandscheibenbeschwerden, Kniebeschwerden.

Aventurin

Formen: (Gebohrter) Trommelstein, Scheibe, Kette, Anhänger, Schmuckstein, Edelstein-Essenz.

Indikationen: Arterienverkalkung/Arteriosklerose, Herzbeschwerden, Nervosität, Schlafstörungen, Sonnenbrand, Sonnenstich, Streß.

Bergkristall

Formen: Kristall, Kristallgruppe, (gebohrter) Trommelstein, Kette, Anhänger, Edelstein-Essenz.

Indikationen: Erbrechen, Fieber (senkend), Gelenkbeschwerden, Insektenstiche, Kopfschmerzen, Schilddrüsenbeschwerden, Stottern, Taubheitsgefühle.

Besondere Formen:

Abzieher-Kristalle zeigen an der Spitze eine besonders große, dominierende Fläche. Mit dieser kann die Hitze bei Fieber durch streichende Bewegungen »abgezogen« werden.

Herkimer-Diamonds sind kleine, leuchtende und besonders klare Bergkristall-Doppelender. Das Auflegen von drei kleinen Herkimern im Dreieck um einen Schmerzpunkt wirkt schmerzlindernd.

Bernstein

Formen: Rohstein, Scheibe, (gebohrter) Trommelstein, Kette, Anhänger, Schmuckstein, Edelstein-Essenz.

Indikationen: Allergie, Diabetes, Gicht, Gliederschmerzen, Juckreiz, Kopfschmerzen, Magenbeschwerden, Nackenverspannung, Nervosität, Rheuma, Schilddrüsenbeschwerden, Schwangerschaft, Verstopfung, Zahnen, Zahnfleischerkrankung.

Biotit-Linse

Formen: Rohstein (Linsen), mitunter gebohrt oder poliert.

Indikationen: Geburt, Kniebeschwerden.

Bronzit

Formen: (Gebohrter) Trommelstein, Kette, Anhänger, Edelstein-Essenz.

Indikationen: Erschöpfung, Streß.

Aragonit-Scheibe, Deutschland

Aventurin-Rohstein, Zimbabwe

Bergkristall-Gruppe und Phantomquarze, Brasilien

Bernstein, Ostpreußen

Bernstein, Ostpreußen

Biotit-Linse, Portugal

Bronzit-Trommelstein, Brasilien

Calcit

Formen: Rohstein (derb), (gebohrter) Trommelstein, Kette, Anhänger, Kugel, Edelstein-Essenz.

Indikationen: Geburt, Knochenbrüche, Osteoporose, Verstopfung.

Chalcedon, blau

Formen: Rohstein, Scheibe, (gebohrter) Trommelstein, Kette, Anhänger, Schmuckstein, geschliffene Formen, Edelstein-Essenz, in Wasser angesetzte Roh- und Trommelsteine.

Indikationen (gebänderter Chalcedon): Blasenbeschwerden, Blasenbildung, Blutdruck (hoher), Allergie, Angina, Bindehautentzündung, Entgiftung, Entschlackung, Erkältungskrankheiten, Fieber (senkend), müde Füße, Gliederschmerzen, Grippe, Heiserkeit, Lernschwierigkeiten, Lymphsystem (Anregung), Nebenhöhlenentzündung, Ödeme, Schilddrüsenbeschwerden, Schwangerschaft, Stottern, Wetterfühligkeit, Zahnen.

Indikationen (Chalcedon ohne Bänder): Blasenbeschwerden, Blasenbildung, Blutdruck (hoher), Diabetes, Fieber (senkend), Geburt, Lernschwierigkeiten, Milchbildung, Schilddrüsenbeschwerden, Stillen, Wechseljahrebeschwerden, Wetterfühligkeit.

Indikationen (Chalcedon-Rosetten): Angina, Bindehautentzündung, Entgiftung, Entschlackung, Erkältungskrankheiten, Fieber (senkend), Grippe, Heiserkeit, Schilddrüsenbeschwerden.

Chalcedon, rosa

Formen: Rohstein, (gebohrter) Trommelstein, Kette, Anhänger, Edelstein-Essenz, in Wasser angesetzte Roh- und Trommelsteine.

Indikationen: Angina, Diabetes, Entgiftung, Entschlackung, Erkältungskrankheiten, Geburt, Grippe, Heiserkeit, Herzbeschwerden, Lernschwierigkeiten, Lymphsystem (Anregung), Milchbildung, Ödeme, Schilddrüsenbeschwerden, Stillen, Stottern.

Chrysoberyll

Formen: Rohstein, Kristall, Kristallgruppe, Trommelstein (selten), Anhänger, Schmuckstein, Edelstein-Essenz, in Wasser angesetzte Rohsteine oder Kristalle.

Indikationen: Gedächtnisschwäche, Konzentrationsstörungen, Lernschwierigkeiten, Nervosität, Stottern.

Calcit-Kristall, Brasilien

Gebänderter Chalcedon, Brasilien

Blauer Chalcedon ohne Bänder, Türkei

Chalcedon-Rosette, Brasilien

Rosa Chalcedon, USA (Rosette)

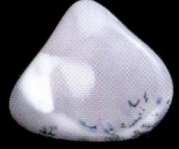

Rosa Chalcedon, Türkei (Trommelstein)

Chrysoberyll-Drilling, Brasilien

Chrysoberyll-Kristall, Zimbabwe

Chrysokoll

Formen: Rohstein (derb bis dicht), (gebohrter) Trommelstein, Kette, Anhänger, Schmuckstein, Edelstein-Essenz.

Indikationen: Fieber (senkend), Geburt, Immunstärkung, Schwangerschaft, Streß.

Chrysopras

Formen: Scheibe, (gebohrter) Trommelstein, Kette, Anhänger, Schmuckstein, Edelstein-Essenz.

Indikationen: Akne, Allergie, Alpträume, Bettnässen, Entgiftung, Entschlackung, Fußpilz, Gicht, Herpes (Lippenbläschen), Insektenstiche, Krämpfe, Kummer, Leberstärkung, Pilzinfektion, Rheuma, Schlafstörungen.

Citrin

Formen: Kristall, (gebohrter) Trommelstein, Kette, Anhänger, Schmuckstein, Edelstein-Essenz.

Indikationen: Bettnässen, Depression, Diabetes, Geburt, Kummer.

Diamant

Formen: Rohstein, Kristall, Anhänger, Schmuckstein, Edelstein-Essenz, in Wasser oder Wein angesetzte Rohsteine.

Indikationen: Arterienverkalkung/Arteriosklerose, Gedächtnisschwäche, Gicht, Konzentrationsstörungen.

Diaspor

Formen: Rohstein, Kristall.

Indikationen: Magenbeschwerden, Sodbrennen.

Dumortierit

Formen: (Gebohrter) Trommelstein, Scheibe, Kette, Anhänger, Schmuckstein, Edelstein-Essenz.

Indikationen: Angst, Depression, Durchfall, Erbrechen, Kummer, Nervosität, Reisekrankheit, Schwangerschaft, Streß, Trauer, Übelkeit.

Chrysokoll, Rohstein

Chrysokoll, anpoliert

Chrysopras-Scheibe, Australien

Citrin-Kristall, Brasilien

Diamant-Kristall, Südafrika

Dumortierit-Trommelstein, Mozambique

Diaspor-Kristall, Türkei

Edelopal

Formen: Rohstein, (gebohrter) Trommelstein, Kette, Anhänger, Schmuckstein (Cabochon), Edelstein-Essenz.

Indikationen: Depression, Husten, Kummer, Lymphsystem (Anregung), Trauer.

Epidot

Formen: Kristall (selten), (gebohrter) Trommelstein, Scheibe, Kette, Anhänger, Schmuckstein, Edelstein-Essenz.

Indikationen: Erkältungskrankeiten, Erschöpfung, Geburt, Grippe, Immunstärkung, Leberstärkung, Regeneration.

Feueropal

Formen: Rohstein, (gebohrter) Trommelstein, Kette, Anhänger, Schmuckstein (Cabochon, facettierte Steine), Edelstein-Essenz.

Indikationen: Blutdruck (niedriger), Müdigkeit und Schwäche, Potenzstörungen, Sexualität.

Fluorit

Formen: Rohstein (Spaltoktaeder), Kristallgruppe, (gebohrter) Trommelstein, Kette, Anhänger, geschliffene Formen (Kugeln, Pyramiden usw.), Edelstein-Essenz, in Wasser angesetzte Roh- oder Trommelsteine.

Indikationen: Gedächtnisschwäche, Gicht, Husten, Konzentrationsstörungen, Lernschwierigkeiten, Osteoporose, Pilzinfektion, Übergewicht.

Gagat

Formen: Rohstein, (gebohrter) Trommelstein, Kette, Anhänger, Schmuckstein, Edelstein-Essenz.

Indikationen: Durchfall, Mundbeschwerden, Trauer, Zähneknirschen, Zahnfleischerkrankung.

Edelopal, weißer Opal,
Australien

Edelopal, Kristallopal, Australien

Edelopal, Schwarzopal, Australien

Edelopal, Boulder-Opal, Australien

Epidot-Rohstein (Unakit), USA

Feueropal-Rohstein, Mexiko

Gagat-Trommelstein,
USA

Fluorit-Spaltoktaeder,
USA

Fluorit-Kristallgruppe,
Schwarzwald

Granat, Pyrop

Formen: Kristall, (gebohrter) Trommelstein, Kette, Anhänger, Schmuckstein, Edelstein-Essenz, Salbe.

Indikationen: Blasenbeschwerden, Durchblutungsstörung, Erschöpfung, Füße (kalte), Gelenkbeschwerden, Kreislaufbeschwerden, Müdigkeit und Schwäche, Muskelschwäche, Ohrenbeschwerden, Schwangerschaft, Sexualität, Taubheitsgefühle.

Hämatit

Formen: Rohstein, (gebohrter) Trommelstein, Scheibe, Kette, Anhänger, Schmuckstein, Edelstein-Essenz.

Indikationen: Blutdruck (niedriger), Eisenmangel, Kreislaufbeschwerden, Schwangerschaft.

Heliotrop

Formen: Scheibe, (gebohrter) Trommelstein, Kette, Anhänger, Ohr-Oliven, Schmuckstein, Edelstein-Essenz, Salbe.

Indikationen: Abszeß, Angina, Arterienverkalkung/Arteriosklerose, Bindehautentzündung, Blasenbeschwerden, Eisenmangel, Entzündung, Erkältungskrankeiten, Geburt, Grippe, Herzbeschwerden, Immunstärkung, Insektenstiche, Mittelohrentzündung, Nebenhöhlenentzündung, Ohrenbeschwerden, Schnarchen, Schnupfen, Warzen.

Karneol

Formen: Rohstein (Knolle), (gebohrter) Trommelstein, Kette, Anhänger, Edelstein-Essenz, in Wein geköchelte Roh- oder Trommelsteine.

Indikationen: Blutungen (leichtere), Erkältungskrankheiten, Fieber (treibend), Geburt, Nasenbluten.

Kunzit

Formen: Kristall, (gebohrter) Trommelstein, Kette, Anhänger, Schmuckstein, Edelstein-Essenz, in Wasser angesetzte Kristalle oder Trommelsteine.

Indikationen: Bandscheibenbeschwerden, Geburt, Gedächtnisschwäche, Hexenschuß, Nervenbeschwerden, Rückenschmerzen, Schmerzen, Schwangerschaft, Zähneknirschen, Zahnschmerzen.

Landschaftsjaspis

Formen: (Gebohrter) Trommelstein, Kette, Anhänger, Schmuckstein (Donut, Disk), Edelstein-Essenz.

Indikationen: Allergie, Heuschnupfen.

Pyrop-Kristall in Matrix, Alaska

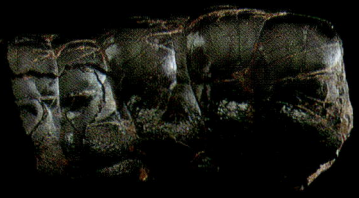

Hämatit-Rohstein, England

Heliotrop-Trommelstein, Indien

Karneol-Trommelstein, Botswana

Kunzit-Kristall, Pakistan

Landschaftsjaspis-Rohstein, Südafrika

Lapislazuli

Formen: Rohstein (derb bis dicht), Kristall (selten), (gebohrter) Trommelstein, Scheibe, Kette, Anhänger, Schmuckstein, geschliffene Formen (Kugeln, Pyramiden usw.), Edelstein-Essenz.

Indikationen: Angina, Blutdruck (hoher), Heiserkeit, Herpes (Lippenbläschen), Lernschwierigkeiten, Menstruationsbeschwerden, Schilddrüsenbeschwerden, Stimmverlust.

Lavendel-Jade

Formen: (Gebohrter) Trommelstein, Kette, Anhänger, Edelstein-Essenz.

Indikationen: Nervenbeschwerden, Nierenstärkung, Zahnschmerzen.

Magnesit

Formen: Rohstein (Knolle), (gebohrter) Trommelstein, Kette, Anhänger, Schmuckstein (Donut, Disk), Edelstein-Essenz.

Indikationen: Müde Füße, Geburt, Gliederschmerzen, Kopfschmerzen, Krämpfe, Magenbeschwerden, Migräne, Nackenverspannung, Nervosität, Rückenschmerzen, Sodbrennen, Streß, Übergewicht, Verspannungen, Wadenkrämpfe, Zähneknirschen, Zerrung.

Malachit

Formen: Scheibe, (gebohrter) Trommelstein, Kette, Anhänger, Schmuckstein, Edelstein-Essenz.

Indikationen: Erbrechen, Geburt, Krämpfe, Leberstärkung, Menstruationsbeschwerden, Rheuma, Schmerzen, Sexualität.

Mondstein

Formen: (Gebohrter) Trommelstein, Kette, Anhänger, Schmuckstein (Cabochon), Edelstein-Essenz.

Indikationen: Akne, Fruchtbarkeit (Frauen), Geburt, Menstruationsbeschwerden, Schwangerschaft, Wechseljahrebeschwerden.

Mookait

Formen: Rohstein (derb), (gebohrter) Trommelstein, Scheibe, Kette, Anhänger, Edelstein-Essenz.

Indikationen: Leichtere Blutungen, Geburt, Schnittwunden, Schürfwunden, Wundheilung.

Moosachat

Formen: (Gebohrter) Trommelstein, Scheibe, Kette, Anhänger, Schmuckstein, Edelstein-Essenz.

Indikationen: Erkältungskrankheiten, Fieber (senkend), Grippe, Husten, Lymphsystem (Anregung), Nebenhöhlenentzündung.

Lapislazuli-Kristall, Afghanistan

Lapislazuli-Rohstein, Afghanistan

Lavendel-Jade, Türkei

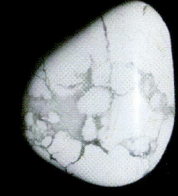

Magnesit-Trommelstein, Zimbabwe

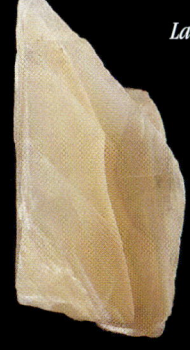

*Mondstein-
Rohstein,
Indien*

Anpolierte Malachit-Knolle, Kongo

*Moosachat -
Trommelstein,
Indien*

Mookait-Rohstein, Australien

Moosachat, rosa

Formen: (Gebohrter) Trommelstein, Kette, Anhänger, in Wasser angesetzte Trommelsteine.

Indikationen: Verstopfung.

Nephrit

Formen: Scheibe, (gebohrter) Trommelstein, Kette, Anhänger, Schmuckstein, Edelstein-Essenz.

Indikationen: Blasenbeschwerden, Nierenstärkung.

Obsidian

Schwarzer Obsidian ist ein an Fremdstoffen reicher, gleichmäßig schwarz gefärbter Obsidian.

Schneeflockenobsidian zeigt durch Entglasung entstandene kleine graue Feldspat-Aggregate, die an Schneeflocken, Wolken oder Blüten erinnern.

Regenbogenobsidian enthält kleine Wasserbläschchen, an denen einfallendes Licht reflektiert und dabei in die Spektralfarben gestreut wird.

Rauchobsidian hat einen sehr hohen SiO_2-Anteil und wird dadurch transparent. Er wird oft als Apachenträne gehandelt.

Formen: Scheibe (Spiegel), (gebohrter) Trommelstein, Kette, Anhänger, Schmuckstein (Cabochon, Donut, Disk usw.), Edelstein-Essenz. **Indikationen** (schwarzer Obsidian): Blutungen (leichtere), Schnittwunden, Schock, Schürfwunden, Schutzbedürfnis (Spiegel), Verstauchung, Wundheilung, Zerrung.

Indikationen (Schneeflockenobsidian): Blutungen (leichtere), Durchblutungsstörung, kalte Füße, Schnittwunden, Schock, Schürfwunden, Verstauchung, Wundheilung, Zerrung.

Indikationen (Regenbogenobsidian): Blutungen (leichtere), Schnittwunden, Schock, Schürfwunden, Verstauchung, Wundheilung, Zerrung.

Indikationen (Rauchobsidian): Blutungen (leichtere), Rückenschmerzen, Schmerzen, Schnittwunden, Schock, Schürfwunden, Verstauchung, Wundheilung, Zerrung.

Peridot

Formen: Rohstein (körnig oder derb), (gebohrter) Trommelstein, Kette, Anhänger, Schmuckstein, Edelstein-Essenz, Salbe, in Sonnenblumenöl angesetzte Roh- oder Trommelsteinchen.

Indikationen: Entgiftung, Entschlackung, Geburt, Nierenstärkung, Warzen.

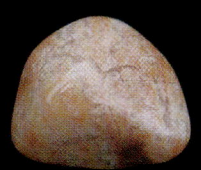

Rosa Moosachat-Trommelstein, Indien

Nephrit-Trommelstein, Rußland

Schwarzer Obsidian, Mexiko

Schneeflockenobsidian, Mexiko

Regenbogenobsidian, Mexiko

Peridot-Rohstein (Chrysolith), USA

*Peridot-Rohstein
(Olivin),
Lanzarote*

Prasem

Formen: Kristall (selten), (gebohrter) Trommelstein, Scheibe, Kette, Anhänger, Schmuckstein, Edelstein-Essenz.

Indikationen: Insektenstiche, Prellungen, Sonnenbrand, Sonnenstich.

Pyritsonne

Formen: Rohstein (Sonne).

Indikationen: Bandscheibenbeschwerden, Gelenkbeschwerden, Hexenschuß, Kniebeschwerden, Schmerzen.

Rauchquarz

Formen: Kristall, Kristallgruppe, (gebohrter) Trommelstein, Kette, Anhänger, Edelstein-Essenz.

Indikationen: Fußpilz, Kopfschmerzen, Nackenverspannung, Pilzinfektion, Rückenschmerzen, Sonnenstich, Streß, Verspannungen.

Rhodochrosit

Formen: Scheibe, (gebohrter) Trommelstein, Kette, Anhänger, Schmuckstein, Edelstein-Essenz.

Indikationen: Blutdruck (niedriger), Durchblutungsstörung, Erschöpfung, Migräne, Müdigkeit und Schwäche, Schwangerschaft.

Rhodonit

Formen: Scheibe, (gebohrter) Trommelstein, Kette, Anhänger, Schmuckstein (Donut, Disk), Edelstein-Essenz.

Indikationen: Akne, Angst, Blasenbildung, Bluterguß, Blutungen (leichtere), Herpes (Lippenbläschen), Insektenstiche, Kopfschmerzen, Muskelschwäche, Muskelverletzung, Nackenverspannung, Narben, Nasenbluten, Ohrenbeschwerden, Prellungen, Schmerzen, Schnittwunden, Schock, Schürfwunde, Trauer, Verbrennungen, Verstauchung, Wundheilung, Zahnfleischerkrankung, Zerrung.

Rosenquarz

Formen: Kristallgruppe (selten), derber Rohstein, (gebohrter) Trommelstein, Scheibe, Kette, Anhänger, Schmuckstein, geschliffene Formen (insbesondere Kugeln), Edelstein-Essenz.

Indikationen: Durchblutungsstörung, Fruchtbarkeit (Frauen), Herzbeschwerden, Sexualität.

Rubin

Formen: Kristall, Querschnitt, (gebohrter) Trommelstein, Kette, Anhänger, Schmuckstein, Edelstein-Essenz.

Indikationen: Blutdruck (niedriger), Fieber (treibend), Kreislaufbeschwerden, Potenzstörungen, Rückenschmerzen, Sexualität.

Prasem-Kristalle,
Serifos, Griechenland

Pyritsonne in Muttergestein, USA

Rauchquarz-Kristall,
Schweiz

Rauchquarz-Gwindel,
Schweiz

Rhodochrosit-Scheibe, Argentinien

Rhodonit-Scheibe, Australien

Rosaquarz-Kristallgruppe, Brasilien

Rubin-Kristall, Indien

Rutilquarz

Formen: Kristall, Kristallgruppe (selten), (gebohrter) Trommelstein, Scheibe, Kette, Anhänger, Schmuckstein, Edelstein-Essenz.

Indikationen: Angst, Asthma, Bronchitis, Depression, Fußpilz, Geburt, Herzbeschwerden, Husten, Regeneration, Sexualität, Verstopfung.

Sarder

Formen: (Gebohrter) Trommelstein, Kette, Anhänger, Edelstein-Essenz.

Indikationen: Erkältungskrankeiten, Fieber (treibend).

Sardonyx

Formen: Rohstein (derb), (gebohrter) Trommelstein, Anhänger, Edelstein-Essenz.

Indikationen: Erkältungskrankeiten, Mittelohrentzündung, Ohrenbeschwerden.

Serpentin

Formen: Scheibe, (gebohrter) Trommelstein, Kette, Anhänger, Schmuckstein, Edelstein-Essenz.

Indikationen: Durchfall, Nierenstärkung, Schutzbedürfnis, Sexualität.

Smaragd

Formen: Kristall, Querschnitt, (gebohrter) Trommelstein, Kette, Anhänger, Schmuckstein, Edelstein-Essenz.

Indikationen: Angina, Augenermüdung, Blähungen, Entzündung, Geburt, Grippe, Kopfschmerzen, Krämpfe, Leberstärkung, Mittelohrentzündung, Nebenhöhlenentzündung, Schnarchen, Schnupfen.

Sodalith

Formen: Rohstein (derb), (gebohrter) Trommelstein, Kette, Anhänger, Schmuckstein, geschliffene Formen (Kugeln, Pyramiden), Edelstein-Essenz.

Indikationen: Blutdruck (hoher), Übergewicht.

Rutilquarz-Kristalle, Brasilien

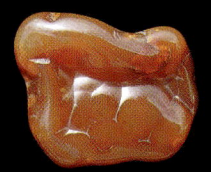

Sarder-Trommelstein, Indien

Sardonyx-Rohstein, Indien

Serpentin-Rohstein (Tauerngrün), Österreich

Smaragd-Kristall,
Brasilien

Serpentin-Rohstein (Silberauge),
Australien

Sodalith-Rohstein, Brasilien

Sugilith

Formen: Scheibe, (gebohrter) Trommelstein, Kette, Anhänger, Schmuckstein, Edelstein-Essenz.

Indikationen: Angst, Hexenschuß, Nervenbeschwerden, Schmerzen, Zähneknirschen, Zahnschmerzen.

Thulit

Formen: Rohstein (körnig), (gebohrter) Trommelstein, Kette, Anhänger, Schmuckstein, Edelstein-Essenz.

Indikationen: Fruchtbarkeit (Männer), Potenzstörungen, Sexualität.

Tigerauge, (Goldquarz)

Formen: Scheibe, (gebohrter) Trommelstein, Kette, Anhänger.

Indikationen: Asthma.

Tigereisen

Formen: Scheibe, (gebohrter) Trommelstein, Kette, Anhänger, Schmuckstein (Donut, Disk, Dreieck), Edelstein-Essenz.

Indikationen: Eisenmangel, Erschöpfung, Kreislaufbeschwerden, Menstruationsbeschwerden, Müdigkeit und Schwäche, Schwangerschaft.

Topas Imperial

Formen: Kristall, (gebohrter) Trommelstein, Kette, Anhänger, Schmuckstein, Edelstein-Essenz.

Indikationen: Depression, Fruchtbarkeit (Frauen), Geburt, Nervosität.

Türkis

Formen: Rohstein (Knolle), (gebohrter) Trommelstein, Kette, Anhänger, Schmuckstein, Edelstein-Essenz.

Indikationen: Asthma, Ohrenbeschwerden, Rheuma, Schutzbedürfnis, Sodbrennen, Übersäuerung.

Turmalin, Dravit

Formen: Kristall, (gebohrter) Trommelstein, Scheibe, Querschnitt, Anhänger, Edelstein-Essenz.

Indikationen: Cellulite, Nackenverspannung, Narben, Taubheitsgefühle, Verspannungen.

Turmalin, Indigolith, (blau)

Formen: Kristall, Scheibe, Querschnitt, Trommelstein, Anhänger, Schmuckstein, Edelstein-Essenz.

Indikationen: Geburt, Nackenverspannung, Narben, Taubheitsgefühle, Trauer, Verbrennungen, Verspannungen.

Sugilith-Rohstein,
Südafrika

Thulit-Rohstein, Norwegen

Tigereisen-Rohstein,
Australien

Tigerauge-Rohstein, Südafrika

Imperialtopas-Kristall, Brasilien

Turmalin Dravit, Namibia

Türkis-Rohstein, Arizona, USA

Turmalin Indigolith,
Brasilien

Turmalin, Rubellit

Formen: Kristall, Scheibe, Querschnitt, (gebohrter) Trommelstein, Kette, Anhänger, Schmuckstein, Edelstein-Essenz.
Indikationen: Hexenschuß, Kniebeschwerden, Nackenverspannung, Narben, Nervenbeschwerden, Schwangerschaft, Taubheitsgefühle, Verspannungen.

Turmalin, Schörl

Formen: Kristalle (insbesondere dünne Kristall-Stäbchen), Kristallgruppe, Scheibe, Querschnitt, (gebohrter) Trommelstein, Kette, Anhänger, Schmuckstein, Edelstein-Essenz.
Indikationen: Blähungen, Nackenverspannung, Narben, Ohrenbeschwerden, Rückenschmerzen, Schlafstörungen, Schmerzen, Schutzbedürfnis, Taubheitsgefühle, Verspannungen, Verstopfung.

Turmalin, Verdelith, (grün)

Formen: Kristall, Scheibe, Querschnitt, (gebohrter) Trommelstein, Kette, Anhänger, Schmuckstein, Edelstein-Essenz.
Indikationen: Entgiftung, Entschlackung, Gelenkbeschwerden, Nackenverspannung, Narben, Nervenbeschwerden, Taubheitsgefühle, Verspannungen.

Turmalin, Wassermelonen-

Wassermelonen-Turmaline haben einen roten Kern (Rubellit) mit grüner Ummantelung (Verdelith).

Formen: Kristall, Scheibe, Querschnitt, (gebohrter) Trommelstein, Kette, Anhänger, Schmuckstein, Edelstein-Essenz.
Indikationen: Herzbeschwerden, Hexenschuß, Nackenverspannung, Narben, Nervenbeschwerden, Taubheitsgefühle, Verspannungen.

Variscit

Formen: Scheibe, (gebohrter) Trommelstein, Kette, Anhänger, Schmuckstein, Edelstein-Essenz.
Indikationen: Müdigkeit und Schwäche, Übersäuerung.

Versteinertes Holz

Formen: Rohstein, Scheibe, (gebohrter) Trommelstein, Kette, Anhänger, Schmuckstein, Edelstein-Essenz.
Indikationen: Übergewicht, Wetterfühligkeit.

Zirkon

Formen: Kristall (meist doppelendig), Anhänger, Schmuckstein, Edelstein-Essenz.
Indikationen: Krämpfe, Leberstärkung, Menstruationsbeschwerden, Schmerzen.

Zoisit

Formen: (Gebohrter) Trommelstein, Kette, Anhänger, Schmuckstein, Edelstein-Essenz.
Indikationen: Erkältungskrankeiten, Erschöpfung, Fruchtbarkeit (Männer), Grippe, Prostatavergrößerung, Regeneration.

*Turmalin, Rubellit mit
Verdelith, Brasilien*

*Wassermelonen-Turmalin,
Kristall auf Quarz, Afghanistan*

Turmalin Schörl, Brasilien

Variscit-Scheibe, USA

Versteinertes Holz, Robstein, Australien

Zirkon-Kristall, Brasilien

Zoisit mit Rubin, Tansania

Literaturverzeichnis

Hildegard von Bingen, *Das Buch von den Steinen,* Otto Müller Verlag, Salzburg 1979

Marco Bischof, *Biophotonen - Das Licht in unseren Zellen,* Verlag Zweitausendeins, Frankfurt 1995

Bernhard Bruder, *Geschönte Steine,* Neue Erde Verlag, Saarbrücken 1999

Cairn Elen Lebensschule, *Steinheilkunde - ein Leitfaden,* Neue Erde Verlag, Saarbrücken 1999

Michael Gienger, *Die Heilsteine der Hildegard von Bingen,* Mosaik Verlag, München 1997

Michael Gienger, *Die Steinheilkunde,* Neue Erde Verlag, Saarbrücken 1995

Michael Gienger, *Lexikon der Heilsteine,* Im Osterholz Verlag, Ludwigsburg 1997

Gienger/Kupka, *Die Organuhr* (Poster), Im Osterholz Verlag, Ludwigsburg 1995

Gienger/Newerla, *Heilsteine und Sternzeichen* (Poster), Im Osterholz Verlag, Ludwigsburg 1994

Barbara Newerla, *Sterne und Steine,* Im Osterholz Verlag, Ludwigsburg 1995

Sofia Sienko, *Der Steinschlüssel,* Windpferd Verlag, Aitrang 1995

Sofia Sienko, *Die neuen Heilsteine,* Windpferd Verlag, Aitrang 1998

Referenzen

Die Heilsteine Hausapotheke stützt sich in ihren Darstellungen auf Erfahrungen und z.T. noch unveröffentlichte Forschungen folgender Gruppen, Vereine und Personen:

Cairn Elen Steinheilkunde-Netzwerk (Adresse s.u.)
(Erfahrungsaustausch und Erarbeitung des Inhalts der Heilsteine Hausapotheke)

Forschungsprojekt des Steinheilkunde e.V.
(Adresse s.u.)
(Empirische Forschungen zur Wirksamkeit von Heilsteinen)

Walter von Holst,
Obere Weinsteige 26, 70597 Stuttgart
Tel: 0711-7657471, Fax: 0711-2852722
(Heilsteine für Allergien, Hauterkrankungen, allgemeine Forschungen)

Friedrich Pelz, Kontakt über Michael Gienger/ Cairn Elen Lebensschule
(Wirkung von Heilsteinen auf Gehirnströme - erforscht in über 3000 EEG-Messungen)

Rainer Strebel, Schulstr. 22, 73614 Schorndorf
Tel: 07181-972897, Fax: 07181-61439
(Steinheilkunde, Ernährung & geistige Gesundheit, Kommunikationskurse)

Adressen

Cairn Elen Lebensschulen und Steinheilkunde-Netzwerk
Weinbergstr. 11, D-72127 Kusterdingen
Tel: 07071-364719, Fax: 07071-38868
(Beratungen, Vorträge, Seminare, Schulungen und Ausbildungen in Steinheilkunde)

Steinheilkunde e.V., Sitz Stuttgart Forschungsprojekt Steinheilkunde
Postfach 1133, D-72125 Kusterdingen
Tel: 07071-364720, Fax: 07071-38868
(Forschung, Öffentlichkeitsarbeit, Verbraucherschutz)

Auf Wunsch senden wir Ihnen gerne unser aktuelles Verlagsverzeichnis kostenlos zu. Schreiben Sie an:

Neue Erde · Cecilienstr. 29 · D-66111 Saarbrücken

info@neueerde.de · www.neueerde.de